EDUCATION

몸과 배움의 철학

고요한 저

학지사

머리말

언젠가 어느 약사(藥師)가 "약을 팔지 않으니 오히려 약국이 더 잘 되었다."라는 역설적인 말을 한 적이 있다. 병(病)과 약(藥)의 관계에 대한 대중의 선입관을 파괴하는 참으로 묘한 논리였다. 그 말을 듣는 순간 이를 교육에 한 번 적용해 보고 싶은 장난기가 발동했다. 다시 말해 '가르치지 않으니 오히려 더 잘 배웠다.' 는 반(反)교육적 역설이 가능하지 않을까?

오래 전 루소(J. J. Rousseau)는 약과 적극적 교육이야말로 인간의 몸과 영혼에 작용하는 인위성(人爲性)의 극치라 여겨 몸과 마음의 자연성을 그르치는 기제(mechanism)인 병원과 학교를 멀리 하라고 주장하였다. 그러나 이것은 당장 죽게 될 환자를 둔 가족이나 특목고나 일류대학을 준비하는 부모들에게 가당치도 않은 헛소리로만 들릴 것이다. 나아가 푸코(M. Foucault)는 감옥, 군대, 정신병원, 학교라는 제도에는 반(反)인간적 경험들이 교묘하게 내재되어 있다고 보았다. 이는 이미 교육중독증(eduholic) 환자들이 되어 버린 수많은 대중에게 참으로 귀에 거슬리는 독설(毒舌)이 아닐 수 없다.

본래 교육은 몸과 영혼을 자유롭고 풍성하게 만드는 것이었다. 그러나 이처럼 아름다운 교육이데아가 세속주의에 물들어 가면서 반(反)교육, 비(非)교육, 탈(脫)교육으로 오도됨으로써 이제 교육은 산업이 되고, 학교는 기관이 되었다. 이미 교육을 잃어버린 가정, 학교, 사회에서 배우는 자는 신음하고 절규한다.

정녕 교육을 교육답게 만드는 논리와 이데아는 무엇인가? 공자나 플라톤이 불을 지핀 교육담론은 오늘날에도 여전히 많은 사람의 관심의 대상이 되고 있다. 그러나 마치 길 잃은 자가 더욱 허둥대며 헤매듯 여전히 교육의 중심을 잃은 채 갈팡질팡하고 있는 모습을 보며 나약한 교육(학)자로서 서글픔을 금하지 못한다. 물론 나 자신도 교육이 무엇인지 또한 무엇을 위해 배우고 가르치는지 단언하지 못하는 상황에서 오늘도 부단히 글을 읽으며 쓰고 있다.

그 마음의 짐을 뒤로 한 채 또다시 글 읽기와 글쓰기의 결과들을 한 다발 묶어 책으로 만들려 한다. 마치 저서중독증에 걸린 사람처럼 미친 듯이……. 묵언(默言)수행으로 제자를 가르치는 불교의 불립문자(不立文字)나 모본(模本)으로 세상을 교화(敎化)시키는 예수의 교육행위도 모두 교육을 풍성하게 만드는 소중한 형식들이다. 학자는 글로, 농부는 땀으로, 예술가는 작품으로 자신을 드러내야 한다. 이 책에 담긴 긴 글에는 부끄러움이 한 움큼씩 숨어 있지만 철면피처럼 또다시 출간을 의뢰했다.

아이처럼 투정하는 저자를 달래며 보듬는 김진환 사장님과 너무나 꼼꼼히 교정(矯正)하고 아름답게 꾸며 주시는 학지사 직원 여러

분에게 감사드림은 당연하다. 아직은 모자라고 여전히 부족한 제자가 교육학의 너른 마당에서 주유(周遊)하는 모습을 늘 지켜봐 주시는 오인탁 교수님께 감사드림도 당연하다. 학부 시절부터 학문하는 자세와 방법을 웅변으로 일깨워 주시며 최근 배움학에 대한 담론의 불을 지피신 한준상 교수님께도 제자로서 존경의 마음을 드린다. 언제나 배움은 즐겁고 소망스러운 것이 되어야 함에도 불구하고 얄팍한 경제논리에 파묻힌 시샘과 얄팍한 채근들이 오늘 따라 버겁게만 느껴진다.

2008년 새해를 맞이하며
아름다운 원주캠퍼스에서

차례

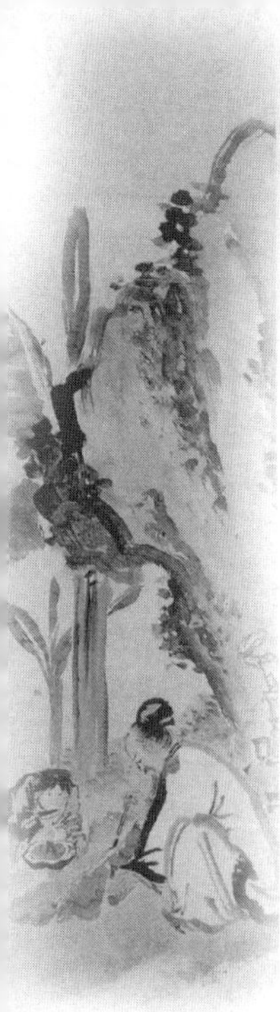

제7장 평생학습도시 정책의 교육생태론적 검토 • 193

제8장 루소의 에밀 프로젝트: 청소년과 생명 • 241

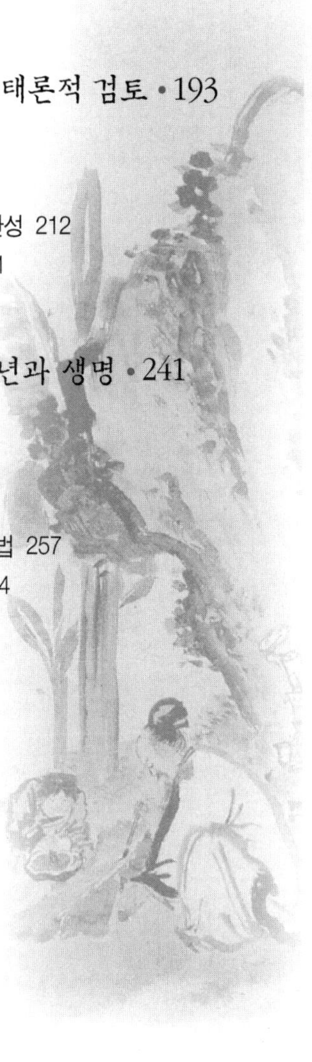

제1장

몸과 교육: 생태론적 교육이해의 조건

1. 몸과 교육

교육인간학은 인간의 '정신과 육체, 지능과 정서' 등의 관계성과 통합성에 기초하여 인간교육에서의 통합성과 전인성 등에 대한 물음을 제기했다. 그리하여 교육인간학은 전인교육, 통합교육의 오래된 진리들을 환기시켰다. 그런데 이러한 전인교육의 핵심에는 늘 '몸' 의 문제가 도사리고 있다.

전인교육은 교육인간학에서 말하는 교육필연성과 가능성을 전제로 한다. 다시 말하면 몸에 대한 교육인간학적 의미의 고찰 없이는 인간의 교육필연성과 교육가능성의 문제를 풀 수 없다. 이러한 '몸' 은 오늘날 교육과정의 형식적 측면에서 다양하게 이해되거나 강조되고 있다. 그러나 '몸' 은 그러한 교육과정의 실천 속에서는 망각되거나 제한되어 왔다.

몸은 단순한 생물-물리-화학적 실체를 뛰어 넘어 교육적, 심리적, 사회적, 심미적 측면이 유기적으로 통합되는 존재이다. 우리 몸은 삶의 조건이요 삶을 설명하는 주체이며 정신의 존재를 가능하게 만드는 물리적 조건이다. 교육이 정신의 완전성 혹은 삶의 완전성을 위한 노력이라면 이미 교육은 몸 그 자체와 다를 바 없다. 몸은 주체성의 표현양식이요, 도덕적 주체이기 때문이다.

인간의 지적(知的) 수월성(excellence)을 강조한 플라톤도 몸의 교육을 소홀히 다루지 않았다. 로크(J. Locke)는 계몽적 철학으로 전통적인 신체교육관을 개혁하였다. 페스탈로치(J. H. Pestalozzi)는 전인적 발달의 원리로서 '몸을 통한, 몸을 위한, 몸의 교육', 즉 노작적 체험을 강조했다. 볼노브(O. F. Bollnow)는 삶이 곧 교육이라고 했다. 동양에서 교육으로서의 공부의 의미는 '몸을 전체적으로 단련함'이다. 이들은 모두 몸을 통하여 이 세계와 관계를 맺고, 세계를 올바로 이해할 수 있다는 점을 말하는 것이다.

몸에는 시간성과 공간성이 내재한다. 본래 몸의 시-공간성은 인간외적 조건으로 인하여 제한받지 않으므로, 우리는 타자(他者)와 시-공간성의 관계맺음을 통하여 전인적으로 완성되어 나간다. 그러므로 학교교육은 학생들의 몸의 시-공간적 특성에 부합하여야 한다. 그러나 오늘날의 학교는 교실, 교사, 친구가 낯설고 고통과 쾌락이 팽팽하게 긴장관계를 유지하는 곳, 오직 순응성만 있을 뿐 지도성이 배제되는 곳, 물리적 체벌과 금욕은 있어도 자유로운 복장이 인정되지 않는 곳, 오로지 헌신, 진력, 총력, 전력만을 강요하는 곳이 되어버렸다.

그곳은 푸코(M. Foucault)가 말하는 '감시, 처벌, 통제' 가 보편적인 곳이다. 여기서 몸의 시-공간성은 인간외적 조건들에 의하여 구속된다. 교육적으로 이곳에서 내 몸은 지식의 노예로 기능할 뿐이다. 몸과 정신이 분열되는 생태학적 균열상태가 초래되고 개인의 전체성은 구조의 전체성으로 환원된다. 이곳에서 전인으로의 발달은 구조적으로 제한받는다. 전인적 삶은 자신의 몸속에서 타자의 몸과 관계를 맺으며, 몸과 '살' 을 통해서 살아가는 것이다.

고바야시 야스오 등(小林康夫 외, 1997)은 학교에서의 권력-몸-지(知)의 관계를 통하여 학교문제를 다음과 같이 지적하고 있다. 즉, 학교는 본래 도착적(倒錯的)이며 이에 대한 비판은 번번히 실패한다. 체벌, 급우 간 폭력, 심리적 폭력 등은 '학교적' 이라는 이유로 문제가 되지 않는다. 이로부터 몸에 있어 권력의 현현(顯現)과 그 구실로서의 '교칙', '점수' 등은 팽창되어 간다.

체벌을 통하여 학생의 몸을 구속하는 교사의 '열성' 은 사실 학생의 지(知)를 불가능하게 하는 권력 작용이다(小林康夫 외, 1997: 150). 몸에 대한 권력의 확대로 인해 학교는 존재목적(본질적 기능)을 상실하게 된다. 권력-신체-지(知)의 관계는 학생들로 하여금 윤리적으로 둔감하게 만드는 연결고리다. 이때 몸이 윤리의 주체라는 점은 부정된다.

완전한 인간됨을 위한 교육은 시-공간적으로 구속되지 않는 '몸을 위한, 몸에 의한, 몸의 교육' 을 통하여 완성된다. 동양사상에 의하든 서양의 기독교주의에 의하든 교육의 형식은 늘 몸의 전체성과 관련된다. 전인교육은 지-덕-체가 구분되어 요소환원적으로 통합되는 것이 아니라, 몸에 대하여, 몸을 위하여, 몸을 통하여 유기적으로 이루어지는 것이다.

교육은 올바른 몸가짐, 몸의 부림, 몸의 운용으로 시작되며 완성된다. 맹자는 사람됨이란 이미 천성적인 '낯빛' 에 드러나 있다고 하였고 공자는 마음이란 몸, 특히 '눈동자' 를 통하여 드러난다고 하였다. 혜강의 『감평』에 의하면 저마다 기의 품부(稟賦)받은 몸 상태를 측정하여(測人), 선발한 후(選人), 교육을 시행한(敎人) 연후에 부린다(用人). 이것들은 교육을 통하여 개조시킬 성질의 것이 아니지만 교육은 이를 기초로 해야 한다. 이때의 몸은 교육의 완성이 아니라 출발인 셈이다.

교육을 인간의 전체성(완전성) 추구라는 측면에서 보면 오늘날의 학교교육은 이미 교육이 아니다. 기왕의 학교교육이론은 두뇌의 작용에 집착했다. 학생의 불안한 심리(心理)에는 집중했지만 불편한 심기(心機)에는 냉담했다. 여기서 몸의 전체성은 제한적으로 이해될 뿐이다. 몸의 전체성 추구란 한마디로 전인교육이다. 전인교육은 교사의 전인성과 학생의 전인성이 조화를 이루며 만날 때 완성되며 지식의 단순한 전달과 수용 혹은 각인(노희관 외, 2000: 50)이 아니라 몸과 관련된 '위기, 대화, 결단, 지계(持戒)' 등의 다양한 교육형식들을 매개로 하는 전인적인 만남을 전제로 한다.

포스트맨과 바인가르트너(N. Postman & C. Weingartner)에 의하면 "학교를 사회제도로서 정의해 주는 것은 학교가 사회에서 수행하는 특정한 본질적 기능이다" (Phi Delta Kappa Educational Foundation 편, 1996: 338). 학교의 본질적 기능은 인간의 삶과 교육적 본성을 일치시키는 것이다. 학교는 삶의 세계 그 자체일 뿐 권력-신체-지(知)가 긴장하는 고도(孤島)가 아니다.

그곳에는 교육적 체험과 감흥이 있고 교육적 관계맺음이 있어야 한다(노희관 외, 2000: 41). 교육이 본질적으로 '통합성, 관계맺음, 의사소통'을 위한 노력이라면 그 방식은 그만큼 열려 있어야 한다. 교육과정이라는 지속적 형식과 몸과 관련된 다양한 형태의 단속적 형식들이 공존하고 때로는 연대(連帶)함으로써 비로소 교육이 풍부하고 완전해질 수 있다.

본 장에서 다루는 내용들은 제2장 이후에 다루게 될 내용들의 정초(定礎) 혹은 전제(前提)로서의 의미를 포함하고 있다. 다시 말해 동양사상의 유산으로 전승되어 온, 몸에 대한 생태론적 이해의 틀을 우선 고찰함으로써 교육과 몸의 생태론적 이해를 더욱 정치(精緻)시키고 나아가 담론을 풍성하게 만들 수 있을 것이다.

2. 귀신론(貴身論 혹은 重生論)

노자에 의하면 자연의 도를 따라 스스로 존재하는 자기 몸을 귀중히 여기고 사랑하는 태도로 천하를 다스리는 자에게 비로소 천하를 기탁(寄託)할 수 있다(『노자』. 厭恥).

> "남으로부터 사랑을 받거나 욕을 먹거나 다 같이 놀라고 경계하라. 큰 환란의 근원인 탐욕을 내 몸과 같이 두렵게 여기고 조심하라. 사랑이나 모욕에 놀란다 함은 무엇인가? 총애를 비천한 것으로 여기어 이를 얻어도 놀라고 잃어도 놀라는 태도를 이른다. 내 몸과 같이 큰 환난이 있는 까닭은 나의 몸을 위하기 때문이다. 나의 몸을 없게 하면 어찌 환난이 있겠는가?"(寵辱若驚, 貴大患若身, 何謂寵辱若驚? 寵爲下, 得之若驚, 失之若驚, 是謂寵辱若驚, 何謂貴大患若身? 吾所以有大患者, 爲

吾有身, 及吾無身, 吾有何患?)

세속적인 명리를 위하여 자기 몸을 파는 자가 허다하다. 노자는 귀신(貴身)을 논함에 있어 "배를 위해라, 배를 실하게 하라" 고 주장했다(是以聖人爲腹, 不爲目)(『노자』. 檢欲). 이는 명예를 좇지 말고 생명의 근원인 몸을 잘 키우라는 의미다. 따라서 귀신의 원칙은 세속적, 감각적, 말초적 자극에 대하여 미혹됨이 없어야 함을 의미한다. 왕필이 이르기를 "배가 된다는 것은 사물로써 자기 몸을 기르는 것을 말하는 것이요, 눈이 된다고 하는 것은 자기 몸이 사물에 부림을 당하는 것을 이른다" (爲腹者, 以物養己, 爲目者, 以物役己).

또한 노자는 "공을 세우면 반드시 몸을 빼라" (功遂身退)(『노자』. 運夷)고 했다. 나아가 "몸을 최선의 땅에 두고 마음을 최선의 연못에 두고" (居善地, 心善淵)(『노자』. 易性), "자신의 몸을 뒤로 해야 한다" (後其身而身先)(『노자』. 韜光). 여기서 '자신을 뒤로 한다' 는 것은 일종의 몸에 밴 겸양이고 스스로 몸을 사리고 수렴하는 마음자세를 이른다.

또한 "자신의 몸을 밖에 머물게 한다" (外其身而身存)(『노자』. 韜光). 즉, 자신의 이해득실에 골몰하기보다는 오직 남을 위하면서 자신의 몸이 피곤하지 않도록 유념해야 한다. 자신을 아끼고 사랑하지만 스스로 귀하고 높은 자리에 오르지는 않는다(自愛不自貴)(『노자』. 愛己). 이는 장자의 무기(無己)사상, 즉 자기를 잊어 고집을 세우는 일이 없으므로 어린애같이 천진난만하여 자연의 변화에 따를 뿐이라는 것과 크게 다를 바 없다.

장자는 이르기를 "몸을 편하게 유지하는 자는 변론으로써 자기의 지혜를 수식하지 않고, 지혜로써 천하 만물의 이치를 규명하려 하지 않으며, 또 지혜로써 덕을 규명하려 하지 않고, 홀로 자연적인 처소(處所)에 거(居)하면서 그 본성으로 되돌아 갈 뿐" 이라 했다. 장자 자신 또한 어떠한 인위적인 행동도 하지 않았다(『장자』. 繕性). 이러한 노자의 퇴(退)사상과 장자의 거(居)사상은 곧 '자신을 버리고 남을 앞세운다' 는 유가적 사상 및 기독교적 패러다임과 상통한다.

나의 몸은 무위자연의 현묘한 조화에서 비롯된다. 즉, 도(道)의 소산이다. 따라서 무엇보다도 몸은 귀중한 것이다. 무위로서의 몸을 주장했지만 노자는 결코 몸이나 현체(現體)를 경시하거나 소홀히 간주하지 않았다. 몸을 잘 키우기를 역설하면서 양생은 무위자연의 도를 따를 것임을 강조하였다. 나의 몸은 자연의 도를 따라 스스로 있는 것이다.

> "내 몸을 잘 양육하는 길은 이러한 무위자연의 도를 따를 때 가능하다. 그렇게 되면 천하의 만물로 잘 자라게 된다. 즉, 인위적 조작이나 인간의 정치적 압박 없이 만물이 자연 속에서 마냥 생육화성할 것이다. 만약 인간이 도를 잘 지키면 만물이 스스로 귀복(歸復)된다" (『노자』. 聖德).

그러나 현실적 인간은 사회의 허구와 인위성에 미혹되어 사람들로부터 인정받으면 좋아하고 그렇지 못하면 진노하거나 슬퍼한다. 노자의 주장은 이러한 미망(迷妄)으로부터의 벗어남과 경계함이 귀신의 지름길이라는 것이다. 또한 인간의 환난은 내 몸에 엉키게 마련이며, 특히 탐욕하고 무리하는 데서 일어난다. 내 몸을 무위자연의 도에 내 맡기고 무지, 무욕, 무위하면 내 몸도 허정(虛靜) 안락할 것이다. 더욱이 도로써 내 몸을 수양해야 그 덕이 진실하고, 그러한 도와 덕을 지닌 몸으로 남을 바라보면(修之於身, 其德乃眞 …… 以身觀身(『노자』. 修觀)) 아무런 문제도 생기지 않는다.

그러나 사람들은 이와 반대로 내 몸의 행복과 안락을 위한다고 외형세계에서 욕심을 부리고 남의 것을 부당하게 탈취하고 살아간다. 그리하여 사람의 몸은 더욱 환난의 구덩이로 떨어진다. 불행하게도 환난은 인간의 몸에 늘 따라 다닌다. 그리하여 사람들은 허망한 명예나 이득을 추구하느라 귀중한 자신의 몸과 본성과 생명을 손상시키고 소비한다.

사람들은 영생을 마다하고 오직 육신적이고 현세적이고 순간적인 삶에만 집착하여 온갖 무리를 다하고 있다(以其生生之厚)(『노자』. 貴生). 사람들은 마음, 즉 지(知)와 욕(欲)으로 기, 즉 생명을 형성하는 정기나 질료를 부린다(心使氣)(『노자』. 玄符). 지욕(知欲)이 몸과 생명을 해치게 된다. 우리 교육이 그래 왔다. 그렇다면 이를 이기는 방법은 무엇인가? 몸을 의식하지 않으면 자연히 환난도 없을 것이다. 그렇다면 몸을 의식하지 않음, 즉 몸이 없음(無身)은 무엇을 이르는가?

무신(無身)이란 불교적 이해로 무아와 비교되지만 연단술의 신체단련과 관련된다(김용옥, 2000: 143-144). 무신의 몸은 기본적으로 부귀공명을 추구하는 욕망의 주체로서의 몸이다. 이 몸을 단련하여 무지무욕(無知無慾)(『노자』. 安民)의 경지에 이르게 되면 근원적으로 나의 삶의 환난은 해소된다. '몸이 없다' 와 '몸을 아끼고 귀하게 여긴다' 는 도가의 논리로서 동일한 표현이다. 내 몸이 없어지는 것이 곧 내 몸을 아끼는 것이 되기 때문이다.

이러한 노자의 무신관(無身觀)과 달리 장자는 이르기를 "몸은 중요하다. 이러한 자기의 몸을 존중할 줄 알면 외물에 마음을 사로잡혀 생명을 잃는 어리석은 짓을 하지 않는다. 그러므로 참된 도로써 몸을 온전히 하고(道之眞, 以治身)(『장자』. 讓王) 생명을 길러야 한다", "생명을 중시하라. 생명을 중시하면 자연히 명리(名利)에 대한 생각은 적어질 것이다"(『장자』. 讓王)라고 하였다.

3. 보신론(保身論 혹은 養生論)

도가는 형이상학적으로는 본체론, 형이하학적으로는 몸에 관한 철학이라 할 정도로 인간의 육체에 대한 양생(養生), 보신(保身), 양신(養身) 등에 주목한다. 기본적으로 도가사상은 몸과 생명의 철학이다. 특히 양주(楊朱)는 '자기의 몸 털이 하나라도 희생되는 것을 원치 않는' 위아주의(爲我主義)사상을 수립했는데 그것은 본질적으로 중생(重生), 귀생(貴生), 중기(重己), 애기(愛己)사상이다.

중생사상에서 생명의 근본은 다름 아닌 몸이다. 사람은 누구나 생명의 보존과 양육을 중시해야 하며 어떻게 하면 생명을 양육할 수 있는가에 골몰해야 한다. 그러므로 "사물은 생명을 양육시켜 주는 것이다"(『여씨춘추』. 본생편). 즉 사물은 인간의 몸을 양육하는 데 수단적으로 기능한다.

그렇다면 어떻게 생명을 양육할 수 있는가? 생명의 양육은 인간의 생활에 따른 갖가지 욕망을 어느 정도 선까지 만족시켜 주는 것이다. 생명을 온전하게 할 수 있는 것은 여섯 가지 욕망이 모두 그 합당함을 얻었기 때문이다. 생명을 손상시킨다는 것은 여섯 가지 욕망이 그 합당함을 반밖에 얻지 못한 것이다(『여씨춘추』. 본생편).

여기서 여섯 가지 욕망은 삶, 죽음, 눈, 귀, 입, 코의 욕망을 이르며 이 모두가 합당한 만족을 얻을 수 있는 것이 생명을 온전하게(全生)하는 것이고, 여섯 가지 욕망이 만족을 얻지 못하는 것이 생명을 손상시키는 것이다(虧生). 가장 나쁜 것은 생명을 핍박(迫生)하는 것이다.

생명을 손상시키는 것은 몸이 손상됨에 있는 것이고 생명을 핍박하는 것은 죽음보다 못한 것이다. 사람들은 응당 생명을 온전하게 하는 데 진력해야 한다. "옛사람들은 자신의 털 한 오라기를 뽑아 천하가 이롭게 된다고 해도 그렇게 하지 않았으며 천하를 들어 그에게 준다고 해도 받지 않았다"(『열자』. 양주편). 이렇게 생명을 온전하게 함이 중생(重生)사상이다.

그렇다면 '양생' 이란 무엇인가? 장자에 의하면 그것은 "생명을 보양하는 근본적인 도로써 세속의 생활에서 초월자의 생활의 지혜를 규명하는 것" 이다(『장자』. 양생주). 그렇다면 이러한 양생을 주장하고 욕망을 적당한 선까지 충족시켜 주어야 한다는 것은 무엇인가? 무절제하고 쾌락적인 '몸을 다루는 것' 에 대하여 무비판적으로 수용했단 말인가?

그것은 그렇게 함으로써 비로소 생명을 온전하게 할 수 있다고 생각함의 발로(發路)이지 결코 무절제한 욕정의 탐닉이 아니다. "귀로 듣고 싶은 대로 듣고 눈으로 보고 싶은 대로 보며, 코로 냄새 맡고 싶은 대로 맡고, 입으로 말하고 싶은 대로 말하며, 몸이 처하고 싶은 대로 편하게 두고 뜻이 하고 싶은 대로 행한다. 일생 동안 맛볼 수 있는 즐거움을 다 즐기기 위하여 눈앞의 환락을 다하는 것이다"(『열자』. 양주편).

무족(無足)이 지화(知和)에게 말하기를 "사람이 자기의 명예를 지키려고 하여 몸을 괴롭히고, 맛난 음식을 먹지 않고, 자기 몸을 기르기를 검약하면서 살아가는 것은 오래도록 앓으면서, 가난에 시달리면서 죽지는 않은 인간과 다를 바가 없다"(『장자』, 盜跖)라고 한 데서 알 수 있듯이 도가는 어느 정도의 정욕에 대하여 긍정적 입장이다.

양생은 정욕에 따르는 것을 이르니 이는 서양의 기독교적 금욕주의(askese)와 정반대다. 욕정에 따라 살 수 없다면 그것은 이미 양생이 아니다. 즉 양생은 쾌락이다. 즉, 노자는 섭생이나 양생의 문제에 대하여 다음과 같이 언급한다. "생명을 잘 보전하는 사람은 …… 적의 무기에 죽지 않는다. 이것이 무슨 까닭인가? 그런 사람은 죽음의 땅에 들어가지 않기 때문이다"(『노자』. 貴生).

그러나 노자와 장자는 정욕의 문제에 대하여 위와 같은 열자나 무족(無足)의 입장과 대립적이다. 즉 노자는 이르기를 "정욕의 입을 막고 그 문을 닫으면 종신토록 피로하지 않을 것이다. 그러나 정욕의 입을 열고 정욕을 채우고자 하면 종신토록 구제될 수 없을 것이다"(塞其兌, 閉其門, 終身不勤, 開其兌, 濟其事, 終身不救)(『노자』. 歸元). 장자는 이를 무정(無情), 즉 일체의 희로애락과 욕정이 없음으로 인한 갈등의 부재로서 설명하고 있다. 장자는 이르기를 "그 멈추지 않는 정욕의 세계를 엿보는 자는 하늘의 벌을 받은 사람"이라 했다(『장자』. 天運).

장자는 또한 "자기의 본성을 조잡하게 하는 자는 정욕과 호오(好

惡)의 곁싹이 돋아 이윽고 천성을 해치는 잡초가 되고 만다. 처음에 싹이 나서 우리 형체를 기르는 데 도움이 되는 듯하나 이윽고 그것들이 자라 우리의 본성을 뽑아 버리고 몸 전체로 퍼져 온갖 병이 들게 한다"(『장자』. 徐無鬼), 그리고 "자기의 정욕을 줄이는 것을 안으로 힘써야 한다"고 했다(以情欲寡淺爲內)(『장자』. 天下). 그렇다면 이 같이 철저히 금욕된 상태에서 쾌락은 무엇이며 그것은 어떻게 가능한가?

장자는 이르기를 "몸을 살릴 수 있는 즐거움이 있는가, 없는가? …… 대체로 천하는 몸의 안락(安樂)을 즐거워하고 몸이 안일하지 못하는 것을 근신하고 두려워하니 그 몸뚱이를 위함이 또한 어리석도다. 지극한 즐거움(至樂)은 오로지 세속의 즐거움을 초월하고 것이요, 지극한 즐거움과 몸을 살리는 방법은 오직 무위로써만 그것들이 존재하는 것이다"(『장자』. 至樂). 장자는 유가의 위선적인 행동(嬌言僞行)을 공격하며 천연적인 목숨을 온전히 하고 자연적인 성정(性情)에 따르는 소박한 쾌락주의를 주창한다(『장자』. 盜跖).

그러나 "속인들은 마음속의 화평한 기운을 태워 버린다. 그리하여 천리를 잃은 자는 몸과 정신도 다해 버린다"(『장자』. 外物). 그러므로 최상의 쾌락은 무위의 쾌락, 즉 세속적인 쾌락을 초월하고 속된 즐거움이 없는 쾌락, 또는 무락(無樂)만이 진정한 쾌락이다. 무락은 곧 인간본성의 조화를 이른다(『장자』. 外物).

이러한 입장에서 양생문제와 관련하여 노자는 논의를 확대하여 "명예와 몸은 어느 것이 더 절실한가? 몸과 재화는 어느 것이 더 귀중한가? 얻음과 잃음은 어느 것이 더 해로운가? 너무 아끼면 반드시 더 큰 낭비가 뒤따르고, 너무 쌓아 두면 반드시 더 큰 손실이 뒤따른다. 그러므로 만족할 줄 알면 욕되지 않고, 적당함을 알아 멈출 줄 알면 위태롭지 않다. 반드시 이렇게 해야만 오래도록 살 수 있다"(名與身孰親, 身與貨孰多, 得與亡孰病)(『노자』. 立戒)고 했다.

그러나 사람들은 높은 벼슬과 높은 지위에 있게 되면 이것들을 잃을까 걱정하고 목전의 이익을 보면 경망되어 그 몸을 망치니 어찌 감(惑)한 것이 아닌가? 생명을 중시하는 자는 비록 빈천(貧賤)하게 살아도 이익 때문에 그 몸을 더 좋게 하지는 않는다. 지위와 재물은 몸을 온전히 하는 데 다만 장애가 될 뿐이다(『장자』. 讓王). 인간은 불완전한 인간사회에 얽매어 시비(是非)의 편견과 대립투쟁 속에서 자신의 몸을 망치는 어리석음을 저지른다(『장자』. 列禦寇).

이처럼 양생의 원칙은 욕망의 만족을 알고 그치는 지족(知足)의 이치를 깨닫는 것이다. 노자는 "사람을 다스리고 하늘을 섬기는 데는 거두어들임(嗇)보다 나은 것이 없다"고 하여 심신을 불필요하게 소모하거나 손상시키지 말 것을 일렀다. 도를 체득하면 장수하고 장수하기 위해서는 생명존중의 이치를 깨달아야 한다.

도가사상은 신선학과 양생술과 교호, 결합하면서 도교의 이론적 근거를 마련해 주었다. 이미 도가사상에는 양생학적 기초가 제기된 바가 있다. 즉, 장자에 의하면 "탁한 기를 내쉬고 맑은 기를 들이키며, 더운 기를 토하고 신선한 기를 마시며 …… 이런 것은 기를 끌어들이거나 몸을 기르는 사람들이 좋아하는 것이다"(『장자』. 閣議). 이 사상은 바로 도교 양생학의 토납법(吐納法)과 도인술(導引術)이다. 토납법과 도인술은 몸에 관한 건강의 비법이다.

노자는 묻기를 "몸과 마음을 하나로 긴밀하게 결합하여 분리되지 않도록 할 수 있는가? 기를 모아 몸을 부드럽게 하여 갓난아이와 같이 될 수 있는가?"(『노자』. 能爲)라고 하였는데 이것은 양생과 관련된 질문이다. 이와 같이 노장사상은 양생과 보신사상에 근접해 있으며 노자가 제시하는 도의 원칙은 몸을 다스리는 데, 즉 생명력을 기르는 데 적용되고 있다. 그러므로 몸은 다스림의 대상이며(『장자』. 在宥), 따라서 도에 관한 이론은 도교의 양생술의 이론적 기초가 된다. 도교가 간취한 노자의 도설은 주정(主靜)설, 청정무위설과 더불어 욕심을 적게 가질 것, 지혜를 버릴 것, 정신을 아끼고 기를 것, 기를 취하여 가장 부드럽게 할 것 등이 있다.

생명의 진상(眞相)에 달통(達通)한 사람(達生)은 생명이 어떻게 할 수 없는 것에 힘쓰지 아니하고, 천명의 진상에 달통한 사람은 지혜가 어떻게 할 수 없는 것을 위하여 힘쓰지 아니한다. 누구나 육체를 기르는 데는 반드시 의식을 제일로 친다. 그러나 그러한 의식이 넘칠 만큼 있어도 육체를 기르지 못하는 경우가 있다. 또 생명이 있는 이상에는 반드시 육체를 유지하는 것을 제일로 한다. 그러나 육체는 존재하지만 생명을 잃는 경우가 있다. 생명이 생겨나는 것을 물리칠 수도 없고 생명이 가 버리는 것을 멈추게 할 수도 없다. 그러니 세상의 어떤 사상으로 보더라도 슬프지 않을 수 없다(『장자』. 達生).

사람들은 형체만 기르면 생명을 보존할 수 있다고 믿는다. 그러나 형체만 길러서는 생명을 보존할 수 없다면 세속의 일이 무슨 만족할 만한 가치가 있겠는가? 행하기에 족한 것은 육체를 기르는 속념(俗念)으로부터 떠날 수 있기 때문이다. 대체로 육체를 위하여 허덕이는 것을 면하고자 함은 세속의 행위를 버리는 것만 같지 못하다(『장자』. 達生). 세속을 버리면 마음이 편해지고 결국 새로운 생명을 얻게 된다. '세속을 버림' 이란 무엇인가? 그것은 집착으로부터의 해방이다. 여기에서 불교와 도가의 가장 가까운 접점을 발견할 수 있다.

4. 수신론(修身論 혹은 敬身, 正身論)

수신(혹은 正身)의 몸 철학에서 중요한 개념은 매질(媒質)로서의 기(氣)다. 기는 운화(運化)와 취산(聚散)작용을 통하여 몸을 형상화하기도 하며 몸과 마음을 매개하기도 한다. 기에 대한 이러한 이해는 유가와 도가에 공통적인 입장이다. 진순(陣淳)은 마음이 곧 몸의 주재자이며(心者, 一身之主宰也), 몸은 기로 충만되어 있고 천지의 기를 얻어 이루어진다고 하였다(得天地之氣爲體). 한편 왕수인(王守仁)에 의하면 몸을 주재하는 것은 마음이며(身之主宰便是心), 곧 마음은 몸의 주인이다(心者, 身之主也).

유가적 전통에서 몸과 마음 그리고 기의 관계성에 대한 명료한 논구를 보여 준 사상가는 맹자이다. 그에 따르면 마음은 기의 사표요, 기는 몸에 충만한 것이니 마음이 우선이요, 기는 다음이다(夫志, 氣之師也, 氣, 體之充也, 夫志至焉, 氣次焉). 따라서 이러한 심(心)-신(身)-기(氣)의 관계성이 수신론의 기초가 되고 있다. 마음의 상태가 몸으로 드러나는 것은 이같이 기에 의한 것이라는 점은 분명하다. 다만 기의 충만성 여부와 기의 사사로운 욕망(私氣)과의 관련성에 따라서 기와 관련된 몸의 드러남이 그 양상을 달리한다.

수신(혹은 正身)의 몸 철학에서는 수기치인 혹은 수기안인(修己安人)을 추구한다. 즉, 자기(眞己)의 완성은 치인(治人) 혹은 안인(安人)으로 확대된다. 이러한 치인과 안인의 방법은 '교육, 정사, 감화' 등 다양한 양태로 나타날 수 있다. 수기란 천부적인 인의(仁義)의 선성(善性)에 대하여 부단히 수양함으로써 몸 안에 충만하게 하여 아름다움에 다다름을 이른다(充實之謂美). 이러한 미선성(美善性)은 구체적인 몸짓을 통하여 드러나는 성향이 있다. 기본적으로 유가는 몸을 정신과 육체의 전일체로 이해하며 몸은 마음이 드러난 것으로 본다. 즉 인간의 마음은 구체적 행위를 통하여 공동체의 간(間)주관적 시선(이승환, 1996: 135)에 드러날 때만이 그 존재가 확인된다.

이에 따라 나(眞己)의 실체는 나의 몸을 통하여 타자(他者)에게 보이고 그 타자의 실체도 그의 몸을 통하여 보이게 된다. 『대학』에서는 "마음이 성실하면 그것이 몸으로 나타난다"(誠於中, 形於外)고 하였다. 이같이 수신(혹은 正身)의 철학에서 몸과 수양의 관계성을 논하는 것은 개인 차원을 넘어서 정치교육적 효용성을 고려한다는 점 때문이다. 여기서의 몸은 정치적, 교육적, 사회적, 윤리(도덕)적 차원의 관계 주체적(序) 형식이 된다. 유가의 몸 이해에 있어 관계론적 예는 수신론의 핵심이 된다. 이러한 수신(혹은 正身)의 관계적 예론은 『예기』라는 경전에 망라되어 있다.

『예기』에 의하면 몸을 닦고 말을 실천함이 선함이요, 행동이 닦이고 말하는 것이 도에 부합하는 것, 그것이 바로 예의 근본이다(修身踐言, 謂之善行. 行修言道, 禮之質也). 이같이 예는 모든 관계적 측면에 있어(도덕과 개인적 측면의) 인의의 바탕이 된다. 사람이 사람답게 되는 연유는 예절과 의리가 있기 때문이다(凡人之所以爲人者, 禮義也).

그러므로 분쟁과 송사(訟事)도 반드시 예에 터하지 않으면 안 되며, 부자, 형제, 군신, 장유, 사제 등의 모든 관계는 예를 바탕으로 하지 않으면 안 된다.

또한 공자는 예를 잃는 자는 죽고, 예를 얻는 자는 산다고 설파하였다(夫禮, 先王以承天之道, 以治人之情. 故失之者死, 得之者生).

수신에 있어 예는 근본이며 원리이고 곧 도요, 본체인 셈이다. 예는 또한 몸을 바로 함이다. 몸이 바르지 않고 능히 사람을 바르게 할 자는 없다(未有己不正而, 能正人者). 몸으로 가르치면 좇고 말로써 가르치면 다툼이 일어난다(以身敎者從, 以言敎者訟). 그 몸이 바르면 명령하지 않아도 행하고 몸이 바르지 않으면 명령해도 좇지 않는다(其身正, 不令而行, 其身不正, 雖令不從).

맹자는 내 몸의 이익만을 추구하는 것을 경계하고 있다(何以利吾身). 진실로 몸을 바르게 하면 정사를 좇는 것에 무엇이 있겠으며, 능히 그 몸을 바르게 하지 못하면 사람을 바르게 하는 것이 어찌 이루어지겠는가(正其身矣, 於從政乎, 何有. 不能正其身 如正人, 何).

몸을 이기는 것은 어진 것을 구하는 방법이요(然亦豈非所謂克己之事, 求仁之方乎), 몸이 사사로움을 이겨서 버리고 예로 회복되면 곧 사사로운 욕심에서 벗어나 하늘의 이치에 다다를 수 있으며(克去己私 以復乎禮, 則私欲, 不留而天理之本然者, 得矣), 욕심을 좇아 몸을 사사로이 하는 것은 여러 사람을 멸망으로 이끈다(終欲, 而私於一己者, 衆人之所以滅其天也).

또한 정사는 사람에 있으니 사람을 취하되 자신이 할 것이고, 자신을 닦되 도로써 하며, 도로 닦되 어진 것으로 해야 한다(爲政在人, 取人以身, 修身以道, 修道以仁. 不可以不修身). 더욱이 자신의 몸을 욕되게 해서는 안 된다(辱己). 그리하여 몸을 돌이켜서 정성으로 닦으면 즐거움이 크다(反身而誠, 樂莫大焉). 궁극적으로 어짊으로써 수신하면 도가 바로 선다(修身則道立). 『맹자』에 이르기를 천하에 도가 있으면 도로써 몸을 따르고 천하에 도가 없으면 몸으로써 도를 따르라 하였다(天下有道, 以道殉身. 天下無道, 以身殉道).

이같이 도체(道體)로서의 예는 반드시 태일(太一)에 근본하며 이것이 나뉘어 천지가 되고, 나아가 음양이 되며, 다시 변하여 사시(四時)가 되었다. 그러므로 예는 하늘에 근본한다(是故夫禮, 必本於大一, 分而爲天地, 轉而爲陰陽, 變而爲死時, 未禮, 必本於天). 이러한 원리로서의 예는 인간의 몸과 떨어져 이루어질 수 없다. 즉, 예는 사람의 몸과 같다. 몸이 갖추어지지 않음은 사람을 이루지 못함이다. 예를 베푸는 것이 마땅치 않으면 이것은 몸이 갖추어지지 않음과 같은 것이다. 이러한 예의 이치는 다만 성(誠)과 경(敬)일 뿐이다(禮也者, 猶體也. 體不備, 君子謂之不成人. 設之不當, 猶不備也).

공자가 이르기를 공경하지 않음이 없으나 몸을 공경함이야말로 가장 중요하다고 역설하였다(君子無不敬也, 敬身, 爲大). 경신(敬身)은 안정으로서 몸을 닦는 것(靜以修身)과 크게 다를 바 없다. 우리가 이러한 경신에 바탕을 둔 예를 알지 못하면 몸을 바로 세울 수 없다(不知禮, 無以立也). 맹자가 이르기를 음식과 여색(女色), 예 중에서 단연 예가 중요하다(禮與食, 色與禮, 孰重, 禮重)고 주장한다. 그리하여 우리는 몸을 행함에 있어 늘 부끄러움을 인식해야 한다(行己有恥). 결국 유가는 이러한 정신적(正身的)인 예를 제일로 삼는다.

대저 예란 위로는 태일(太一)로부터 아래로는 인간사에 두루 미치는 질서의 형식이요, 몸 행위의 소이연(所以然)인 셈이다. 그러므로 예의 실천에 있어 단서나 조건이 있을 수 없다. 예를 지키는 것은 다만 몸을 다함에 있을 뿐이다(終其身). 그러므로 부자간 예로서의 효는 몸을 다함으로써(致其身) 완성된다.

스승과 제자 간의 학업에도 반드시 예를 바탕으로 한다. 군자는 배움에 있어 예를 마음에 간직하고 이것을 닦는다. 물러나 쉬고 놀면서도 이를 익힌다. 그런 까닭으로 그 배움에 편하여 스승과 친해질 수 있다(君子之於學也, 藏焉, 修焉, 息焉, 游焉, 夫然故安其學而親其師). 유가에 있어 특히 부자간의 예와 관련된 효 담론은 실로 방대하다.

『효경』의 '개종맹의장'(開宗明義章)에 이르기를 "대저 효라는 것은 덕의 근본이며 …… 몸을 세우고 도를 행하여 이름을 떨침이 효의 끝이다"(夫孝德之本也 …… 立身行道, 揚名於後世, 孝之終也). 대저 효라는 것은 부모 섬김에서 시작하여 몸을 세우는 것으로 마친다(夫孝始於事親 終於立身). 효의 출발이 부모로부터 시작함의 연유는 바로 자신의 몸이 부모의 유체(遺體)인 까닭이다(身也者父母之遺體也. 身體髮膚受之父母 弗敢毁傷). 그러므로 몸을 닦고 행위를 삼가는 것이 효의 시작이요 동시에 수신의 근본이다(修身愼行). 여기서의 수신은 반드시 효와 관련된다. 또한 보통 사람들의 마음은 효의 주체인 몸에서 비롯된다(匹夫之志在己).

유가에서는 이러한 윤리적 의미의 예가 악(樂)과 관련하여 논의되고 있다. 『예기』 중 '악기'는 예와 관련지어 악의 의의와 본질을 설명하고 있다. 예악형정(禮樂刑政)의 극치는 하나이니 백성의 마음을 갖게 해서 치도(治道)를 이루는 것이라 하여 예와 악을 동일개념으로 파악하고 있다. 분명 악은 마치 예와 마찬가지로 윤리에 통하는 것이다(樂者, 通倫理者也). 그러나 예와 악은 그 이치는 같다지만 분명한 상보적 차별성을 지닌다.

즉, 예는 백성의 마음을 절도 있게 하고, 악은 백성의 소리를 화평하게 한다(禮節民心, 樂和民聲). 악은 서로 같게 하고 예는 서로 다르게 하는데(樂者爲同, 禮者爲異) 같으면 서로 친해지고 다르면 서로 공경하게 된다(同則相親, 異則相敬). 예는 귀천으로 가르고 악은 상하를 화목케 한다(禮樂之事也, 禮義立則貴賤等矣, 樂文同則上下和矣). 그리하여 악은 원망을 막고 예는 다툼을 막는다.

결국 예는 천지의 질서요, 악은 천지의 중화(中和)인 셈이다(禮者, 天地之序也. 樂者, 天地之和也). 이러한 예악의 실천과 '몸에 뱀'이 바로 유가의 수신과 다름없다. 예와 악이 행해지면 마음이 맑아지고 몸이 화평해지며 궁극적으로 천하가 편안해진다.

그러므로 예악은 잠시도 우리 몸을 떠나서는 안 된다. 악을 지극히 하여 마음을 다스리면 이직자량(易直子諒)[1]의 마음이 일어난다. 이직자량의 마음이 생기면 몸이 유쾌하고, 편안해지고 하늘이 될 수 있다(禮樂不可斯須去身, 致樂以治心, 則易直子諒之心油然生矣, 易直子諒之心生則樂, 樂則安, 安則久, 久則天, 天則神). 한편 예를 극진히 하여 몸을 다스리면 장엄하고 엄숙해지며 위의[2]가 생긴다(治禮以治躬則莊敬, 莊敬則嚴威).

악이라는 것은 안에서 움직이며 예라는 것은 밖에서 움직이는 것이다(故樂也者, 動於內者也, 禮也者, 動於外者也). 대체로 사람이 사람답다는 소이(所以)는 바로 예의이다(凡人之所以爲人者, 禮義也). 예의로써 질서가 성립되면 이는 곧 덕이 된다. 덕이란 것은 예를 몸에 체득하는 것이다(禮以體長幼曰德, 德也者, 得於身也). 그러므로 학(學)과 술(術)과 도(道)를 궁구하는 자는 반드시 이러한 예악을 몸으로 체득

---

1) 곧고 선량함.

2) 위엄과 의젓함.

함에 힘써야 했고 이것이 바로 수신의 미학인 셈이다.

5. 치체론(治體論 혹은 正心論)

이정(二程)과 주자 등에 의한 이학주의의 집대성은 곧 중국사상에 있어 이원론적 패러다임의 완성을 의미한다. 이학주의는 도체(道體), 성리, 심성, 이기, 성경 등에 천착하면서 주재자(主宰者)의 본질과 형식에 대한 담론이 극성을 이루었다. 이러한 추세 속에서 몸에 대한 이해나 논의는 당연히 성, 이, 도, 심 등과의 연관성 속에서 이루어지고 이것들은 신체, 기(氣), 기(器)의 소이연(所以然)이요, 소당연(所當然)으로서 간주됨을 지극히 당연시하였다. 그러나 문제는 이러한 논리에 대한 비판적 검토나 다양한 해석의 공간이 극히 제한적이었다는 점이다. 그것은 오랜 시간의 경과를 필요로 하였다.

주자에 의하면 "마음이 조심스러우면 온 몸은 자연히 수렴하고 특별히 마음을 쓰지 않더라도 온 몸은 자연히 단정해진다." 즉, 중점은 마음의 조심스러움에 있고 그로 인하여 외형도 단정해진다는 것이다. 이러한 논의는 이천(伊川)의 치체론(治體論)과 다소 차이가 있다. 즉, 이천에 의하면 마음의 조심스러움은 몸의 단정함을 넘어서 조심스러움에도 상관된다. 그러므로 "배우는 자는 안팎으로 음전(공경)히 해야 하지만 지나치게 엄숙해서는 안 된다. 지나치게 엄숙하면 오래 계속하기 어렵기 때문이다"(學者須恭敬, 但不可令拘迫, 拘迫則難久).

이학주의의 치체론은 『근사록』의 '치체'에 잘 드러나 있다. 주염

계(周濂溪)에 의하면 천하를 다스리는 근본은 바로 일신(一身)의 일이며, 천하를 다스리는 규범은 일가(一家)의 일이다. 따라서 근본을 바르게 할 필요가 있다. 근본을 바르게 함이란 마음을 진실하게 하는 길일 뿐이다(治天下有本, 身之謂也. 治天下有則, 家之謂也. 本必端, 端本, 誠心而已矣). 이러한 논의는 『대학』의 팔조목(格物, 致知, 誠其意, 正其心, 修身, 齊家, 治國, 平天下)과도 깊게 관련된다.

『대학』의 팔조목은 송대의 학문에 있어 개인적 수양에 치중했던 원인이며, 이때의 수양은 마음으로 분석되어 나간다. 즉, 마음을 성의 모습으로 하는 것이 치체론의 전부이다. 『중용』에 이르기를 몸을 닦으면 도가 선다(修身則道立)고 하였는바, 이는 『대학』에서 논의된 마음과의 관련성 속에서 이해할 필요가 있다. 즉, 몸을 닦으려면 마음을 바르게 하는 것이 기본이다. 성내는 일이 있거나 두려워하는 것, 호오(好惡)와 근심이 있으면 마음을 바르게 할 수 없다(所謂修身在正其心者, 身有所忿懥, 則不得其正, 有所恐懼, 則不得其正, 有所好惡, 則不得其正, 有所患憂, 則不得其正).

이정(二程)이 이르기를 몸을 닦는 까닭은 그 마음을 바르게 함에 있고(所謂修身, 在正其心者), 마음이 있지 아니하면(心不在焉) 몸이 닦이지 않는다(而身無不修也). 호안국(胡安國)에 의하면 마음을 세우는 데 있어 성(誠)과 신(信) 그리고 마음을 속이지 않는 것으로 근본을 삼아야 한다. 왜냐하면 마음은 몸의 주인이기 때문이다(立心, 以忠信不欺, 爲主本).

공자가 "일흔에 마음에 하고자 하는 바를 좇아도 법도에 넘지 않았다"고 한 말(七十而從心 所欲不踰矩)에 대하여 주자가 주해(註解)하면서 "마음은 체요 욕은 곧 용이며, 체는 곧 도요 용은 곧 의며, 소리는 율이 되고 몸은 법도가 된다"(蓋心則體, 欲則用. 體則道, 用則義, 聲爲律, 而身爲度矣)고 함으로써 도학(道學)주의적 입장에서 몸과 마음의 관계를 분명히 하고 있다.

공자는 "학(學)을 좋아하는 것은 지(知)에 가깝고, 힘써 행하는 것은 인(仁)에 가깝고, 부끄러움을 아는 것은 용(勇)에 가깝다. 이러한 지, 인, 용을 알면 몸을 닦는 방법을 알고, 몸을 닦는 방법을 알면 사람 다스리는 방법을 알고, 이를 알면 천하를 다스리는 방법을 안다"(好學近乎知, 力行近乎仁, 知恥近乎勇. 知斯三者, 則知所以修身. 知所以修身, 則知所以治人. 知所以治人, 則知所以治天下國家衣)고 말함으로써 지, 인, 용이 수신과 치체의 구체적 방법론임을 명시하고 있다.

또한 공자는 몸을 다하는 것을 충성이라 하고 몸을 미루는 것을 용서라 한다(盡己之謂忠, 推己之謂恕). 이에 대하여 이정(二程)에 의하면 몸으로써 물건에 미치는 것이 어짊이요, 몸을 미루어 물건에 미치는 것은 용서라 하였다(以己及物仁也, 推己及物恕也). 공자는 충서(忠恕)를, 이정(二程)은 인서(仁恕)를 진기(盡己)의 내용으로 삼았던 것이다.

그런데 이천에 의하면 학문하는 자는 마음이 흐트러져 냉정을 잃을 염려가 있다. 이것은 세상사의 공통적 폐해다. 학문하는 자는 자신의 마음을 확립하는 것이 필요하며 바로 여기에 모든 헤아림이 있어야 한다(學者患心慮紛亂, 不能寧靜, 此則天下公病. 學者只要立箇心. 此上頭儘有商量). 또한 학문하는 자는 신중한 마음을 지켜야 하며 서둘러서는 안 된다.

깊이 배양하고 그 사이에서 마음을 기르도록 해야만 도를 얻을 수 있다(學者須敬守此心, 不可急迫. 當栽培深厚, 涵泳於其間, 然後可以自

得). 주자에 의하면 반드시 마음에 밝혀서 가는 것을 안 뒤에 힘써 행하여 이르기를 구해야 한다(正其心, 養其性而已, 然必先明諸心). 이러한 입장은 안자(顔子)의 언설로써 마무리된다. 즉, 예가 아니면 보지 말고, 듣지 말고, 말하지 말고, 행하지 말라는 명제다(非禮勿視聽言動).

이러한 존양(正其心, 尊其心, 養其性, 所以事天也)의 방법론은 '그 몸을 얻지 못함' 으로 구체화된다. 즉 그 몸이 보이지 않는 것이며 자기를 잊는다는 의미다. 자아가 없으면 머물고 자아를 없앨 수 없으면 멈출 길이 없다(不獲其身, 不見其身也. 謂忘我也. 無我則止矣. 不能無我, 無可止之道). 비록 몸이 음전하더라도 예가 없으면 마음이 피곤해지는데 이때의 음전은 억지로 떠는 음전을 의미한다. 예란 모양을 취하지 않는 예이며, 자연의 도리이다(此恭而無禮則勞也. 恭者, 私爲恭之恭也. 禮者, 非體之禮, 是自然底道理也).

궁극적으로 치체론에서의 존양(誠敬)은 외면이 음전하고 마음이 편안해야 함을 궁구한다. 여기서 공(恭)과 경(敬)은 대조적인 의미로 사용되고 있다. 즉, 경은 마음을 가지는 법 혹은 상태에 대하여 말하며, 공이란 그것이 외면에 나타난 것을 의미한다. 공은 자연적인 것은 물론이려니와 작위적인 것을 망라한다. 공자가 이르기를 몸을 닦되 공경으로써 해야 한다(修己以敬). 더욱이 몸가짐을 온전히 할 수 있는 것은 성(마음을 진실하게 하는 것)일 따름이다(盡心行己之要, 可以終身行之者, 其誠乎). 이같이 치체론에 의하면 몸을 닦아 성경을 이루는 것이 아니라 성경으로써 몸을 닦아야 한다.

이러한 이학주의의 치체론은 또한 신독(愼獨)의 정신으로 구체화된다(惟愼獨便是守之之法). 경으로써 내 마음을 닦고(修己以敬), 공경에 전일함으로써(一於恭敬) 훌륭한 지혜를 만들어 낸다. 이같이 수기이경(修己以敬)하면 사람을 편안하게 하고, 백성을 편케 하는 것이다(修己以安人, 修己以安百姓). 이는 유가교육의 이상인 수기치인의 도, 즉 천하평(天下平)을 위하여 우선적으로 자신을 수양해야 한다는 도리를 설명함이며, 자기를 다스리기 위하여 마음 쓰는 법이 바로 경이다. 자신에 대하여 부끄럽지 아니하면 몸이 자유로워진다(不愧屋漏, 則心安而體舒).

이학주의가 이론적으로는 심우위론을 주장하지만 궁극적으로 마음은 몸 안에 있어야 함을(心要在腔子裏) 간과하지 않았다. 몸을 보전하지 않으면 이로움이 있을 수 없다. 몸에 맞도록 스스로를 편하게 하는 것(適己自便)이 곧 리(利)다. 나아가 자신을 확립하지 못하면 사람을 감화시킬 수 없으며 세상의 유혹으로 인하여 자신을 어지럽힌다(不有躬無攸利. 不立己, 猶爲化物不得, 以天下萬物擾己. 立己後, 自能了當得天下萬物). 그윽한 방에 거처해도 반드시 자신을 닦고 정제해야 한다(居處幽室, 必自修整). 마음이 안정되어 일관성과 여유가 있으면 어려움을 당하여도 몸이 흐트러질 이유가 없다.

이처럼 이학주의의 치체의 핵심은 자기의 확립(爲己之學)이다. 군자는 배워서 몸을 위하지만 결코 사람이 알아주기를 구하지 않는다(君子學以爲己, 不求人知). 또한 모름지기 공맹을 읽고 뜻을 이해하고 성인의 말씀을 받들어 몸을 소중히 다루어야 한다(凡看語孟, 且須熟讀玩味, 將聖人之言語, 切己).

결국 앞서의 수신론이 실천궁행적이라면 치체론은 정신적 도야의 경향이 강한 차이점을 보이고 있다. 그리하여 올바른 마음으로 마음을 부리면 진실로 선(善)한 것이요, 인간의 마음은 제멋대로 방임하면 방자해지는 법이다(以心使心則可. 人心自由, 便放去也). 이는 전통유가의 예론적 경향을 대표적으로 나타내고 있다(又學禮, 則可以守得定).

6. 안신론(安身論 혹은 愛身論)

중국 명 · 청조기의 사회적 격변은 몸에 대한 전통적인 관념에 변화를 초래했다(조민환, 1999: 88-92). 특히 양명학과 기 철학의 견해는 몸에 대한 전통적인 이해와는 크게 달랐다. 왕수인의 몸담론은 전통적인 심즉리(心卽理)의 틀에서 벗어나 심즉욕(心卽欲)으로 변모하고 이는 곧 성즉리(性卽理)가 성즉욕(性卽欲)으로 전환됨과 다름없다. 특히 양명학 태주학파의 창시자인 왕간(王艮, 1483-1541)은 심우위의 전통을 부정하지 않으면서도 신을 심보다 우선시하는 안신의 몸 철학을 분명히 하였다.

왕간은 도와 몸을 존숭하는 철학을 표방하였다. 도는 성이요, 인륜이며 천리다. 그러므로 백성이 일상적으로 쓰는 것이 다름 아닌 도다(日用無非道). 물질에 대한 탐욕도 도에서 벗어남이 없고 성인의 도와 백성의 도가 다르지 않다고 함으로써 전통적인 이학주의를 강하게 비판하고 있다. 양명학에 의하면 도와 몸은 원래 하나이다(身與道原是一件). 그리하여 인간의 물질적 욕구와 육체의 존엄함에 긍정성을 부여했다(張立文, 1995: 262-263).

몸과 도는 본시 하나로서 모두 지극히 존귀한 것이다. 도를 존귀하게 여기지 않고서는 몸을 존귀하게 여긴다고 할 수 없고 몸을 존귀하게 여기지 않고서는 도를 존귀하게 여긴다고 할 수 없다. 모름지기 도가 존귀하고 몸이 존귀해야 비로소 지극히 선한 것이다(至尊者此道, 至尊者此身. 尊身不尊道, 不謂之尊身, 尊道不尊身, 不謂之尊道, 須道尊身尊纔是至善). 몸이라 하는 것은 천지만물의 근본이고 천지만물은 말단이다(身也者, 天地萬物之本也. 天地萬物, 末也).

그에 의하면 몸을 편안하게 하고 동시에 그 마음을 편하게 하는 것이 제일이며, 몸을 불안하게 하나 그 마음을 편하게 하는 것은 다음이고, 몸을 불안하게 하고 또한 마음을 불안하게 하는 것은 제일 아래(安其身而安其心者, 上也. 不安其身而安其心者, 次之. 不安其身, 又不安其心, 斯其爲下矣)라 하여 안신의 철학을 역설하였다.

그렇다면 일신의 영달과 벼슬을 위하여 자신의 몸을 해치는 것(殉身)은 과연 바람직한가? 왕간의 설명에 의하면 벼슬은 도를 행함인데 그러한 도를 행함에 있어 몸을 망친다 함은 인간의 가치를 망실함이다. 왜냐하면 몸이 도보다 더 근본적이기 때문이다. 또한 몸을 닦는 것이 근본이라는 전통적 수신사상을 뛰어 넘어 안신, 보신, 애신(愛身)사상으로 발전하였다.

> "몸을 닦는 것이 근본이 됨은 지당하다. 그런데 근본을 세움이란 몸을 편케 함이니 몸을 편케 함으로써 집안이 편케 되고, 나라를 편케 하며, 천하가 편안하게 평정된다. 따라서 자기를 닦아서 남을 편안하게 하고, 백성을 편안하게 하고, 천하를 편케 한다. 몸을 편케 하는 것을 알지 못하고 국가와 천하의 일을 궁구한다면 이는 근본을 잃은 것이다"(修身, 立本也. 立本, 安身也. 安身以安家而家齊, 安身以安國而國治, 安身以安天下, 而天下平也. 故曰, 修己以安人, 修己以安百姓, 修其身天下平. 不知安身, 便去干天下國家事, 此之謂失本也).

여기서의 신(身)은 피와 살로 된 '몸' 이다. 근본적으로 몸을 편케 한다는 것은 욕망을 좇는 일이다. 따라서 안신[3]의 철학은 학문과 철학의 출발점이 되어야 하며 몸은 윤리의 출발이 된다. 이러한 탈(脫)이학주의적 입장은 전통적 유가의 이존론적(理尊論的) 사유와 배치된다. 이를 통해 전통적 몸담론에서 벗어나 근대적 몸 이해로 급격히 이행되고 있음을 알 수 있다. 급기야 몸에 대한 정치성(政治性)과 현상학적 이해의 정초가 마련된 것이다.

한편 우리나라에서는 이 시기에 도학적, 심성론적, 형이상학적 이학주의에 터한 수양과 수기로부터 벗어나 몸의 외적 실천과 치인과 안인에 중점을 두는 이른바 예학이 등장한다(최영성, 1995: 140). 16세기 이전까지 예는 주로 방례(邦禮)와 가례(家禮) 등 교화적 정책을 통하여 타율적으로 이루어지는 실천의 원칙이었다. 그러나 사회질서가 변화하고, 현실적 실천의 예를 철학적으로 이론화하려는 전향적인 노력이 나타나면서 예학이 담론의 주체로 등장하고 더불어 몸에 대한 이해도 치밀해졌다.

이상의 논의를 종합하면 몸은 관계의 통로요, 지피지기(知彼知己)의 표상이다. 또한 몸은 정신의 표현이며 이는 간(間)주관적이다. 예를 들어 헌혈함으로써 사랑을 표시하고, 할복, 단지(斷指), 살신함으

3) 안신은 불서(佛書)에도 등장하는데, 즉 지눌의 『진심직설』에 "온 대지가 하나의 절이라는 이치를 깨달은 사람의 安身立命할 곳이다"(『진심직설』. 眞心所往)라는 구절에서 찾을 수 있다. 여기서 안신은 진심을 알아 사생(존재하는 사물을 생성과 인과에 따라 濕生, 化生, 卵生, 胎生으로 구분함)과 육도(보살수행의 여섯 가지 덕목)가 모두 사라지고 천하가 모두 진심이라, 이 진심에 의탁함을 말한다.

로써 지극한 의를 실천한다. 혀를 깨물어 수절하고, 참수(斬首)함으로써 모범을 보이고, 각골(刻骨)로써 의지를 불태운다. 분골쇄신, 국궁진췌로써 이상적인 교육 추구의 아름다움을 연출한다. 그럼에도 불구하고 우리 교육은 몸으로 드러난 다양한 현상들을 이해하려 하지 않았다. 즉, 몸에 관련된 일상 언어 속에서 확인되는 다양한 몸의 현상들을 체벌과 온갖 징계를 통하여 제한해 왔고 편향된 몸가짐만을 강요함으로써 전인교육의 조건인 몸은 배제되어 왔던 것이다.

아무리 학교 밖에서 '몸치장'을 잘하고 활기찬 '낯빛'으로 '볼품' 나게 꾸며도 학교 안에서 학생들의 '끼'는 철저히 제한됨으로써 그들은 스스로 이중적 기준에 길들여지게 되고 결국 지속적이고 전인적인 발달을 기대할 수 없게 된다. 지도편의를 위하여 획일적 몸가짐과 몸치장의 제한이 강요되고 그 속에서 몸은 자유롭고 전인적인 발달을 금지당하였다. 다양한 몸의 현상들이 교육과정에서 자연스럽게 표출되고 제한받지 않는 것이 전인교육의 전제조건임에도 불구하고 우리 교육은 그렇지 못했다.

참고문헌

『근사록』, 『노자』, 『논어』, 『대학』, 『맹자』, 『여씨춘추』, 『열자』, 『예기』, 『장자』, 『중용』, 『진심직설』, 『효경』

김용옥(2000). 노자와 21세기. 서울: 통나무.

노희관 외(2000). 교육학의 새로운 파라다임. 파주: 교육과학사.
이승환(1996). "눈빛, 낯빛, 몸짓: 유가전통에서의 덕의 감성적 표현에 관하여". 한국철학회 1996년도 연례발표회 발표문.
조민환(1999). "유가미학에서 바라본 몸". 이거룡 외. 몸 또는 욕망의 사다리. 파주: 한길사.
최영성(1995). 한국유학사상사. 서울: 아세아문화사.

小林康夫 외 공저. 이근우 외 공역(1997). 知의 윤리. 서울: 경당.
張立文 저. 권호 역(1995). 道. 서울: 동문선.

Phi Delta Kappa Educational Foundation 편. 윤정일 외 공역(1996). 학교개혁론—쟁점과 과제. 서울: 원미사.

제2장

학습의 진화: 생태론적 관점

1. 문제제기: 學而時習 不亦熱乎!

그간 군소리 하나 없이 학교를 잘 다니던 고등학생 아들놈이 갑자기 공부를 그만두겠다고 선언을 하고는 내내 집에만 있다. 교육자가 많은 우리 집안사람들은 분노의 폭풍에 휩싸였다. 그러나 막무가내로 혼을 내기보다 우선 아들의 이야기를 들어야 할 것 같았다. 그런데 듣고 보니 그 이유가 너무 황당했다. 즉, 학교공부가 너무 재미없다는 것이다.

대학선생인 나를 포함하여 가족들은 한결같이 아들의 학교중퇴를 반대하고 나섰다. "아무리 그래도 고등학교까지는 공부해야 하지 않겠니?" "공부가 무슨 재미로 하는 줄 아니?" "공부 못해서 사회에 나가 병신 취급 받으며 집안 망신시키려고 작정했니?" "나중에 더 커서 고생하기 싫으면 조용히 공부나 해라!" "무조건 공부만 해, 시키는 대로 하면 돼" 등의 비난이 쏟아졌다. 그러나 이런 경우 우리 아들과 같은 마음을 먹은 아이들은 "공부해서 뭐해요?" "공부할 게 없어요!" "공부만 하면 열 받아요" "공부는 시시해요"라고 외치며 거칠게 저항하게 마련이다.

교육학을 공부하여 박사가 되고 교수가 된 나 자신조차도 자식을 비난하고 질책하는 데 앞장섰다. 왜냐하면 자식이 고등학교를 중퇴함으로써 예견되는 주위의 비아냥이 두렵고 나 스스로의 자존심이 용서하지 않았기 때문이다. 우리 아이만 공부가 재미없다고 느끼는 것이 아님을 잘 안다. 그러나 재미가 없어서 공부는 못하더라도 인내심과 사회성을 기르기 위해 학교에 다녀야 한다는 생각이 나의 교육적 신조로서 마치 DNA처럼 박혀 있었기에 더욱 화가 났던 것이다.

울분을 삭이고 가만히 책상에 앉아 그간 읽으며 공부했던 교육학 서적을 뒤적이며 공부, 학교, 배움, 학습 등을 상고(詳考)하니 공부, 배움, 학습이라는 교육학의 가장 큰 명제가 절실하고도 사실적인 체험으로 내 앞에 서 있음을 발견하고는 아들의 배움에 대한 생각을 공감하고 보다 명징한 배움의 본질을 찾아가는 여정을 시작하게 되었다. 그 첫 발걸음은 최근의 한 신문기사로부터 시작한다.

"심리학자들이 재미를 연구하는 이유는 교육에 반영하기 위해서다. 광고나 영화에서 얻는 재미는 심리학에서 '상황적 재미'로 분류된다. 그것은 일시적인 자극으로 짧은 동안 느낀다. 공부하면서 느끼는 재미는 다르다. 상황적 재미가 여러 차례 반복되면서 자신이 가진 지식이나 가치와 연결되어야 얻을 수 있다. 예를 들어 수학문제를 풀거나 과학실험에 성공한 순간 학생들은 재미를 느낀다(상황적 재미). 이런 상황을 여러 번 겪다 보면 더 알고 싶어지고 아예 유명한 과학자나 수학자가 되겠다는 결심을 한다. 이때야 비로소 공부가 재미있어진다는 것이다(개인적 재미). 고려대 심리학과 김성일 교수는 학교공부가 광고보다 재미없다고 느끼는 것은 상황적 재미를 개인적 재미로 발전시키지 못했기 때문이라고 설명했다"(동아일보, 2007년 8월 24일).

갑자기 학교를 그만두겠다고 선언한 우리 아들 나름의 공부론(?)에 재미가 개입되어 있고 심리학과 교수의 공부론에도 역시 재미가 이론적 설명의 근거가 되고 있다. 그렇다면 배움과 재미는 어떤 의미연관을 갖고 있는가? 우리는 여기서 아주 단순하고도 의미 있는 명제 하나를 도출할 수 있다. 즉 재미를 상실한 공부(학습) 경험은 배우고 익힐수록 기쁜 것이 아니라 오히려 화가 난다(學而時習 不亦熱乎)는 사실이다.

알고 보면 배움의 즐거움과 자유에 대한 담론의 뿌리는 동양의 에토스(ethos)인 『논어』, 『맹자』, 『예기』 등이었다. 그런데 어찌하여 공부가 재미없다면서 학교를 박차고 나가는 청소년들이 도처에서 발견되고, 심지어 공부 포기, 학습 장애, 배움 중단 등의 극단적 주장이 호응을 얻게 되었는가? 정녕 공부는 재미있어야만 하고 그렇지 않을 때 과감히 포기하는 것이 이 시대를 이끄는 배움의 문화현상이며 정서란 말인가? 배움의 경험은 재미, 즐거움, 행복의 원자재가 되어야 하는가?

2. 배움에 대한 생각의 현대성

최근 들어 공부와 배움에 대한 담론들이 지나치리만치 무성하다. 이러한 담론구성체는 이제 교육(학)자나 심리학자들만의 전유물이 아니다. 교사, 학생, 학부모, 기업체, 학자 등에 의해 공부에 대한 담론의 스펙트럼이 다양하게 개진되고 있음은 이를 잘 증명하고 있다. 그것들은 하나같이 도전적이고 선동적이다. 예를 들어 '공부혁명, 공부기술, 공부비결, 초학습법, 학습혁명, 학습클리닉, 학습프로젝트, 공부법, 반(反)공부법' 등 실로 다양한 공부와 배움을 노래하는 담론의 향연이 펼쳐지고 있다.

그 중에서 유독 눈에 띄는 제목의 책이 있어 들춰 보았다. 그것은 『공부가 가장 쉬웠어요』라는 책으로 공부가 지긋지긋하고 성취도가 형편없는 학생들에게는 '지옥의 묵시록'과 같이 건방지고도 혐오스런 제목이었다. 그러나 읽다 보니 배움이야말로 재미, 행복, 즐거움의 원천임을 알리는 고해성사이면서 대중을 교화하는 일종의 도그마임을 쉽게 발견할 수 있었다. 본문을 조금 인용해 보자.

> "공부를 하다 보니 공부가 세상의 어떤 놀이보다 재미있는 것인을 알게 되었다. 공부는 정말로 재미있었다 …… 내가 이런 것들도 모르고 세상을 살았구나 싶은 생각이 충격적으로 다가왔고 많이 알아야겠다는 생각이 들기 시작했다. 그때부터는 고등학교 교과서를 공부한다는 것이 대학에 들어가기 위한 수단에 그치는 것이 아니라 그 자체가 벌써 목적이 될 수 있었다. 몰랐던 것을 알게 된다는 것은 분명 즐거운 일이다. 공부하는 것에서 신명에 가까운 즐거움과 쾌락을 느끼는 단계에 이르면 우리의 머리도 보통 이상의 능력을 갖게 된다"(장승수, 1996: 91).

> "공부가 가장 쉬웠어요 …… 여기서 쉬웠다는 것은 머리가 좋다거나 공부에 선천적인 자질이 있다는 것과 별개다. 쉬워서 공부를 시작한 게 아니라 공부에 매달리니 쉬워졌다. 쉽다는 것의 원인은 재미있다는 것이다. 재미있으면 열심히 하게 되고 열심히 하면 쉬워지게 마련이다"(장승수, 1996: 177).

> "시험을 치기 위해 공부를 하는 것이 아니라 몰랐던 사실을 알기 위해 공부하는 것이라고 생각해 보자. 이렇게 생각을 바꾸고 나면 공부하는 것이 훨씬 재미있어진다. 묘하게도 재미있어서 하는 공부가 정작 시험도 더 잘 칠 수 있는 공부가 된다"(장승수, 1996: 230).

장승수는 이미 공맹(孔孟)의 호학(好學)론과 앞서 인용한 심리학자의 공부론을 꿰뚫고 있는 듯하다. 이는 고학(苦學)으로 공부한 한 개인의 영웅담이 아니다. 이러한 관계적 성찰은 수재들이 모인 '민족사관고등학교' 학생들의 배움에 대한 생각에서도 드러나고 있다. 그들의 목소리도 인용해 보자.

> "나는 또 공부 자체에 의미를 부여하려 애썼다. 무언가를 새롭게 배워갈 수 있다는 사실에 감사했고 모르던 것을 알아 나갈 때의 짜릿한 느낌을 즐겼다. 공부가 아니 무언가를 새로 배우는 것이 재미있다고 생각하면 방법상의 문제들은 자연스럽게 해결되기 마련이다. 공부하는 방법이야말로 각자의 개성인 것이다 …… 다른 사람의 공부방법이 자기와 맞지 않고 공부에 짜증나고 재미없게 느껴지면 과감하게 자기 식대로 하는 것이 용기이고 지혜다"(박원상 외, 2001: 65).

그들이 주장하는 공부의 핵심은 '내 공부, 내 식대로, 내가 한다'이다. 공부의 가장 중요한 테크닉은 자기가 가장 좋아하는 방법으로 해야 한다는 것이다(조승연, 2003: 33). 이를 학술적인 용어로 좀 더 근사하게 포장하면 '배움의 자발성, 주체성, 자유와 자조(自助)

권' 등이다. 이러한 학습의 자유와 자조권은 『공부에 반(反)하다』라는 도발적인 제목의 책을 통한 주장에서 분명하게 드러난다.

> "『공부에 반하다』라는 책의 제목은 두 가지 의미를 동시에 띠고 있다. 첫째는 오늘날의 지배적인 공부방법에 대한 비판과 대안의 단초를 바라는 것이고, 둘째는 보편적으로 적용 가능한 공부법이라는 관념이 환상임을 드러내는 것이다"(이범, 2006: 7).

공부, 배움에 대한 관점 내지 방법론적 복수주의를 인정하는 배움의 이데아는 과연 무엇인가? 천 명의 공부벌레에게는 천 가지의 공부비법이 있다. 그러나 공부에 대한 이데아에는 무언가 일치하는 접점이 있을 수 있다. 즐거움과 재미를 기반으로 하는 공부경험은 언제나 보람 있다. 그러므로 교육자이자 아버지인 내가 학교를 뛰쳐나온 우리 아들에게 "싫든 좋든 반드시 공부해야 한다"고 강요하는 것은 일종의 폭력이다.

배움은 본래 즐거운 레저였다. *school*의 어원인 *schole*가 레저, 한가함, 여유, 배움을 의미함에서 이를 잘 확인할 수 있다. 하고 싶은 일을 무엇이든 할 수 있는 권리를 가진 귀족들이 공부를 가장 사치스런 레저로 선택했다는 것은 공부가 얼마나 재미있었는지를 엿보게 한다. 그들은 자유로운 논쟁과 대화를 통하여 고급의 정신문화를 여가로 즐겼던 것이다(조승연, 2003: 29-30). 여기서 우리는 학습과 교육을 놓고 볼 때 학습의 개념이 훨씬 광범위함을 포착할 수 있다.

로크(J. Locke)는 "학습은 필요한 것이지만 또한 학습은 중요한 인간능력을 키우는 데 도움을 주는 수단에 불과하다"(Locke, 1995: 162)

고 보았다. 그는 학습의 비교육성을 다음과 같이 설명하고 있다. 일상사에서 놀이는 대부분 재미있고 자기주도적이다. 따라서 놀이를 통한 학습은 이미 자유와 자조권을 보장받은 셈이다. 이에 대하여 로크는 "학습은 단지 놀이에 불과하다는 생각을 하게 된다"고 썼던 것이다(Locke, 1995: 163). 학습경험은 결코 고통의 연습이나 스트레스 극복의 시험대가 아니다.

3. 현대 심리학과 교육학의 반성

라이트너(S. Leitner)는 나와 같이 아들이 학교를 중퇴한다고 선언한 후 충격을 추스르며 교육학자로서 또한 대학에서 심리학을 배운 사람으로서, 배움과 공부에 대한 반성적 성찰을 하는 사람에게 대단히 유용한 지침을 제공하고 있다. 라이트너는 다음과 같이 주장하고 있다.

> "사실 중요한 것은 무엇을 공부하느냐가 아니라 어떻게 공부하느냐다. 내가 가장 놀란 점은 교육학이나 심리학을 공부하는 사람들조차 달달 외우고 반복하여 암기하며 공부하고 있다는 사실이다. 그들은 공부하는 것 자체를 공부할 기회가 있었는데 그렇게 하지 않았다. 교육학자나 심리학자들은 교육학이나 심리학을 마치 학생들이 형법을 암기하며 공부하듯 중간 중간 하늘을 바라보며 공부하고 있다. 그들은 열심히 공부하지만 이성과 뇌는 없이 공부한다. 그들의 공부법은 너무나 불합리해서 우리 세기의 모든 학술계가 절망 때문에 통곡해야 할 지경이다. 그들은 결국 시간과 돈만 낭비한다. 그들은 자신과 인류의 미래를 망치고 있다" (Leitner, 2005: 17).

> "무조건 공부만 하는 학생들의 태도에 대한 책임은 교사가 아니라 교육학자들에게 있다. 이 분들은 매우 열성적으로 부단히 새로운 교수도구, 교수방법, 학습도구 등을 만들어 내지만 모든 교수활동의 궁극적이고 유일한 존재이유가 학습이라는 점은 거의 망각한 듯하다 …… 종종 수업장면에서 약간의 변화를 도모하지만 문제는 교육학이 그 선에서 만족한다는 점이다"(Leitner, 2005: 22).

라이트너의 독설에 가까운 주장들은 일순간 나를 부끄럽고 애처롭게 만들었다. 왜냐하면 위에서 라이트너가 지칭하는 '그들'이 바로 나 자신이었기 때문이다. 학교를 떠난 학생이든 알량한 인내력을 발휘해서 교실에 남아 있는 학생이든 간에 그들에게 진정한 배움의 방법과 목적은 일러주지 않고 오직 '무조건 공부만 해라'는 식으로 채근하는 것은 교육폭력이며 동시에 배움의 경험은 전일적인(holistic) 두뇌활동이 아니라 형벌과 노동으로 가득 찬 두통이 되는 것이다(Leitner, 2005: 19).

그리하여 배움의 현장은 온통 '집중해서, 순서대로, 하라는 대로만' 따라 하도록(drill & kill) 강요된 학습의 형틀이 되었던 것이다. 여기서 학습자는 배움의 진정성, 즉 재미, 즐거움, 행복감, 자조권을 철저히 유린당한 채 학습의 자발성을 연기하게 되는 것이다. 여기서 학습경험의 능동적 자발성과 강요된 자발성에 대하여 생각해 보자.

배운다, 학습한다, 공부한다는 의미의 영어단어는 *study*와 *learn*이 있다. 오늘날 교육심리학에서 학습은 오로지 *learn*에 한정하여 사용하고 있다. 켈러(F. S. Keller)는 이에 대하여 다음과 같이 설명하고 있다.

> "어려서는 친절한 목소와 화난 목소리의 차이를 구별하는 것을 학습한다. 점차 성장하면 어떤 물체를 잘못 취급하게 되어 다치게 될 수 있다는 것을 학습한다. 커

서는 스키나 인라인스케이트 타는 법을 학습한다. 또한 식사예절이나 감정의 표출법을 학습한다. 구구단을 배우고 부끄러움을 학습한다. 결국 인간의 성장을 볼 때 학습의 경험은 곧 심리학의 전체라 해도 과언이 아닐 성 싶다. 그러나 학습을 정의하는 것은 그다지 쉬운 일이 아니다. 학습이란 무엇인가? 우리는 여전히 학습에 관하여 학습하고 있다. 다만 학습에 관한 일반법칙과 원리들을 부단히 연구하고 발견해 나가고 있을 뿐이다"(Keller, 1990: 17-19).

이처럼 학습심리학은 다양한 실험과 검증과정을 통하여 효율적이고 생산적인 학습방법을 도출하거나 학습현장에서 유용한 지도방안을 고안했다. 강화, 반복, 연쇄, 변별, 분화, 소거, 보상, 차별, 조작, 조건화 등은 learn을 중심으로 하는 학습이론을 구성하는 특수하고도 탁월한 설명용어들로 자리잡았다(Keller, 1990).

마빈 토케이어(M. Tokayer)는 일본을 방문한 후 『일본에는 교육이 없다』라는 책을 펴냈다. 우리나라에서는 『교육을 잃은 사회』(배영사, 1980)라는 제목으로 출간되었다. 여기서 우리는 중요한 학습문화의 이중성을 발견할 수 있다. 토케이어의 관찰에 의하면 일본에서는 '교육'과 '수험'이라는 말이 동의어로 쓰이고 있다. 그는 목표가 수험에 있든 아니든 교육의 내용(달리 말하면 배움의 내용이)이 좋기만(good) 하면 시비 걸 아무런 이유가 없다고 했다.

그의 관찰에 의하면 학령기의 모든 일본학생들은 오로지 수험만을 위하여 공부하고 있으며 여기서 배움의 궁극적인 문제가 드러나고 있다. 그리하여 그는 일본에서는 오로지 벵꾜(勉強)라는 말 밖에 없음을 알았다. 그러나 미국에서는 '공부하다'라는 단어를 *learn*과 *study*로 구별하여 사용한다.

*learn*은 '배운다, 익힌다, 가르친다, 쏠린다, 공부한다' 등의 의미로 사용되지만 *study*는 '연구한다, 찾는다, 조사한다, 배운다, 공부한다' 등의 의미로 사용된다. *learn*과 *study*는 모두 '공부한다, 배운다'의 의미가 있지만 배우는 방법은 전혀 상이하다. 다시 말해서 *learn*은 수동적으로 '익힌다, 가르친다'의 의미이지만(앞서의 표현대로 강요된 자발성) *study*는 학생이 능동적 자발성을 바탕으로 자조(自助)적이며 적극적으로 배운다는 의미라고 할 수 있다.

이렇게 볼 때 일본의 교육에는 *learn*은 있지만 *study*는 없게 된다. 일본에서 공부한다는 것은 무턱대고 시험을 위하여 지식을 암기하고 이치를 깨우치는 것을 뜻한다. 여기서 공부 혹은 배움의 의미는 매우 조잡하고 편협하게 되어 지적(知的)인 리듬을 바탕으로 개인의 특성에 맞춘 학습문화를 갖추지 못한다. 수험만을 위한 공부는 오로지 학습의 중독일 뿐이다. 학습중독과 학습몰입은 엄연히 다르다.

공부를 열심히 하는 학생들에게 가장 필요한 것은 열심히 가르치는 교사가 아니라 열심히 공부하는 교사다. 오늘날 학교에서 학생들은 선생님들로부터 문제의 해답을 알아내는 최적의 방법만을 배운다. 그것이 학습법의 전부가 되고 있다고 해도 과언이 아니다. 학습경험, 배움, 공부론의 관점에서 교사를 포함하여 모든 교육학자들은 이 점을 진지하게 반성해야 할 때가 되었다.

4. 학습(배움)론에 대한 담론의 진화

중국의 장개지(張豈之, 1991)는 그의 저서를 통해 중국사상의 패러다임을 유학, 이학, 실학, 신학으로 가름한 바 있다. 이를 좀 더 확장하면 원시 선진유학, 신유학, 심학, 실학, 기학, 신학(양학) 등으로 펼쳐진다. 여기에 불교와 노장사상을 포함하여 동양사상의 거대 스펙트럼이 형성된다. 각각의 사상은 배움(학습/공부)에 대한 담론을 반드시 포함하고 있다.

그동안 공맹의 학습(호학)론, 불교의 학론, 주자의 위학(공부)론, 심학의 치양지공부론, 실학의 배움론 등은 이미 깊이 있게 연구된 바 있다. 최근 교육학계에서 황금중, 신창호 등 신진학자들을 중심으로 배움(공부)론에 대한 두드러진 연구가 이루어지고 있지만 여전히 미진한 것도 사실이다.

1) 공맹(孔孟)의 호학(好學)론

동양문명의 에토스는 누가 뭐라 해도 『논어』, 『맹자』, 『예기』를 들지 않을 수 없다. 『논어』는 배움의 즐거움을, 『맹자』는 가르침의 즐거움을, 『예기』의 '중용, 대학, 학기' 편은 배움의 내용과 질서를 조직적으로 설명하고 있다. 기본적으로 공맹의 배움론은 호학으로 규정할 수 있다. 호학을 완곡하게 해석하면 '배움을 좋아함'이 될 것이다.

좋아함은 강요할 수 없는 존재론적 가치와 인식론상의 해방을 의미한다. '학이시습 불역열호'와 '득천하영재이교육'의 메타포는 결국 배움의 즐거움에 있다. 다시 말해서 교학(敎學)은 서로 동시적 현상인 셈이다. 공자는 배우고 익히는 것을 사람의 모든 활동 중에서 가장 사람다운 기능으로 보았다. 이러한 학습의 기쁨은 맹자가 말하는 교육의 기쁨(得天下英才 而教育之三樂)보다 선행한다. 그만큼 배움은 인간의 원초적인 욕구인 것이다. 그런데 여기서 우리는 학(學)과 습(習)의 의미를 상고(詳考)할 필요가 있다.

'학' 은 배움과 가르침을 동시에 내포하고 있다. 즉, 사람은 본래 누구나 그 성품이 착하지만 무언가를 깨우치거나 깨닫는 데 있어서는 선후(先後)가 있기 마련이며 뒤에 깨우치거나 깨달은 자는 먼저 깨우치거나 깨달은 사람을 반드시 본받아야 한다. 한편 '습' 은 '새가 날갯짓을 자주 하여 드디어 날게 되는 것' 을 이르는 것으로 앞서 누가 가르쳐 준 것을 배운 것만으로 배움이 완전하지 못함을 잘 드러내고 있다. 다시 말해 단지 무언가를 알았다고 해서 족한 것이 아니다.

모르는 것을 알아야 하는 것은 아마도 지극히 당연한 일이다. 그러나 이것은 단지 지식의 소유일 뿐이다. 배움을 통해 온전한 인간 존재가 되기 위해서는 반드시 연습하고 또 연습하여 앞서 익힌 바를 몸에 체현(體現)하거나 실생활에 활용함으로써만 가능한 것이다.

이러한 배움의 종지는 『예기』 중의 '학기' 편에 잘 드러나 있다. 즉, "배우는 자에게 네 가지 잃음이 있으니 그것은 혹실즉다(惑失則多), 혹실즉과(惑失則寡), 혹실즉이(惑失則易), 혹실즉지(惑失則止)다." 다시 말해서 배움이 너무 많으면 방황하며 바른 도리에서 벗어날 수도 있고 반대로 배움이 너무 적으면 바른 도리를 알지 못하여 인간답지 못할 수 있다.

또한 배움을 가벼이 여기다가 바른 도리를 놓치기도 하고 노력하지 않고 분발하지 않아 바른 도리에 다다르지 않을 수도 있음을 지극히 경계하고 있다. 한마디로 배움은 인간적 질서의 올바른 체현인 셈이다. 다시 말하면 공맹학에서 공부란 인의예지라고 하는 인간적 도리의 단서들을 각자 몸소 체험하는 것이다.

공맹의 호학론에 따르면 대저 배움에 임할 때는 반드시 마음이 안정되어야 하며, 재주는 반드시 배워서 얻어야 하거니와, 만일 배우지 아니하면 재주를 넓힐 수 없고, 마음이 안정되지 아니하면 배움은 이루어지지 않는다. 만일 배움을 게을리 하면 정묘(精妙)한 도리를 깨닫지 못하게 되고 마음이 안정을 잃으면 침착하지 못하여 올바른 성품을 이루지 못한다.

오로지 안일함만을 궁구하거나 올바른 도리를 멀리하고, 나보다 나은 사람을 미워하고, 하는 일없이 놀기만 하여 방탕하고, 권세 있는 사람과 친교하여 쉽게 벼슬하는 것 등은 반드시 경계해야 할 순응의 덕목이다. 그러므로 도덕은 가르치는 것이 아니라 배우는 것이 되어야 한다. 호학론의 또 다른 핵심은 "배우기만 하고 생각하지 않으면 얻는 게 없고 생각만 하고 배우지 않으면 위태롭다"는 사실이다. 배움이 생각으로 외연적 확대를 하며 생각이 배움으로 내향적 포섭이 이루어지지 않는 한 배움은 무의미한 것이다.

2) 노장의 절학(絕學)론

노장사상에서 배움에 대한 담론은 『도덕경』의 절학무우(絶學無憂)에 표상적으로 잘 드러나 있다. 여기서 절학을 완곡하게 번역하면 '배움을 그만두는 것'을 의미한다. 그러나 엄밀하게 따지면 배움을 그만두는 것이 아니라 배우되 갖지 말라는 것을 나타낸다. 언제부터인가 인간 세사(世事)에 있어 배움은 단순한 즐거움의 도구가 아니라 소유의 대상이 되어 버렸다.

호학으로서의 배움은 본질적으로 인간존재를 위한 시도요 노력일 뿐 결코 소유의 대상이 되어서는 안 된다. 그러나 오늘날 우리의 모습은 어떠한가? 배움의 경험이 소유의 대상이며 궁극의 목적이 되고 있음은 자명하다. 배움을 향한 극한 경쟁이 난무하고 배움을 자랑하는 목소리가 하늘을 찌른다. 소유는 다만 또 다른 소유를 부르고, 이미 소유한 것을 잃어버리지나 않을까 노심초사하는 근심의 원인이 된다. 그리하여 학력을 속이고 학습능력을 포장하는 폐단을 초래하고 말았다.

노장사상에서 배움의 본질은 우리가 어떤 그릇을 만들어 그 그릇을 잘 활용했으면 가차 없이 부숴버리는 무소유 혹은 탈소유의 경험과도 같은 것이다. 사용했던 그릇을 깨지지 않도록 포장하고 장식하여 소중하게 모셔둘 하등의 이유가 없는 것이다. 노장의 철학론 탐구를 통하여 노장의 배움론이 불교, 기학 등을 통하여 어떻게 전개되었는지 고찰함으로써 절학으로서의 배움론이 지닌 사상적 탁월성에 대해 재발견하게 될 것이다. 이것은 배움의 경험이 존재가 아닌 소유가 되어버린 오늘날 현대인들에게 자성의 단초를 제공할 것으로 기대된다.

3) 주자의 경(敬)공부론

주자의 마음공부론에 대해서는 이미 황금중, 신창호 등에 의하여 체계적으로 연구된 바 있다. 다만 연구자 나름의 비판적이고 차별적인 논의를 시도함으로써 논쟁의 단초를 찾아보고자 한다. 주자의 경공부는 기본적으로 마음공부이기도 하다. 주자는 "공부란 마땅히 스스로 해야 하니 공부를 하지 않으면 스스로를 부족하게 만든다. 공부를 하면 바야흐로 부족함이 없게 된다. 지금 사람들은 공부하는 일을 겉치레 꾸미는 일로 생각한다. 공부하는 사람은 먹고 자는 것을 잊을 정도가 되어야 학문에 입문하며 그런 연후에 즐거움이 찾아 든다"고 하였다. 여기서 가장 중요한 것은 자신의 마음을 다스리는 일이다.

공부란 용어는 성리사상을 종합한 『근사록』에 자주 등장한다. 여기서 공부란 광의로 '학문하는 법'(切問而近思)을, 협의로는 '몸에 익숙하게 함, 몸을 단련함, 몸과 마음을 일치시킴' 등의 의미로 사용되고 있다. 공부의 구체적인 목적과 내용은 『대학』에 제시된 삼강령, 즉 명명덕(明明德), 신민(新民), 지지선(至止善)과 팔조목, 즉 격물(格物), 치지(致知), 성의(誠意), 정심(正心), 수신(修身), 제가(齊家), 치국(治國), 평천하(平天下) 등이다.

공부로서의 근사(近思)는 '몸에 끌어당기어 생각한다'는 의미다. 여기서 생각은 지식에 선행하는 것으로 볼 수 있지만 지식은 항상 몸에 뱀을 목적으로 한다. 생각하는 내용과 대상은 항상 나의 몸이다. 그것은 내 몸에서 벗어난 곳에 목적을 두지 않는 것을 이른다. 그리고 '내 몸'이란 타자(他者)론적 의미의 내 몸이다. 이러한 내 몸을 어떻게 만들어 나가는가 하는 것이 공부의 출발이고 그것을 지향하는 것이 진실된 학문이었다.

몸과 마음에 대한 공부는 노장사상이나 불교의 학론에서도 동일하게 등장한다. 노장의 마음공부가 배움의 경험을 소유하려는 마음을 멀리하는 연습과 수련이라면 주자의 그것은 몸을 삼가 조심하도록 마음을 바로잡는 것이다. 주자에 있어 경공부는 성찰적 경험을 통하여 자신에게 있어서 그리고 남과의 관계에 있어서 불편부당한 상황을 만들지 않음에 본질이 있다. 구체적인 경공부의 방법으로 정제엄숙, 주일무적, 상성성, 계신공구(신독) 등을 들 수 있는데 하나같이 몸에 대한 엄숙함과 근신함을 조건으로 삼고 있다.

그런데 주자의 경공부론은 오늘날 긍정(positive)심리학에 의한 논박의 여지를 남겨 두고 있다. 그것은 몸에 대한 긴장이 과연 마음의 평온을 위한 조건이며 또한 그것이 진정성을 내포하고 있는가에 대한 의문에서 시작된다. 신독하려는 마음이 오히려 마음을 불편하게 만드는 것은 아닌지 생각해 볼 일이다.

세상에서 가장 믿을 만한 약속은 약속을 만들지 않는 것이라는 역설을 주자는 어떻게 받아들일지 의문이다. 기왕에 연구된 주자의 마음공부론을 좀 더 비판적인 관점과 비교인간학적 관점에서 연구함으로써 주자의 마음공부론이 더욱 명료해지고 탁월성을 발견하는 기회가 될 것이다. 다만 주자학을 연구하는 집단과 개인의 개방적인 태도가 선행되어야 함은 자명하다.

4) 퇴율(退栗)의 마음공부론

퇴율의 공부론은 주자의 마음공부론을 계승하면서 동시에 나름의 철학적 사유를 통하여 발전시킨 것이다. 이는 특히 『성학십도』에 잘 드러나 있는데 퇴계의 마음공부론은 주자의 설명을 스스로의 안목으로 재해석함으로써 수용과 변용을 거듭하고 있음을 잘 알 수 있다. 『성학십도』에 드러난 퇴계의 마음공부론의 대강(大綱)은 다음과 같다. 마음공부는 곧 경공부요, 이는 스스로 다른 사람에 대하여 고마워하는 마음을 가지고 살아가는 태도와 실천을 의미한다. 경공부는 오늘날 리더십이론에서 강조되는 이해, 배려, 관용, 포용, 용서 등을 망라하는 개념으로 보아도 무방하다.

퇴계에 의하면 소학과 대학은 공부하는 데 있어서 한 쌍의 축이 된다. 그에 의하면 "소학과 대학은 서로 의존하여 이루어진 것이기 때문에 하나이면서 둘이요, 둘이면서 하나인 것이다." 그런데 이 쌍을 연결해 주는 가교가 바로 경공부다. 한마디로 경의 공부에 있어 『소학』과 『대학』은 서로 밀접한 관련이 있다.

여기서 마음의 상태와 몸가짐이 별개의 요소가 아님은 말할 나위 없다. 굳이 심적 조작을 통하여 심리조절을 도모하지 않더라도 몸가짐에 의하여 심리조절이 이루어지는 특정한 조건이 있다. 동작이나 외모의 정돈처럼 단순한 행동을 방출하고 환류하는 과정에는 복잡하고 계획된 행동과는 다르게 노력과 사고가 크게 요구되지 않는다.

『소학』에서의 경공부는 사람과 사람 사이의 온전한 질서에 대한 체험적 학습이요, 『대학』에서의 경공부는 지식을 깨우치고 사람의 도리를 밝혀 사람들을 새롭게 인도하고 계도하는 데 바탕이 되는 인식의 학습인 것이다. 소학이 마치 불교에서의 소승이라면 대학은 대승의 대비 관계를 지니고 있으며 소학과 대학의 일체성이야말로 곧 배움의 전일성을 위한 조건이 되는 것이다.

한편 율곡의 『격몽요결』은 사람이 이 세상에 태어나 공부를 하지 않으면 사람다운 사람이 될 수 없다는 교육인간학적 관점을 분명히 하고 있다. 그에 의하면 공부한다는 것은 별다른 것이 아니다. 사람

사이의 질서에 충실하면 되는 것이다. 그는 지금 사람들이 공부라는 게 일상생활 가운데 있음을 알지 못하고 높고 먼 곳에 있어 행하기 어려운 것으로 생각하므로 공부는 특별한 사람이나 하는 것으로 간주하는데 이는 매우 슬픈 일이라 탄식하였다.

퇴계가 마음공부의 구심성에 천착했다면 율곡은 원심성으로 그 모양을 바꾸어 논의함으로써 다가 올 탈(脫)주자학적 사유의 배아를 제공한 것으로 볼 수 있다. 향후 『율곡집』, 『퇴계전서』는 물론 『신독재전서』, 『사계전서』, 『남명집』 등을 통해 성리학이 우리 나름의 독자적인 공부론으로 어떻게 변용, 전개되었는지 천착할 필요가 있다.

5) 치양지(致良知)공부론

양명학의 '치양지론'은 공부에 대하여 다음과 같이 설명하고 있다. 즉 '무슨 공부를 했는가?'라는 물음에 어떤 사람은 마음을 수양하는 공부를 말하고, 어떤 사람은 지식과 견문을 얻는 공부를 말한다. 마음만 공부하는 사람은 자기의 부족함을 알게 되지만, 지식과 견문만 추구하는 사람은 자신의 지식이 늘어가고 있음을 알게 된다.

그러나 자신의 부족함을 아는 사람은 날로 지식을 늘려가야 하며, 지식과 견문을 추구하는 사람은 욕심을 줄여가야 한다(某人在涵養上用功, 某人在識見上用功. 專涵養者, 日見其不足, 專識見者, 日見其有餘. 日不足者, 日有餘矣. 日有餘者, 日不足矣). 이러한 공부의 전일성(專一性)은 바로 양명학의 '치양지론'에 의하여 이미 체계적으로 개진된 바 있다. 동양에서 공부(工夫)는 본래 공부(功扶)의 뜻과 형태가 축약된 것이다.

공(功)은 *to achieve, to accomplish*, 부(扶)는 *to support, to aid*의 의미를 지닌다. 즉 공부란 '무엇을 도와 성취한다'의 의미다. 『근사록(近思錄)』에 등장한 것처럼 본래 공부라는 말은 '서로를 본받으며 몸과 마음을 전일적으로 닦는다'는 방법론적 측면에서 비롯되었다. 주자학에 의하면 공부는 '배우다'(學), '학문을 실천하다'(爲學)의 의미로 쓰여진다(황금중, 2000).

그러나 공부라는 단어에는 이러한 '배우다, 학문을 실천하다'라는 의미보다 훨씬 구체적이고 적극적인 노력이 함축되어 있다. 그것은 중국의 문화적 전통에서 공부라는 용어가 '노력하다, 애쓰다'라는 의미의 일상용어로 활용되는 데서 확인할 수 있다(신창호, 2004: 31).

또한 이러한 공부의 의미는 문화적 배경에 따라 다양하게 이해되고 있다. 즉 일본에서 쿠후(工夫)는 '무엇을 요리조리 궁리하다'는 수단적 의미로 쓰인다. 그리하여 '공부가 대단하다'는 표현은 무엇을 뛰어나게 잘하여 마치 도사 같이 전문가의 경지에 다다른 것을 이른다. 여기서 공부는 어느 개인의 수월성(excellence)을 의미한다.

한편 현대 중국 무예에서 쿵푸(工夫)란 인간의 몸과 마음을 조화롭게 단련하는 공부의 집약적 수련과정을 이른다(신창호, 2004: 31-32). 그러나 오늘날 공부는 형태의 다종다양성을 뛰어넘어 이미 우리의 실생활을 이루고 있다. 그것은 인간으로 살아간다는 총체적 의미연관 속에서 이미 존재하고 작용하고 있다. 따라서 인간의 모든 행위는 이미 공부의 상황이요, 여정인 셈이다.

다시 말해 우리의 현실적 삶은 공부의 과정으로 표현될 수 있다(신창호, 2004: 32-33). 이것은 단순히 소유를 위한 *learn*(수험으로서의 공부)이 아니라 존재로서의 *study*(깨달음을 위한 인생공부)를 의미한다. 이같이 학과공부가 아닌 인생공부, 소유가 아닌 존재를 위한 공부, 깨달음을 얻기 위한 치밀하고 조직적인 공부론은 왕양명의 '치양지공부론' 에 이미 잘 드러나 있다.

6) 실학(實學)의 배움론

정약용의 공부론에 의하면 우선 공부는 의심하는 마음에서 출발해야 한다. 그에 의하면 "고금의 학설들을 두루 공부하다 보면 이치에 맞지 않는 것들이 발견된다. 이를 열심히 궁구하다 보면 새로운 의미가 환히 떠오른다" 고 했다. 이처럼 의심하는 마음은 오감을 통하여 열려 있어야 한다. 듣고, 보고, 말하고, 생각하고, 책을 본 것들을 통하여 두루 궁구해야 한다.

실학의 배움론은 사변과 마음중심의 공부론에서 오감 혹은 체감공부론으로 전환시키고 이것은 새롭게 접하게 된 신학(洋學)으로 향하는 물길을 터줬다. 오감공부론은 아정 이덕무의 『이목구심서』(耳目口心書)에 잘 드러나 있다. 이덕무는 눈으로 보고, 귀로 듣고, 스스로 말하고, 생각하고, 책을 읽음으로써 배울 수 있다고 보았다. 이것은 배움의 다양성을 말하는 동시에 전일성을 의미하고 있다.

그는 사람들이 보고 들은 것으로 사물에 대해 고집스레 의논하는 것에 대하여 비판적이었다. 그는 누구나 생각을 항상 활발하고 관대한 데 두어서 자신의 막힌 곳을 통하게 하는 데 힘써야 한다고 주장한다. 그것은 자신이 보고 들은 것만으로, 혹은 자신이 생각한 마음만으로, 혹은 자신이 읽은 책만으로 배움이 이루어지는 것이 아니라 모든 것이 통합적인 배움의 경험으로 일치할 때 완전한 배움이 이루어진다는 것이다.

7) 기학(氣學)의 공부론

혜강 최한기는 기왕의 모든 학문을 비판적으로 이해하며 새로운 공부론으로 독창적인 기학을 정립하였다. 기학의 과제는 우주, 사물, 사회, 몸에 있어 기의 운행변화를 규명하는 것이다. 특히 몸, 즉 기에 관한 것이 일신운화(一身運化)인바, 이는 궁극적으로 천인운화(天人運化)를 승순(承順)한다. 최한기는 이르기를 "운화의 기를 체득하고, 일신의 기를 알고, 일신의 기로서 운화의 기를 섬겨야 한다. 공부의 큰 길은 바로 이것 말고 달리 없다"(體察運化之氣 推達身心之氣 須將身心之氣 學問大道 無他岐貳).

『인정』의 '교인문' 편을 중심으로 이를 좀 더 자세히 논의해 보자. 그에 의하면 "공부라는 것은 가르침을 익혀서 진취하는 것이다. 운화로써 공부를 삼으면 공부가 모두 운화이므로 일신의 생장쇠로의 운화로부터 인물과 교접하는 운화에 이르고 천지의 운화에까지 미루어 도달하게 된다. 그것이 점차 투철하게 알아 공을 쌓고 경험이 쌓여 성취함에 도달하게 되니 이것이 곧 공부다."

기학의 공부론에 드러난 독창성은 바로 학문의 전일성과 이에 부합하는 인간과 자연, 역사의 전일성이다. 서양의 학문, 특히 의학은 근대과학의 요소환원주의적 패러다임을 통하여 생산성과 효율성에 있어 탁월한 성취를 보이고 있다. 그러나 인간은 환원적 존재가 아니다. 인간은 존재 자체가 이미 유기적이고 통전(統全)적이고 전일적이다.

혜강에 있어 배움은 환원적인 요소들의 총화(總和)를 통한 성취가 아니며 유기적인 부분들을 서로 통하게 만드는 전일적 경험이야말로 온전한 배움의 경험이라고 보았던 것이다. 예를 들어, 다른 모든 과목은 우수한데 체육과목만이 미진하더라도 총점에서 1등을 하면 그 학생은 전체적으로 가장 우수한 학생으로 간주되는 환원주의적 입장을 거부한다. 여기에 오늘날 일등지상주의, 업적지상주의, 결과지상주의에 기반을 둔 학습 환경과 정서에서 비롯된 인간성의 왜곡을 치유할 수 있는 메시지가 담겨 있다.

8) 불교의 학(學)론

불교에서 말하는 공부는 '참된 인간'에로의 완성이다. 즉, 참된 나에 대한 공부를 통하여 소위 진아(眞我) 혹은 자아, 진인(眞人)을 찾는 것이 공부이다. 그 공부에 있어 나의 몸가짐은 마음에 좌우되고 나의 말도 물론이다. 몸은 마음의 옷이요, 말은 마음의 색깔이다. 참된 나는 몸가짐이나 말씨 속에 숨어 있다.

마음의 진실은 곧 몸의 올바름, 말씨의 올바름으로 나타난다. 표정은 말과 더불어 마음의 통로다. 유가의 이해와 마찬가지로 마음에 몸과 말이 따르며 그 역도 성립된다. 불교의 공부는 마음공부, 몸공부, 말공부로 이루어지며 부즉불리(不卽不離), 즉 불가분의 관계다. 혹은 계학(戒學), 정학(定學), 혜학(慧學)으로 불교공부를 구분하기도 한다. 여기서 마음공부는 정학과 혜학, 몸 공부는 계학에 속한다.

> "마음공부를 하는 사람도 정성을 모아 꾸준히 행하다 보면 공부의 요령을 터득하여 차츰 자리를 잡게 되고 마침내는 선정삼매에 들어 완전한 평화로움을 얻게 된다. 그러므로 마음공부가 흔들림 없는 안정된 자리를 잡을 때까지 우리는 애쓰고 애써야 한다 …… 진짜 문제는 적당히 공부하다가 도중에 하차하여 방황하는데 있다. 정녕 마음공부를 하다 보면 뜻밖의 사건이 터지는데 이때를 잘 넘겨야 한다"(김현준, 1999: 148-149).

한편 계학은 계율을 몸소 지킴으로써 몸가짐과 생활을 청정히 하는 일이고, 정학은 선정(禪定)을 닦아 마음을 통일하여 맑게 하는 일이며, 혜학은 분별을 떠난 반야지(般若智)를 갖고 깨달음을 얻는 일이다. 불교의 학론은 오늘날 구체적인 지식이나 기술획득으로서의 노력이 아니라 깨달음을 위한 수행에 집중되는 특징이 있다.

그럼으로 '배움'(學誦)은 실천, 수행의 의미가 있으며 유가에서 말하는 '공부'와 상통한다. 불교에서 학은 '회의(懷疑), 들음(聲聞), 생각함(思), 지각(覺), 믿음(信心), 즐거움(樂), 수행'의 순서로 이루어진다고 본다(『입대승론』). 학의 구체적 실천으로서의 수학(혹은 修行)은 궁극적으로 보리(bodhi, 菩提)를 지향한다. 불교에서는 반드시 가르쳐야 한다기보다 반드시 배워야 한다는 관점이 강하다.

결국 배움의 현상학적 경험으로서 '깨다'는 무소유, 탈집착의 정신이다. 마치 무위(無爲)가 행위가 없음이 아니듯 무심이란 마음 자체가 없다는 것이 아니다. 다만 마음 가운데서 물(物)이 없음을 이른다. 여기서 『진심직설』(眞心直說)에 나타난 '무심(無心)공부론'을 자세히 살펴 보자.

첫째, 깨달아 살피는 것이니, 공부할 때에는 항상 생각을 끊고 일어나는 생각을 막아야 한다. 즉, 한 생각이 일어나거든 곧 그것을 깨달아 부수는 것이니, 망념(혹은 邪念)이 깨달음에 부서지면 다음 생각이 일어나지 않으므로 깨달은 지혜마저도 버려야 한다. 망념과 깨달음을 동시에 버리는 것이 바로 무심의 첫째 공부다.

둘째, 휴식이니, 이른바 공부를 할 때에는 선도 악도 생각해서는 안 된다. 마음이 일어나거든 쉬고, 인연을 만나거든 쉰다. 분별을 중단하여 마치 바보와 같고, 말뚝과 같이 되어야 비로소 망심(妄心)을 쉬게 하는 공부가 된다.

셋째, 마음을 없애고 경계를 두는 공부다. 공부할 때는 모든 망념을 다 쉬어 바깥 경계를 돌아보지 않고 다만 스스로 마음을 쉬는 것이니 이것이 곧 마음을 없애고 대상을 두어 망심을 쉬게 하는 공부다.

넷째, 경계를 없애고 마음을 두는 공부다. 공부할 때는 안팎의 모든 대상을 다 비워 고요하게 만들고, 오로지 한 마음만 두어 외로이 뛰어나고 홀로 서 있는 것이 되어야 한다.

다섯째, 마음과 대상을 없애는 공부다. 이는 공부할 때에 먼저 바깥 대상을 비우고 다음에 안에 있는 마음을 없애는 것이다. 이것은 곧 마음도 없애고 대상도 없애 망심을 쉬는 공부다.

여섯째, 마음도 두고 대상도 두는 공부다. 공부할 때에 마음은 마음의 제 자리에 머무르고 대상은 대상의 제 자리에 머물러 때로는 마음과 대상이 서로 맞서더라도 마음은 대상을 취하지 않고 대상은 마음에 오지 않아 각각 서로 부딪치지 않으면 저절로 망념이 생기지 않아 도(道)에 아무런 장애가 없을 것이다.

일곱째, 안팎이 모두 전체인 것이니(양명학의 일원론과 정확히 일치함) 공부할 때 산과 강, 해와 별, 안의 몸과 바깥세상 등 모든 법(法)이 다 진심의 본체이므로 두루 하나를 만들어야 한다. 이때 어찌 망심이 있겠는가? 이것이 곧 안팎의 전부가 본체로서 망심을 없애는 공부다.

여덟째, 안팎이 모두 작용인 것이니 공부할 때에 일체 안팎의 몸과 마음과 세상의 모든 법과 또한 일체의 행동과 베풂을 모두 진심의 묘한 작용으로 관(貫)하는 것이다. 이것이 곧 안팎의 전부가 작용으로써 망심을 쉬는 공부다.

아홉째, 본체가 곧 작용인 것이니, 공부할 때는 비록 본체에 가만히 합하여 하나같이 비어 고요하나 그 가운데 안으로 신령한 밝음이 숨어 있는 그 본체가 바로 작용하도록 한다.

마지막으로, 본체와 작용을 뛰어넘는 것이니, 공부할 때에 안팎을 나누지 않고 방향도 가르지 않으며 다만 하나로 만들어(全一的) 원만하게 만들 뿐이다. 이는 마치 온 몸이 하나로 되어 있어 어느 한 곳도 꿰맨 곳이 없음과 같다.

이러한 노장의 무소유론과 불교의 무심론은 배움의 이데아와 구체적인 방법에 있어 어느 정도 일치하고 있음을 알 수 있다.

5. 학습(배움)론의 유용성

모던한 교육이론이 심리학의 지원을 받아 교수학 중심이었다면 과학기술 지식기반의 포스트모더니즘(postmodernism) 교육이론은 학습학(배움론)이 중심이 될 것으로 예견된다. 그것은 학습의 자조권 및 탈학교의 경향성에서 이미 드러나고 있다. 많은 사람들이 스스로 배우거나 과학기술 기반의 학습환경에서 배움을 설계하고 경험하게 될 것이다.

이제 우리는 배움의 진정한 의미를 사상사적 흐름을 통하여 탐구함으로써 한편으로는 학교나 교실의 붕괴를 막아 주고, 다른 한편으로는 학교를 뛰쳐나간 사람들에게 선인(先人)들이 일러 준 배움의 의미를 일깨워 줌으로써 배움이 진정 즐거움, 재미, 행복의 원천임을 보여 주어야 한다.

배움론은 이러한 문명사적 전환의 기로에서 교사, 학부모, 학생 모두에게 생명을 살리는 배움의 경험, 즉 생태학적 배움의 경험을 인식시키는 거대담론으로서 큰 공헌을 할 것이다. 또한 동양과 우리나라 사상사의 흐름 속에서 배움, 학습, 공부에 대한 이해와 설명들을 탐구함으로써 학습자조권의 자명성과 위험성을 동시에 규명해 줄 것으로 기대된다.

참고문헌

『근사록』, 『기학』, 『노자』, 『논어』, 『맹자』, 『성학십도』, 『성학집요』, 『성호사설』, 『예기』, 『이목구심서』, 『인정』, 『입대승론』, 『장자』, 『전습록』, 『주자어류』, 『진심직설』, 『팔만대장경』

고영희(1996). 학생들은 학교에서 어떻게 실패하는가. 서울: 배영사.
김동환(2003). 다니엘학습법. 서울: 규장.
김유미(1998). 온 몸으로 하는 학습. 서울: 도서출판 진우.
김현준(1999). 육바라밀 수행법. 서울: 효림.
박원상 외(2001). 내 공부는 내가 한다. 서울: 창작시대.
박희병 편역(1998). 선인들의 공부법. 파주: 창작과 비평사.
송재희(2003). 몸이 즐거운 학습법. 서울: 숨비소리.
신창호(2003). 인간, 왜 가르치고 배우는가. 일산: 서현사.
신창호(2004). 공부, 그 삶의 여정. 일산: 서현사.
신창호(2005). 수기, 유가 교육철학의 핵심. 서울: 원미사.
원동연(2000). 5차원 전면교육학습법. 파주: 김영사.
유성은, 유미현(1996). 청소년이 꼭 알아야 할 시간관리와 공부방법. 서울: 생활지혜사.
유영만(2002). 민사고 천재들은 하버드가 꿈이 아니다. 서울: 한언.
이강대(2000). 주자학의 인간학적 이해. 서울: 예문서원.
이범(2006). 공부에 반(反)하다. 서울: 한스미디어.
이원범, 유현실 외(2002). 공부가 쉬워지는 오행학습법. 파주: 김영사.
이은정(1999). "교육생태학의 성립가능성 연구". 연세대학교 대학원 석사학위논문.
장승수(1996). 공부가 가장 쉬웠어요. 파주: 김영사.
정은기(2006). 상위 10%로 가는 10분 공부법. 서울: 파라북스.
조승연(2003). 공부기술. 서울: 중앙 M&B.
황금중(2000). "주자의 공부론 연구". 연세대학교 대학원 박사학위논문.

多湖輝 저. 보이스사 역(1990). 즐겁게 하는 공부기술. 서울: 보이스사.
德田和嘉子 저. 지세현 역(2006). 도쿄대 공부법. 파주: 들녘.
福澤兪吉 저. 엄창준 외 공역(1993). 학문을 권함. 서울: 지안사.
野口悠紀雄 저. 김용운 역(1996). 초(超)학습법. 서울: 중앙일보사.

張豈之(1991). 儒學, 理學, 實學, 新學. 俠西省: 人民出版社.
橫山鉉一 저. 장순용 역(1996). 유식(唯識)이란 무엇인가. 파주: 세계사.

Dobson, L. 저. 김희정 역(2006). 러닝코치. 서울: 동인.
Dryden, G., & Vos, J. 공저. 김재영, 오세웅 공역(1999). 학습혁명. 서울: 해냄.
Green, K. 저. 정신아 역(2006). 아이비리그 천재들의 공부법. 서울: 황금가지.
Keller, F. S. 저. 김옥환 역(1990). 학습심리학: 강화이론. 서울: 문음사.
Leitner, S. 저. 안미란 역(2005). 공부의 비결. 파주: 들녘.
Locke, J. 저. 임채식 외 공역(1995). 미래를 위한 자녀교육. 서울: 서원.
Luckie, W. R., & Smethurst, W. 공저. 한순미 역(2001). 학습의 기술. 서울: 학지사.
Rogers, C. 저. 연문희 역(1996). 학습의 자유: 인간중심교육. 서울: 문음사.
Rosenthal, R., & Jacobson, L. 공저. 심재관 역(2003). 피그말리온효과. 파주: 이끌리오.
Tokayer, M. 저. 이원호 역(1996). 교육을 잃은 사회. 서울: 배영사.
Yamanaka, H. 저. 안중식 역(2004). 내 아이에게 공부하라고 말해야 할 15가지 이유. 서울: 지식여행.

제3장

주자학의 탈주(脫朱): 인문에서 생태로

1. 서론: 교육이해 지평의 확대

미수 허목(1595~1682)은 교육사상사 분야에서 거의 주목받지 못한 인물이다. 그러나 그는 우리 유학사상사(儒學思想史)에서 퇴계의 적전(嫡傳)인 한강 정구(1543~1620)에게 사사하고 성호에게 학풍을 물려준 문인역할을 했으며, 늦게 출사해서는 좌참찬, 우의정까지 오름으로써 후학들로부터 덕망 있는 학자와 공의(公義)로운 재상으로서의 면모를 두루 갖춘 것으로 평가되고 있다.

학문적으로 볼 때 미수는 심학(心學), 이학(理學), 예학(禮學), 실학을 관통하고 있다. 왜냐하면 미수는 이학, 심학의 거목인 퇴계 학풍 속에서 근기(近畿)학파의 토대를 마련했고(최영성, 1995: 162), 동춘당, 우암, 신독재, 백호 등 기호 유학자들과의 담론을 통하여 방만하던 예학을 정치(精緻)시켰으며 또한 성호 이익(1681-1763)은 이러한 미수에게 사숙(私淑)함으로써 전통 이학과 예학의 흐름을 실학으로 발전시켜 나갔기 때문이다.

따라서 미수의 학문 세계는 위로 퇴계의 학(學)을 이어받고 아래로 성호의 학(學)으로, 즉 퇴계-한강-미수-성호로 이어지며 발전적 계승이 이루어졌다고 볼 수 있다(이우성, 1989: 4-5; 황의동, 1995: 398; 최영성, 1995: 111). 다시 말해 미수는 영남의 이학과 근기의 실학에 가교자적 역할을 했고(최영성, 1995: 110) 이로써 그의 중요한 학사(學史)적 위치를 가늠할 수 있다.

전통 성리학에서 신(新)사조인 실학으로 이어지는 유학사상사의 내적 전개과정에서 미수는 당대의 사회경제적 변화에 걸맞게 '관념에서 현실로, 내면에서 외면으로, 준론(峻論)에서 실용으로' 사유의 변용(變容)을 도모하지 않을 수 없었다. 즉 그는 전통 이학의 이론이 주지관념화 · 형식화되어 당대에 변모된 정치, 사회, 경제 현실에 적응 · 대처할 능력이 떨어지고, 계속되는 왜란 · 호란 등의 외침과 복제(服制)시비, 국가전례 같은 내치(內治)에서의 예송(禮訟)논쟁을 통해 성리학의 지적(知的) 엔트로피가 증가하는 즈음에 새로운 학술담론의 필요성과 가능성을 인지했던 것이다.

산림(山林)[1]에서의 관조와 유람을 통해 형성된 미수의 사유영역은 폭넓고 또한 실용적이었다. 즉, 그는 전통 심학, 도학, 이학은 물

1) 미수는 산림으로 지내다가 관계에 진출한 학자다. 산림이란 벼슬에 뜻을 두지 않고 임하(林下)에서 독서강도(讀書講道)하는 선비를 이른다. 조선 후기에 임하의 문인 중에서 명망 있는 인사를 발탁하여 관직에 등용시켰는데 신독재, 동춘당, 우암 등이 대표적 인물들이다(이우성, 1989).

론, 당대의 격렬한 논쟁거리이었던 예론(禮論)의 중심에 있었으며, 역사, 지지, 문학, 의학 등 실용적인 학문을 두루 망라함으로써 이론과 실제를 아우르는 사유의 대가(大家)였다.

그의 학문은 박학(博學)적 경향을 띠는데 한결같이 무실(務實)을 주지(主旨)로 삼고 있다. 그리하여 일상의 실용적 가치와 실질적 행위를 중시하였고 관계에 주목하는 실사(實事)를 추구하였으며(최영성, 1995: 113), 이는 그의 교육론에도 분명하게 드러나고 있다.

미수는 자신의 말처럼 고문(古文)을 좋아하여 독실하게 받들고 강조했으며, 평생을 고경(古經), 고문, 고례(古禮)에 천착하면서(가례(家禮)보다는 방례(邦禮)를 강조함) 살다간 가히 고학(古學)[2] 중흥의 선두주자였다고 해도 과언이 아니다(최영성, 1995: 111). 미수의 이러한 고학 연구를 바탕으로 형성된 유학, 예학, 실학사상은 『기언』(원집과 속집 67권, 별집 26권, 미수 허선생 연보)에 잘 드러나 있다.

그러나 미수는 기언[3]을 구성하면서 교육에 관한 글을 따로 편찬

---

2) 여기서 그가 강조한 고(古)의 의미는 다음과 같다. 첫째, 문자에 있어 진한(秦漢) 이전의 글자를 좋아하여 익히고 섭취하였다. 그리하여 그만의 독특한 전자(篆字)를 만들어 냈다. 그러나 이같이 고문자를 선호한 것은 서예적 취미(취향)를 뛰어넘는 그 무엇이다. 둘째, 전적(典籍)에 있어 주로 오경을 좋아하고 정주 성리학은 그다지 주목하지 않았다. 그렇다고 훈고학이나 고증학 등에 치우친 일은 전혀 없었다. 미수의 이러한 고학(古學)사상, 즉 법고창신(法古創新), 법고응시(法古應時), 온고지신, 상고(尙古)정신은 단순한 복고주의와 다르다. 그것은 중세사상에 대한 반동이며 새로운 학풍의 진작을 위한 노력이었다(이우성, 1989).

3) '기언'은 말을 기록했다는 의미다. 전통적으로 문집(文集)으로 편찬했던 것과 달리 기언이라 명한 것은 편집체제는 물론 내용 구성의 독창성을 반영한 것이다. 즉, 고문, 고서를 남달리 좋아하여 고전 세계를 추구하던 그만의 고풍스런 표현으로 해석할 수 있다(이우성, 1989). 미수는 '기언 서'(記言 序)에서 이를 잘 설명해 주고 있다. "목(穆)은 독실하게 옛 글을 좋아하며 늙어서도 게을리하지 않았다. 내가 쓴

하지는 않았다. 다만 학(學), 예(譽)라는 글과 자서(自書), 잠계(箴戒), 소차(疏箚), 구묘문(丘墓文), 행장(行狀) 등을 통하여 교육에 대한 이데아와 방법에 대하여 소소하게 드러내고 있으며, 이는 그의 저술 속에서 일관되게 나타나고 있다. 특히 구묘문과 비명(碑銘) 속에는 사표가 될 만한 스승상이 문학적 필치로 잘 묘사되어 있다.

여기서는 교육이념론, 교학론, 공부론(심학), 교사론, 치교론(정교), 학교론, 예학론 등으로 구분하여 그의 사상을 교육생태론적으로 재구성하고자 한다. 이같이 미수의 심학, 이학, 예학적 사유를 교육학적으로 재구성함에 있어 가장 큰 교육사상사적 의의는 우리나라 교육사상 탐구의 이해지평을 더욱 확대하는 데 있다.

'미수 허선생 연보' (권 1, 2)에 의하면 그의 생애는 논쟁, 강학(講學), 출사, 유람, 낙도(樂道)하는 삶의 연속이었다. '연보' 에 의거하여 미수의 삶을 대략 정리하면 다음과 같다. 미수는 1595년(선조 28년), 한양의 창선방에서 출생하였고, 9세 되던 해 입학하여 교관

글을 이름하여 기언이라 하니 고인의 글 읽기를 좋아하여 마음으로 고인의 실마리를 따라가서 날마다 부지런히 하였다. 기언의 글은 육경(六經)으로 근본을 삼고, 예악(禮樂)을 참고하고, 백가(百家)의 변(辯)을 통하여 분발하고 힘을 다한 지 50년이 되었으니 그러므로 그 글이 간명하면서도 갖추었고, 늘어놓았으되 엄격하여 천지의 화육(化育)과 일월성신의 운행, 풍우한서(風雨寒暑)의 왕래, 산천초복, 조수(鳥獸), 오곡의 자라는 것, 인사(人事)의 마땅함과 사람이 지켜야 할 떳떳한 도리, 사물의 법칙, 시서육예의 가르침, 희노애락애오 등 형기의 느낌, 제사지내는 것, 귀신, 요상하고 괴상한 사물 따위의 이상한 것들, 사방(四方)의 풍속과 기후의 다름, 음악과 세간 풍속의 같지 않음, 기사(記事), 서사(敍事), 논사(論事), 답술(答述), 도(道)의 높고 낮음, 세상의 치란(治亂), 현인, 열사, 정부(貞婦), 간인(奸人), 역수(逆豎), 암우(暗愚)한 자에 대한 경계 따위를 하나같이 이 글에 포함시키어 고인(古人)과 같아지기를 바라는 것이다."

(教官)에게서 학업을 익혔다. 선생은 처음으로 글을 읽을 때 백 번을 읽지 않으면 외우지를 못했는데 겨우 한 책을 마치게 되자 문의(文義)가 막힘이 없었다고 한다. 또한 선생은 옛 사람들이 남긴 말과 행적을 듣기 좋아했고, 성현의 학문에 뜻을 두어 책을 끼고 거리를 오가되 걸음이 매우 차분하고 눈매가 매우 단정했다.

그는 부친의 임지를 따라 두루 주유하다가 19세 되던 해 혼인을 하여 슬하에 3남 2녀를 두었다. 23세 때 퇴계의 제자인 한강 정구 선생의 문하생이 되어 본격적인 학업을 시작했으나 26세 때 스승인 한강이 졸(卒)하자 심히 슬퍼했다. 그 후 선생은 전국을 두루 유람하며 강학하다가 56세가 되어서야 참봉에 제수되어 출사하게 되었다. 그 후 공조정랑, 용궁현감, 부사직, 상의원정, 장령, 삼척부사, 대사헌, 좌참찬, 우의정 등으로 제배되어 관직을 수행하였다. 선생은 88세가 되던 해 운명하였는데 조정에서는 관작(官爵)을 복구함은 물론 예장(禮葬)을 치르도록 명하고 승지를 보내 치제(致祭)하였다.

그의 성장, 연학(硏學), 출사(出仕), 성정(性情) 등은 『기언』(記言)에 수록된 '기언 서(序)', '기언 자서', '미수 허선생 연보' 등을 통하여 확인할 수 있다. 그의 '자명비' 에 의하면

> "수(叟)의 이름은 허목이요, 자는 문보(文父)다. 본디 공암(孔巖) 사람으로 한양 동쪽에서 살았다. 수는 눈썹이 길어 눈을 덮었으므로 스스로 미수라 하였다. 나서부터는 손금이 문자의 형태를 띠었으므로 스스로 문보라 일렀다. 수는 평생 고문(古文)을 지극히 좋아하여 자봉산(紫峰山)에서 고문으로 된 공씨 전을 읽으며 늦게 문장을 성취하니 그 문장은 방사(放肆)하였지만 난잡하지는 않았다. 희활(稀闊)함을 좋아하여 스스로 즐기는 마음으로 고인들의 교훈을 좇아 몸에 허물을 적게 하

고자 했으나 그렇지는 못하였다”(『기언』. 권 67. 자서속편(自序續編)).

성호가 찬(撰)한 미수의 ‘신도비’ 명에는 다음과 같은 글이 쓰여 있다.

> “선생은 세상에 드문 기품을 타고난 분으로 좋은 글들을 저작(詛嚼)하여 진수(眞髓)로 양을 채우고, 장차 도를 펴려 기대하며 몸에 지니고 있었다. 옛 것을 좋아하여 천 년 이전의 일을 하루 전의 것처럼 가까이 여기고, 세상을 근심하여 광대한 사해(四海)를 동포처럼 인애(仁愛)했다 …… 사특한 것 배척하기를 한 칼로 쳐 두 동강 내듯 하고 기미를 알아차림이 귀신같았으며, 인책하고 물러날 땐 마음 편히 여유 있게 산야의 백성으로 사라졌다. 신선 같은 모습과 고풍의 모습에 관을 쓰고 띠 띠고서 고요히 혼자 있어도 부끄러울 일이 없었다.”

이로 미루어 미수의 자애로운 학자이자 선비로서의 면모를 충분히 가늠해 볼 수 있다. 그는 평생 신독(愼獨)의 실천과 난잡한 언행을 삼가는 데 힘썼다. 다만 머리에 담아두는 것이 아니라 늘 몸소 행함으로써 인간의 윤리를 체현(體現)하였다.

그러나 한편으로는 스스로 명(銘)하기를 ‘말은 그 행동을 가리지 못하며 행동은 그 말을 실천하지 못하였다. 다만 자족하여 성현들의 글을 기꺼이 읽었으나 하나도 그 허물을 더는 데 도움된 것이 없도다’ 라고 적은 것을 미루어 겸손하면서도 늘 자신에게 엄격한 청사(淸士)의 선비로서 살았던 인물임을 알 수 있다.[4)]

---

4) ‘기언 서’ 에서 “말을 많이 하지 말며, 일을 많이 벌이지 말라, 말이 많으면 실패가 많고, 일이 많으면 해가 많을 것이다. 안락(安樂)을 반드시 경계하여 후회할 짓을 행하지 말라. 뭐 다칠 일이 있으랴 하고 말하지만 그 화가 점차 자라게 될 것이다.

미수는 정주(程朱)의 경전주석(註釋)을 수용하여 자신의 육경(六經)연구에 활용하되 한편으로는 그에 머물지 않고 이를 극복하기 위하여 육경고문에 천착한 것을 미루어 그의 사상이 당대의 주자성리학이 지닌 내적 모순과 한계를 극복함을 목적으로 있음을 알 수 있다. 즉, 정주학풍의 학자들이 경전주석을 중시한 데 반해, 그는 육경고문 자체를 인식과 학문의 대상으로 삼아 고전을 중시하였다.

미수는 특히 심학(心學)을 중시하여 학문이란 상전심법(相傳心法)을 배우는 것이라 하였다. 그는 경연(經筵)에 입시(入侍)하여 주강(晝講)을 열거나 상소, 차자, 잠계 등을 통하여 자신의 사상을 부단히 설파하였다. '미수 허선생 연보' 에 실린 내용을 중심으로 심학주의 도덕사상의 대강(大綱)을 살펴보면 다음과 같다.

아무도 듣지 않는다고 말하지 말라. 귀신이 사람을 엿볼 것이다. 불꽃이 붙기 시작할 때 끄지 않으면 치솟는 화염을 어찌하며 물이 졸졸 흐를 때 막지 않으면 끝내는 강하(江河)가 될 것이며, 실낱같이 가늘 때 끊지 않으면 아마도 그물이 될 것이요, 터럭 끝처럼 작을 때 뽑지 않으면 장차는 도끼자루를 써야 할 것이니 진실로 삼갈 수 있음이 복됨의 근원이다. 그리고 입은 화(禍)의 문이 된다. 힘이 센 자는 제 명에 죽지 못하며, 이야기를 좋아하는 자는 반드시 적수를 만나게 된다. 도둑이 주인을 미워하고, 백성이 그 윗사람을 원망하므로 군자는 천하에 윗사람 됨이 쉽지 않음을 알아 항상 스스로를 낮추어야 한다. 천도(天道)는 친(親)한 데가 없이 항상 착한 사람의 편에만 서는 법이니 늘 경계할지어다" 고 함으로써 늘 진지하고 자경(自警)하는 삶을 견지했다. 미수 사후 이에 대한 평가는 극명했다. 숙종이 그에게 궤장을 내리는 교서에 다음과 같이 적혀 있다. "예론에 잘못이 있어 경이 올바른 의논을 주창하게 되었을 때 주위 사람들이 눈을 흘겼으니 어찌 그 중상모략을 피할 수 있었겠는가? 그러나 뜻 지키기를 정길(貞吉)하게 하여 이설(異說)들의 공격을 잘 버텨내었다. 경은 행장(行藏)을 청(淸)에 맞고, 윤(倫)에 맞게 하며, 산수(山水) 사이에서 살았다" (기언부록. 궤장을 내리는 교서).

첫째, 덕(德)이란 온갖 선(善)을 마음에 부여받는 것이다. 덕을 밝히려면 기미를 살핌이 중요한데 혹시라도 기미를 살피지 못하면 덕을 망치는 허물, 몸을 위태롭게 하는 행동, 절박한 재앙들을 자신이 저지르면서도 깨닫지 못하여 경계치 않다가 화가 커지니 두려운 일이다. 그리하여 덕이 쇠하면 예가 무너지고 다스림이 쇠하면 백성이 흩어지는 법이다.

둘째, 예(禮)란 인사(人事)의 법칙이므로 예에서는 무엇보다 명분을 바로잡음이 중요하다. 군신과 부자가 각각의 도리를 잃어 예를 무너뜨리고 명분을 어지럽히게 하는 것을 크게 경계해야 한다. 또한 사람을 완롱(玩弄)하면 덕을 상실하고, 물건을 완롱하면 뜻을 상실하는 것이니 성취된 덕은 행신(行身)에 나타나고, 바른 정사(政事)는 행사에 드러난다. 그리하여 부박(浮薄)과 망령을 멀리하고 충신(忠信)을 권면하며, 척속(戚屬)에게 엄격하고 안일과 연락(宴樂)을 경계하며, 어떤 말이 마음에 들더라도 혹 잘못된 사정(私情)이 아닌지, 또한 어떤 말이 거슬리더라도 공정한지를 반드시 살펴야 한다.

셋째, 법(法)이란 예의 통로요, 형(刑)이란 법의 사용이니 예는 법도가 없으면 행해지지 못하고 형은 법도가 없으면 맞지 않는 것이다. 법은 인(仁)에서 생겨 공(公)에서 이루어지는 것이니 법이 없고 의가 없음은 대란(大亂)의 시초가 된다. 그러므로 사람들이 법을 두려워하여 사특한 마음을 금단할 줄 알도록 해야 한다.

그는 경연의 주장을 통하여 "인(仁)을 행하는 것은 오로지 자신에게 달렸을 뿐 남에게 달린 것이 아니기 때문에 인에 당해서는 사양하지 않는 것이며, 인은 욕심내서 해도 그것은 탐(貪)이 아니다"라고 주장하였다.

미수의 도덕사상은 한마디로 '자신의 마음을 경계하는[5] 것'으로 요약된다. 이러한 경계의 도덕(心學)은 그의 교육이념, 교학, 교사, 예학 등을 논함에서 중요한 원칙이 되며, 궁극적으로 심 우위의 교육사상을 구성하고 있다. 이제부터는 이에 대하여 자세히 논의하기로 한다.

2. 미수(眉叟) 유학사상의 교육생태론적 재구성

1) 교육이념 및 목적론

가르치지 않고서 죽이는 것을 잔학(殘虐)이라 한다(『기언』. 권 31. 정설(政說)). 한 관리가 선생에게 "가르치지도 않고 죽이는 것을 불상(不祥)이라 한다는데 대체 무슨 의미입니까?"라고 묻기에 선생이 답하기를 "오형(五刑)이 3천 가지인데 그중 불효가 가장 큰 죄이니 마땅히 죽여야 하지만 가르치지도 않고 먼저 죽임은 불가한 일이다. 치란(治亂)과 흥망이 모두 이에 달렸으니 삼가지 않을 수 없다"고 했다.

나아가 "학이시습에서 오도일관(吾道一貫)에 이르기까지 모두 이

5) 또 다른 의미로 원불교에서는 이같이 마음에 일어나는 '경계'를 산란, 분란, 방일함의 가장 큰 원인으로 보고 있다.

글 가운데 갖추어져 있다"(『기언』. 미수 허선생 연보. 권 2)고 주장한다. 이로써 그는 모든 인간이 교육을 필요로 하고 또한 누구나 교육이 가능하다는 것을 잘 설명하고 있다. 그가 생각하는 인간교육의 중심에는 다음과 같은 마음의 작용이 자리하고 있다.

그는 『기언』 권 1의 '심지지각'(心之知覺)에서 인간의 의식작용을 이기 전일론[6]에 따라 다음과 같이 설명하고 있다. "마음의 지각함이 천리(天理)에 감동된 것을 도심(道心)이라 이르고, 형기(形氣)에 감동된 것을 인심(人心)이라 이르는데 천리란 성명(性命)의 지선(至善)한 근본이고, 형기란 인욕의 사사로운 것들이다. 이와 기는 동시에 나타나는 것이 아니라 형(形)은 기에서 나고 기는 이에 근본하니 이는 기의 성이요, 기는 이의 재(才)다. 또한 재는 성에서 나오고, 이는 기에서 행하여진다. 천리를 따르면 이가 전일하여 기가 바르게 되며, 인욕을 따르면 기가 전일하여 이가 변하게 된다.[7] 그리하여

---

6) "기는 이에서 나오고 이는 기에서 행하니 그 근본은 소리도 없고 냄새도 없으며 쉬지도 않고 어그러지지도 않아 갔다가 다시 오는 것이다. 그 드러난 것은 천지의 조화와 육성이요 사시(四時)의 차례이며, 만물의 시종이고 인사(人事)의 성쇠라서 홍함과 멸함이 모두 여기에 매어 있으니 이는 소장(消長)의 일정한 원칙이다. 형체가 없는 것은 기의 근본이요, 형체가 있는 것은 기의 이루어진 것이며, 형체가 있는 것은 때로 생장하고 사멸하지만 형체가 없는 것은 죽지 않으니 신명의 변화에 시종이 없으며 남기지도 다하지도 않는다. 이 밖에 기가 없고 기 밖에 이가 없어 이를 볼 수는 없지만 그 이가 드러난 것을 미루어 그 까닭을 추구하면 이를 얻을 수 있나니 생사, 시종, 홍망성쇠의 원리는 매 한가지인 것이다"(『기언』. 권 3. 학(學)). 여기서 율곡의 이기이원적 일원론과 구별되고 있음으로 이기 전일론으로 명명하였다.

7) 또한 "마음의 본체는 본래 비어 있으나 그 이치는 진실해서 감통(感通)하는 것이 끝이 없어 모두 실리(實理)인 것이니 비었다는 것은 실의 체(體)이고, 실이라는 것은 허(虛)의 용(用)이다. 그리하여 기는 이의 기이고, 이는 기의 이다. 천리에 밝게 되면 그 기가 호연하게 되는데 그 이가 어두우면 기가 굶은 것 같이 되어 이 밖에 기가 없고 기 밖에 이가 없게 된다."

고인(古人)들은 인심은 위태롭고 도심은 은미하다고 말한 것이다"(『기언』. 권 1. 학(學)).

기본적으로 그가 파악한 인성은 선하되 이를 교육으로 다스리지 않으면 악해지거나 불인(不仁)을 자행하게 된다. 여기서 자연스럽게 성(性)-인(仁)-교(教)의 의미연관이 발견된다. 그러므로 "사람을 가르치는 일은 풍속을 순화하는 근본이면서 또한 예의의 큰 절차이니 군자들은 이를 힘써야 한다"(『기언』. 권 16. 도산사기(道山祠記)).

또한 "인간의 본성이란 같은 유(類)를 사랑하면서 인(仁)할 줄 모르는 자는 없다. 대개 성인의 정치는 그 본성을 따라 인(仁)으로써 이끌었으니 이것이 바로 주(周)의 교육방법이었다"(『기언』. 권 12. 족씨(族氏)).

교육의 필요는 바로 여기서 비롯된다. 즉, "사람은 천지의 중정(中正)함을 받고 태어나 인으로써 성을 삼았는데 인(仁)한 것이 불인(不仁)한 것으로 변하는 것은 성의 죄가 아니라 재의 작용이 잘못된 것이며, 인욕이 방자하면 천리가 멸하여지므로 군자는 이를 두려워하는 것이다. 선함을 택하고 악함을 제거함에는 정밀(精密)하게 하는 것이 최고요, 독실하게 믿고 굳게 지키는 데는 전일하게 하는 것이 최고이며, 덕을 이루어 백성을 가르치는 데 중용의 도를 행하는 것보다 나은 것이 없다. 이것이야말로 배우는 사람들의 대종(大宗)인 것이다"(『기언』. 권 1. 학(學)). 그러므로 교육이란 사람들로 하여금 재(才)의 변통에 따른 인욕을 사전에 막도록 마음의 작용을 도모함으로써 사람다움, 즉 인과 중용의 도리를 다하도록 인도하는 것이다.

이러한 개인의 교육은 국가로 확대된다. 즉, "백성 모두가 잘살아야 가르침이 일어날 수 있다. 때문에 예절을 만들고 법도를 삼가는 것이 정사(政事)의 큰 일이다. 이것은 한 고을만을 다스리는 데만 그러한 것이 아니라 천하와 국가를 다스림에 있어 마찬가지다"(『기언』. 권 30. 치체(治體)). 따라서 교육은 사람마다 도리를 다하도록 만드는 것으로서 확대되어 마을, 국가와의 질서(禮) 속에서 기능하는 존재로 만드는 데 그 목적이 있다. 이것은 플라톤의 국가주의 교육 이데아를 동양사상의 기반에서 다르게 표현한 것이다.

2) 교학(敎學)론—합(合)자연

미수의 교학론은 합(合)자연적 윤리사상으로부터 출발한다. 즉, "자연의 이치는 말이 없어도 백성들을 돌보고 그들의 생활을 돕고 화합하게 하였으니 그 이치에 의하여 윤리가 정해지는 것이다"(『기언』. 권 31. 홍범설(洪範說)). 이러한 윤리적 토대가 인간세사의 온갖 작위에 의하여 훼손되었거나 그럴 개연성이 있는 경우에 교육은 시작된다.

또한 "천지는 일부러 작위(作爲)함이 없어도 만물을 화육(化育)하고, 성인은 사사로움이 없어 화육을 돕는다. 성인에게는 사사로움이 없기 때문에 옳은 것도 없고 옳지 않은 것도 없다. 따라서 배움이 무욕(無慾)의 경지에 다다르게 되면 화(化)하게 되는데 화하면 알 수 없는 경지가 되는 것이다"(『기언』. 권 1. 학(學)). 여기서 말하는 성인은 넓은 의미로 '교육된 자'를 이른다고 볼 수 있다.

따라서 교학의 제일원칙은 인욕 혹은 인위성을 배제하여 자연성을 거스르지 않는 것에 두어야 함을 알 수 있다. 자연성을 거스르지 않는 구체적인 교학의 방법에 대하여 그는 다음과 같이 설명하고 있다. 즉, "공부하는 데 큰 병통은 망령되이 엽등(躐等: 등급을 건너 뜀)하고 조장(助長: 인위적임)하여 빨리 하려 함에 있으니 이는 사적(私的)인 뜻이 벌써 승(勝)한 것인데, 이처럼 사(私)가 앞서고서는 진정한 배움(學)을 이룰 수 없다"(『기언』. 권 1. 학(學)). 여기서 사(私)는 인위성을 다르게 이른 말이다.

미수는 『서경』의 '홍범'을 인용하여 "사람에게는 모(貌), 언(言), 시(視) 청(聽), 사려(思慮) 등의 자연스런 법칙이 있고 이를 통하여 마침내 덕성(德性)이 이룩된다"(『기언』. 권 31. 홍범설(洪範說))고 하여 자연주의, 감각주의, 사실주의 교육방법의 진수를 잘 보여 주고 있다.

이러한 합자연적인 교학은 교조적 형식주의나 인문주의를 지양하며 궁극적으로 합리주의, 실학주의, 실용주의를 지향하고 있다. 미수가 "학자는 모름지기 인사(人事)에 나아가 그 이치를 구한 다음이라야 지행(知行)이 함께 진보된다. 인사에 대한 공부가 이르기 전에 성명(性命)의 근본을 구한다면 근본이 서지 않고 실심(實心)도 완전치 않아 갑자기 얻었다가 갑자기 잃게 되어 범람(泛濫)만 할 뿐 아무런 실익(實益)이 없다"고 한 데서도 이를 알 수 있다.

이처럼 미수는 스스로 지행합일을 공부의 근기(根基)로 삼고자 부단히 애썼던 것으로 보인다. 그는 고백하기를 "나는 힘쓰지 않고도 배울 수 있다고 생각하여 몸소 실천하거나 힘써 배우지는 않고 다만 그 문장만 읽기를 즐기고 더러 이를 고무시켜 주는 이도 있었으나 그 방향이 잘못되어 널리 하기만 힘쓰고 선택하는 데는 힘쓰지 않아 읽지 않은 것이 없는데도 10년 동안 깨닫지 못하고 얻은 것은 오직 유탕(流蕩)함과 방사(放肆)함뿐이어서 끝내 심술(心術)의 요체에는 유익한 바가 없었다"(『기언』. 권 5. 답객자언문학사서(答客子言文學事書))고 했던 것이다.

그러므로 "어떤 사람이 성인의 책을 읽고 성인의 일을 배움에서 그가 스스로 경술에 해박함을 자랑하고 사람들도 그의 자랑에 동조하는데 이는 잘못이다. 사람마다 스스로 성인으로 자처하는 폐단은 고금이 같으며 이는 쇠란(衰亂)한 시절의 일이니 공부하는 사람들은 이를 마땅히 경계해야 할 바이다"(『기언』. 권 4. 답요전홍범중용고정지실서(答堯典洪範中庸考定之實書). 급기야 그는 "사람들로 하여금 이성을 되찾게 하지 않고 전적(典籍)으로 명분만 따지니 이는 인간의 기본이념을 상실한 것"(『기언』. 권 31. 형설(刑說))이라 설파했다.

그렇다면 능률적인 교학의 방법은 무엇인가? 첫째, 사람마다 기질과 재능의 차이를 바탕으로 하는 교육을 해야 한다. 이에 대하여 미수는 "사람을 가르치는 데는 각각 그 재주에 따라 다르게 지도해야 하고 기질을 변화시키는 것을 법도로 삼았다"고 하였다(『기언』. 별집. 권 26. 모재 김선생 행장(行狀)).

둘째, 서로 가르치고 배우는 교학(交學)의 방법이다. 즉, "고인의 문자를 읽을 때마다 지극한 말씀과 간절한 뜻이 그 글에 들어 있어 두드리면 두드릴수록 더욱 드러나 자기도 모르는 사이에 흔연히 기뻐하며, 언제나 지식 있는 자를 대할 때마다 얼굴을 붉히고 마음으로 부끄러워하게 된다"(『기언』. 권 5. 답객자언문학사서(答客子言文學事書)). 이는 학식의 무궁함에 대한 개인적 자각을 의미하며, 현대의 사회적 구성주의 학습이론과 유사하다.

또한 "분발하여 성인의 마음을 구하였으되 노둔하여 배운 것이 통하지 않고, 도(道)가 순수하지 못하였으며, 성인의 마음을 얻은 것은 없으나 아직도 배움을 그만두지 않는다. 누군가 나를 책망하는 가르침이 절실하니 …… 동호(同湖)의 학자들은 때로 나에게 유익함이 있으니 매우 좋다. 누군가 자세하고 세밀하게 뚜렷이 일러주어 사람을 경각시킴은 서로 나아가게 하는 즐거움을 얻을 수 있으리니 힘쓰고 힘쓰면 고인처럼 될 것이다"(『기언』. 권 5. 답객자언문학사서(答客子言文學事書))라 함으로써 고지식하거나 완고한 연학(硏學)을 지극히 경계하고 있다.

3) 심학(心學)론—마음 우위의 전일적 공부

미수는 공부란 다름 아닌 심술(心術) 혹은 심법(心法)의 요체를 파악하는 것이라고 생각했다. 그는 심(心) 우위 공부의 중요성에 대하여 다음과 같이 자세히 설명하고 있다.[8)]

"사물이 교섭하기 전, 지각이 싹트기 전에 이 마음은 허명(虛明)하여 적연(寂然)히 아무런 물(物)이 없다가 마음과 물이 교접함에 미쳐서 지각이 저절로 생겨난다. 사람은 본래 태어나면서는 고요한 것이며, 고요하기 때문에 이 마음이 허명하여 통하지 않는 데가 없게 되는 것이요, 사람의 이치는 곧은 것이며, 곧기 때문에

8) 미수는 이에 대하여 '공부하는 순서'라 이름 지어 다음과 같이 더욱 자세히 설명하고 있다. "마음의 본체는 허하나 그 이치는 실하니 감통 무궁한 것이 바로 실리다. 허란 실의 체요, 실이란 허의 용이니 사물이 교접하기 전, 지각이 싹트기 전에는 이 마음은 허명하여 적연히 아무런 물이 없다가 마음이 물과 교접함에 미쳐서 지각이 저절로 생겨난다. 물이 이르러 지(知)가 생기고 뜻이 성실해지며 마음이 바르게 되는 것은 다 마음의 양능이 있기 때문이요, 이로써 미루어 유행을 다함이 없는 것이

공정하여 크고 무궁한 데까지 이르게 되는 것이다. 그러므로 고요할 때 비어 있으면 밝고, 밝으면 통하며, 활동할 때 곧으면 공정하고, 공정하면 넓어진다고 말하는 것이니 밝고, 통하고, 공정하고, 넓음이 바로 심학(心學)의 대요(大要)인 것이다"(『기언』. 권 50. 학(學) 1).

또한 그는 "마음과 외물에 있어 실제의 이치가 서로 감동하는데 실리에 스스로 밝게 되면 선은 마땅히 해야 할 것이고, 악은 마땅히 버려야 할 것임을 알게 된다. 그런 다음이라야 그 뜻을 성실히 하여 그 마음을 바르게 한다고 할 것이니 공부의 순서가 바로 이와 같다"(『기언』. 권 1. 학(學))고 설명한다.

이러한 마음공부는 경 공부로 구체화된다. 즉, "사려가 산란할 때 경(敬)을 하지 않고 무엇으로 마음을 안정시키겠는가. 경이란 하나에 집중하는 일이니 하나에 집중하면 사려가 저절로 고요해지는 것이다"(『기언』. 권 1. 학(學)). 이러한 경 공부를 통하여 "물(物)이 이르면 지(知)에 이르고, 뜻이 진실해지면 마음이 바르게 되는데 이것이 모두 마음의 양능(良能)이다"(『기언』. 권 1. 학(學)). 따라서 미수의 공부론에 의하면 경[9]은 양지양능에 이르는 중요한 공부의 방법이다. 또한 그는 공부의 목적에 대하여 다음과 같이 말하고 있다.

"마음과 물이 서로 느껴서 물리(物理)가 스스로 밝은 것이 성(誠)인데, 성은 경이

도이며, 수신에서 치국, 평천하에 이르기까지 매 한 가지 이치이다"(『기언』, 권 50. 학(學) 1).

9) 경(敬)이란 한 글자는 본래 형용하기 어렵다. 옛 사람들이 이르기를 "마음이 장엄하면 몸이 편안하고, 마음이 엄숙하면 용모가 공경스럽다"라는 두 말을 마땅히 체득해야 한다(최중석 역주, 1998: 182).

아니면 존재할 수 없고 경은 성이 아니면 서지 못하니 경이란 전일하게 하는 것이요, 전일하게 되면 안정되는 것이니 심법이 안정되는 것보다 더 좋은 것은 없다. 안정되면 고요하고, 고요하면 편안하고, 편안하면 생각하며, 생각하면 체득하나니 샘이 처음 졸졸 흐르고 불이 조금씩 타오르는 데서 자연의 순서를 볼 수 있으며 학문하는 순서도 바로 이러해야 한다. 그러므로 공부의 순서를 어지럽혀서는 안 되며, 공(功)은 빠뜨려서는 안 된다. 천지는 하는 일이 없으면서 교화와 양육을 행하고 성인은 사사로움이 없어서 교화와 양육을 돕는 것이다. 성인은 욕심이 없기 때문에 사(私)는 없는 것이니, **공부의 목적**은 사람들로 하여금 무욕에 이르도록 하는 것이다"(『기언』, 권 50. 학(學) 1).

그러므로 공부하는 모든 사람은 부지런하고 고생하는 가운데서 무한한 의미를 찾을 수 있는 법이다. 또한 학문을 하는 데 반드시 안으로는 정신과 밖으로는 외모를 함께 닦아야 되니 어느 한 가지도 폐할 수 없다(『기언』. 별집. 권 26. 낙천 배선생 행장). 이는 마음 공부가 반드시 몸 공부와 병행될 때만이 공부의 전일(全一)성을 도모할 수 있음을 잘 드러내고 있다. 이는 철학적 담론으로서의 지행합일론과 다르며 교육학적 사유의 독특성을 기반으로 하고 있다.

나아가 그는 "지(知)에 이르기 전에는 성실함이 이(理)에 있고, 지에 이른 뒤에는 성실함이 일(事)에 있는데, 성(誠)은 경(敬)이 아니면 있을 수 없고, 경은 성이 아니면 설 수 없으니 발하기 전이나 발한 후에도 경하는 것이 성을 보존하는 일이 되며 공부하는 요령도 바로 여기에 있는 것"(『기언』. 권 1. 학(學))이라 설명하고 있다.

미수의 설명에 따르면 천리 공부가 독실한 자는 그 말이 간략하면서 소상하고, 그 소견이 큰 자는 그 행실이 더욱 겸손하다. 그가 지은 묘갈명 중에서 "사람을 만났을 때는 항상 예의를 지킬 것을 권하였고, 배우고서는 반드시 먼저 실천한 다음에 말을 하였고, 의가 아니면 지푸라기 한 개라도 남에게 주거나 남에게서 가져오지 않았다"(『기언』. 별집. 권 23. 하겸재의 묘명)고 함으로써 전일적 공부론을 잘 설명하고 있다.

다시 말해서 전일적 공부는 다만 이러한 용모 갖춤이나, 언행만을 바르게 하는 것이 아니라 궁극적으로 마음을 갖추는 데 있다. 마음공부는 비움에서 출발하여 비움으로 향하고 있다. 사람은 본디 양지양능의 천성으로 말미암아 자연을 거스르지 않는 교육만 이루어지면 저절로 이치를 깨닫고 지각이 만들어지게 되어 있다. 이같이 공부를 존재론적으로 이해하는 관점은 오늘날 학업을 소유로 생각하는 왜곡된 공부의 풍토에 대하여 시사하는 바가 크다.

그렇다면 존재를 위한 공부는 어떠해야 하는가? 그것은 오로지 마음의 작용을 공부하되 지각한 바를 마음에 담아두는 것이 아니다. 이에 대하여 미수는 다음과 같이 설명하고 있다.

> "정(靜)한 가운데서는 사물이 아직 교류가 없어 그 근본이 고요하기 때문에 한 점의 외물(外物)도 거기에 없다. 이 때 사람은 무엇을 기르고 보존해야 하는가?
>
> 본시 마음의 본체는 허명(虛明)하여 내외가 없어 외물과 간격이 없으니 이른바 보존한다는 것은 이 마음의 본체를 보존하는 것이며, 기른다는 것은 이 마음의 본체를 기른다는 것이다. 보존과 기름이 경(敬)을 가지는 한 가지 일에 불과한 것이나 보존은 오로지 지녀서 지키는 것을 이르고, 기름은 더 심원하기 때문에 배우는 사람을 위하여 변통성을 두어 말한 것이다"(『기언』. 권 1. 학(學)).

그렇다면 지킨다는 것은 무엇인가? 미수는 1675년 숙종으로부터 궤장(几杖)을 받은 뒤 진언하는 상소문에서 배움의 세 가지에 대하여 다음과 같이 말하고 있다. "첫째는 입을 지키는 것이고, 둘째는 몸을 지키는 것이며, 셋째는 마음을 지키는 것인데, 입을 지키면 망언이 없고, 몸을 지키면 망행(妄行)이 없으며, 마음을 지키면 망동(妄動)이 없을 것이다." 그러나 미수 자신은 정작 하나도 이루지 못하였다고 낮추고 있다.

그런데 그는 정녕 배움을 이루지는 못했지만 '지킴'의 의미에 대하여 다음과 같이 설명하고 있다. 즉, "지킴의 근본은 정함에 있는데 마음을 먼저 안정하면 정하게 되고, 정하게 되면 사물이 나를 어지럽히지 못한다. 그런 다음이라야 안정하여 망령됨이 없게 되며, 망령됨이 없기 때문에 무사(無事)하게 되는데 무사하게 되면 만물의 이치를 다하게 되어 사람이 그 수(壽)를 다하게 된다. 이것은 개인, 가정, 국가, 천하에 미루어 보아도 두루 다 해당되는 법이다"(『기언』. 권 55. 수고(壽考)).

4) 교사론—청사(淸士)의 이미지

미수는 수많은 제문, 구묘문, 묘갈명 등을 통하여 사표(師表)가 될 만한 스승상을 우회적, 상징적으로 적시(摘示)하고 있다. 그것은 한마디로 지(知)-정(情)-의(意)(혹은 지-덕-체, 체성-지성-영성)를 아우르는 전일적(holistic)인 리더로서의 교사상이다.[10]

---

10) 이는 다음의 글들로 미루어 짐작할 수 있다. "선생은 재학(才學)이나 재식(才識)이 남보다 뛰어나서 호걸스럽고 기개도 있었지만 잡다하게 공명이나 바라는 것은 즐기지 않았다"(『기언』. 권 17. 답박익찬서(答朴翊贊書)). "선생은 절검(節儉)을 숭상하고 시여(施興)를 좋아하며 종족끼리 화목하였다"(『기언』. 권 19. 박평산갈(朴平山碣)). "선생은 평생에 큰 절개를 좋아하며, 심히 후하고 아량이 있어서

미수는 자신의 스승이었던 한강 정구의 묘명에 다음과 같이 기록함으로써 청사의 이미지를 지닌 스승상을 분명히 제시하고 있다.

…… 일찍이 표정을 얼굴이나 말에 나타내는 일이 없고 학생을 가르치는 것을 취미로 삼았다"(『기언』. 권 19. 북청판관이공갈(北青判官李公碣)). "선생은 엄중하여 위의(威儀)가 있고 말과 웃음이 적었으나 능히 세무(世務)를 널리 알아서 일에 임하면 여유작작하였다. 인(仁)과 효(孝)의 착한 행실이 있어 가르침이 가정에서도 행해졌다"(『기언』. 권 19. 양영변묘명(梁寧邊墓銘)). "선생에게는 한 어린 동생이 있었는데 교훈을 게을리 하지 않았다. 과실(過失)이 있으면 눈물을 흘리며 종아리를 때림으로 학업이 날로 성취하였다. 선생은 평생 착함을 한없이 좋아했다. 남의 잘못을 보면 마치 수치가 자신에 있는 것처럼 여겼다. 그 독실한 행실로 가족과 소원한 데에 이르기까지 가르침을 권면하였다"(『기언』. 권 19. 등암처사명(藤庵處士銘)). "선생은 고상한 뜻을 지녀 만물과 더불어 즐기나니 청사의 기개여 완악한 자를 청렴케 하고 혼탁한 세상을 권면하였다"(『기언』. 권 20. 홍정이갈(洪靜而碣)). "선생은 자수(自守)하기를 엄중히 하여 어디에 있든지 사심이 없었는데 이것은 특별히 겸약(謙約)으로써 사람에 보인 것이니, 용맹스럽게 가서 힘써 행한 실상을 여기서 볼 수 있다"(『기언』. 권 46. 설공편년기사(雪公編年記事)). "선생은 몸을 닦고 행동을 삼가는 것으로부터 미루어 백성을 가르치고 풍속을 바로 잡는 데까지 이르렀으며 또한 마음의 요체를 근본으로 삼고 실천으로 실증하였으니 하루 종일 잘못이 없도록 경계하고 덕을 지켜 변함이 없도록 몸소 실천하였다 …… 바른 도리를 지켜 굽히지 않으며 두루 착한 소문이 퍼지고, 예절과 의리를 잡아 확고히 지키고, 대중을 교화하니 백성이 그의 자혜(慈惠)를 즐겼다"(『기언』. 별집. 권 16. 호조판서 김공 신도비명). "선생은 행실이 바르고 거처는 항상 정제하고 태만한 모습을 보이지 않았다. 남들로 하여금 친애스럽게 여기도록 하였으나 지나쳐서 외람되게 하지 않고, 남의 잘못을 말하지 않고, 남을 희롱하지 않았다"(『기언』. 별집. 권 16. 오판서 신도비명). "선생은 평소 담소가 적었고 외모가 우아하고 수려하였으며 입으로 남의 잘잘못과 조정의 득실을 말하지 않았으며, 책을 즐겨 읽고 사물에 마음을 두지 않았으며, 친한 이를 친히 하고 착한 이를 착하게 여겼으니, 행동과 마음가짐의 올바름을 볼 수 있었다. 자녀를 훈계함에 있어 성현의 글을 읽고 실천이 없다면 빈말이 되어 유익함이 없다고 가르쳤다"(『기언』. 별집. 권 17. 증 참판 김공 묘명). "선생은 총명한 데다 널리 배우고 몸을 수양함이 법도가 있어 반드시 먼저 행한 뒤에 말을 했다. 평생 명예를 가까이 하는 행동과 지나친 영예를 좋아하지 않았고 충성스럽고 신의로우며 조심하고 경계해서 부모를 섬기는 데 독실하였다. 힘쓰는 것이 일용(日用)의 윤리법칙에 벗어나지 않았으며 한

"선생은 학문하는 대법을 얻어 학문을 넓히고 행실을 돈독히 하였다. 충실한 소양을 쌓고 나서는 너그러우며 평이하고 온후하며 근엄하여 꾸밈없이 덕을 이루니 사방에서 학자들이 몰려들어 스승으로 섬겼다. 선생은 남을 가르칠 때 반드시 수신(修身)으로 근본을 삼아 차례를 따라 학문에 나가게 하고 늘 엽등하지 말 것을 경계하였다. 더욱이 예절과 위의(威儀)에 맞도록 행실을 삼갔다. 자상하면서도 규모가 넓고 컸으며, 요점은 정일(精一) 무간(無間)한 데로 돌리었다. 의와 인이 정숙한 경지에 이르러서는 도(道)가 커갈수록 덕(德)도 완숙하여 뛰어난 효제(孝悌)가 신명에 통달하고 충의(忠義)가 간책(簡册)에 드러나 백대의 교훈이 되었다 …… 온화한 표정에 소박한 생각, 펼침에 그 넓음을 다하고 줄임에 그 미세함을 다한다. 그의 말씀은 영원히 천하의 교훈이 되고, 행함은 영원히 천하의 모범이 된다. 오로지 덕의 어울림이며, 덕의 드러남이며, 덕의 법칙이로다"(『기언』. 권 39. 동서기언(東序記言) 중 문목공 광명).

결같게 고인을 표준으로 힘썼는데 세상이 어지러움을 보고 자취를 감추어 스스로 조심하였다"(『기언』. 별집. 권 20. 노연 심 공 묘갈명). "선생은 평생을 겸(謙), 신(愼), 염(廉), 근(謹) 네 가지에 힘써 집에 있을 때나 조정에 나가서도 이 네 가지로 해냈으며 그 가르침이 질박(質朴)하고 신실(信實)하여 과장이 없으니 말없이 몸소 행한 분이다"(『기언』. 별집. 권 20. 허상국비의 음기). "선생은 천품이 매우 고결하여 집에서는 반드시 엄숙하고 언사와 안색은 반드시 온화하게 하였으며 가정교육은 예의가 있어서 어린 아이들이 어른을 섬기는 데에 이르기까지 숙연히 차례가 있었다"(『기언』. 별집. 권 20. 징사 능성 구기지 묘표명). "선생은 장중하고 자상하며 정밀하게 생각하고 힘써 행하는 것으로 자신을 한결같게 신칙하였다. 학문을 하는 데도 지성을 근본으로 삼아 혹 한 가지라도 극진하지 못하면 꺼림칙하게 여기고 잘못을 알면 꼭 고치되 다시 잘못할까 조심했다. 또한 '학자가 강독을 일삼지 않고 친구만 사귀어 망령되이 시비나 논하면 마침내 망신(亡身)하지 않는 사람이 적다' 고 스스로를 경계하였다"(『기언』. 별집. 권 20. 영웅 이선생 묘명). "학도를 상대로 하여 학문을 강론하는 데는 조금도 게을리 하지 않았고 겸손과 검약을 좋아했다. 남과 상대할 때는 돈후하여 예의가 있고 효도와 공경을 실천하니 한 고을이 감화되었다"(『기언』. 별집. 권 23. 하겸재 묘명). "선생은 고을을 맡아서 백성을 교육시키고 풍속을 좋게 하는 일을 우선으로 삼았으며, 누추한 집에 살면서도 마음을 평안하고 고요하게 가져 외물에 이끌려 유혹되지 않았으며, 독서를 즐겼다"(『기언』. 별집. 권 24. 석담 이공 묘갈명).

또한 미수는 여말(麗末) 대학자 목은 이색의 세손인 만각 이선생 묘명에 다음과 같이 적고 있는데 이는 또 다른 청사의 이미지를 보여 주고 있다.

> "선생은 믿음이 독실하고 옛 도를 좋아하였으며 해진 옷과 거친 음식을 먹는 것에 대하여 일반사람들은 모두 근심스러워하는데 선생은 언제나 기쁜 표정이었다. 평생 충신스러운 말이 아니면 하지 않았고 독실하고 공경스럽지 않으면 행하지 않았다. 그 행하는 일이 인륜과 일상생활의 법도에서 벗어나지 않았으며, 겸손하고 간략함을 낙으로 삼으면서 언제나 부족한 것 같이 하고, 스스로 삼가서 엄숙하였으나 남과의 교제에서는 늘 여유가 있어 사람들이 원망하고 미워함이 없으며, 한없이 선(善)을 좋아했다. 그 음성과 안색에 나타나는 것이 화하면서도 엄숙하고 깨끗하면서도 막힘이 없어 사람이 우러러 볼 때 사랑할 만하고 공경할 만하여 순수한 군자가 되었다"(『기언』. 별집. 권 20. 만각 이선생 묘명).

또한 "정직하고 온순한 것은 군자의 빛이요, 확실하고 안정한 것은 군자로 통함이요, 진리를 순종해서 이룩하는 것은 군자의 건전한 모습이다"(『기언』. 별집. 권 23. 하겸재 묘명).

미수에 의하면 가장 이상적인 교사는 한마디로 청사(淸士)의 이미지를 지닌 교사다. 『기언』 권 11은 '청사열전'(淸士列傳)으로 그는 김시습, 허암, 정북창, 정고옥, 동산옹 등의 예를 들어 이상적인 교사상을 설명하고 있다. 미수는 『논어』 '미자'(微子) 편의 "바른 몸가짐은 조촐함에 맞고 방자함은 권도에 맞는다"는 구절을 인용하여 청사의 의미를 강조했다. 즉, 참된 교사는 행적을 더럽히고 행동만 조촐히 하는 자가 아니라 방일(放逸)하지 않고 의리를 몸소 실천하는 자라야 한다.

위엄을 갖추고 독실하게 예를 행하는 스승에게 배우는 학도들은 어떠한가? 이에 대하여 미수는 낙천 배선생의 행장(行狀)에 다음과 같이 적고 있다. "선생이 거처할 때는 반드시 엄하게 하였고, 동작에 위의가 있어서 사람들이 공경하고 두려워하였으며, 보고 느끼는 것이 더욱 많았다. 선생에게 배우는 선비들의 발걸음은 법도가 있고, 말이 망령되고 구차함이 없어 말하지 않아도 선생의 제자라는 것을 금방 알 수 있었다. 재집(宰執)이 자기 자제들이 태만하고 말을 잘 듣지 않아 선생에게 보내서 글을 배우게 했다. 시일이 지나 그 자제들이 점잖아져서 조심성 있고 공경할 줄 아는지라 재집이 감탄하여 말하기를 '궁행 실천하는 분이 아니면 어찌 사람을 감화시키는 것이 이와 같을까' 라고 하였다"(『기언』. 별집. 권 26. 낙천 배선생 행장). 이로써 스승은 탁월한 강론과 강독이 아니라 지행의 모범을 보여 줌으로써 제자들에게 가르침을 실천하는 것이 더 우선해야 함을 일깨우고 있다.

성호가 찬(撰)한 '신도비명' 에 이르기를 미수는 "후생(後生)들 깨우치기를 변치 않았으니 오늘날의 소위 사범(師範)이고 옛 적의 소위 대신(大臣)이었다." 이를 미루어 보아 그는 청사의 이미지를 지닌 교사의 전형(典型)으로 후학들에게 글로써 이르기보다 몸소 행함으로써 가르침을 펼쳤던 인물임을 알 수 있다.

미수는 스스로 자평(自評)하는 글에 "나는 재질과 지능이 낮아서 평생 동안 글을 읽었으나 그것은 글을 좋아해서가 아니라 나의 부족한 점을 메우려고 노력함에서였다"(『기언』. 권 58. 문장(文章))고 고백함으로써 공부하는 학자의 마음가짐을 잘 드러내고 있다.

5) 치교(治教)론—육재(育才)와 용인(用人)

선조 초년에 조정에서는 선비 등용에 중점을 두었는데 선비들을 양성하는 방도가 먼저 젊은이들을 교육시키는 데 있다고 하여 경술(經術)과 학행(學行)이 있는 사람을 뽑았다. 이는 국가 차원의 육재와 용인의 방법을 잘 보여 주고 있다. 한편 고을 차원의 교화는 단순한 이치로 이루어지는데, 이는 다음의 문장에 잘 드러나 있다. "고을을 다스릴 때는 반드시 교육을 우선으로 삼고 간악과 교활한 짓을 못하게 하였더니 고을이 훌륭하게 다스려졌다"(『기언』. 별집. 권 24. 석담 이공 묘갈명). 고래(古來)로 정교 이데올로기는 방례(邦禮)를 바로잡아 치도를 이룩함에 있다.

이에 대하여 미수는 이르기를 "정교가 그릇되고 어지러우며 조정이 무너져 법과 기강이 없으며 염치와 예의를 버리고 탐욕이 끝이 없음은 사람의 도리가 문란함에 있다 …… 나라의 치란(治亂)은 오직 사람에 있다. 현량한 사람이 조정에 나가면 훌륭한 공적을 일으켜 치도가 이룩되고, 소인을 쓰게 되면 서정(庶政)이 어지러워져 재해가 생기는데 역대의 홍한 나라와 망한 나라가 모두 그러했다"(『기언』. 권 51. 논사(論事)).

나아가 그는 "예의로써 질서를 유지케 하고, 악으로써 감정을 조화시키며, 정법으로써 고르게 하고, 형벌로써 하나같이 하는데, 예가 사특해지면 질서가 파괴되고, 악이 음탕해지면 범법을 하고, 정치가 혼란해지면 나라가 망하고, 형벌이 남용되면 백성이 흩어진다. 국가의 치란과 홍망은 바로 이 네 가지에 달려 있다"(『기언』. 권 62. 서술(敍述))고 함으로써 예악교육이 치교의 핵심임을 잘 보여 주고 있다.

그러므로 정치를 한다는 것은 제대로 된 육재(育才)와 재능 있는 자를 올바로 선발하는 데 달려 있다. 그리하여 미수는 이르기를 "사람을 잘 취택(取擇)하려면 자신의 덕부터 닦아야 하는데 자신의 덕을 닦는 데는 도(道)로써 하고, 도를 닦는 일은 인(仁)으로써 해야 한다. 인(仁)이란 본디 인(人)인데 어버이를 어버이답게 받드는 것이 큰 일이고, 의(義)란 사리에 알맞게 하는 것인데 훌륭한 이를 존중하는 것이 큰 일이다"(『기언』. 권 31. 정설(政說)–정술(政術)).

그렇다면 구체적으로 치자의 덕은 어떠해야 하는가? 치자는 "마음을 바르게 하여 집과 나라에 미치어 …… 현사(賢邪)를 분별하여 조정을 바르게 하고, 선을 현양(顯揚)하고 악을 위압하여 양선(良善)으로 하여금 권면하게 하고, 소인으로 하여금 두려워하게 하여 염치의 마음을 일으키고 힘쓰게 해야 한다. 이렇게 하면 군덕(君德)이 다행스럽고 나라에도 다행한 일이 될 것이다"(『기언』. 권 66. 기언자서 2).

본시 치도에서 치자 자신부터 덕을 쌓으면 백성들이 자연스럽게 외복(畏服)한다고 하였다. 그러므로 치자가 행하는 정교의 핵심은 스스로 시작한 덕행을 바탕으로 왜곡된 세상사를 바로잡고 바르지 못한 사람들을 가르치는 것이다. 무릇 "정치나 형벌로 백성들을 죄에서 멀어지게 하는 것이 도덕과 예의로써 백성들 자신도 모르게 날로 착해지게 하는 것만 못하다. 예의와 겸양으로 나라를 다스리면 무슨 어려움이 있겠으며 예의와 겸양으로 다스리지 못하면 예의의 형식을 갖춘들 무슨 소용이 있겠는가"(『기언』. 권 31. 정설(政說)–정술(政術)).

인의(仁義)를 바탕으로 하는 정교에서 육재와 용인이 무엇보다 중요한데 이에 대하여 미수는 "성학(聖學)은 올바른 것을 근본으로 삼는 것이니 또한 돈후한 사람을 임용하는 것이 무엇보다 중요하다"(『기언』. 미수 허선생 연보. 권 2), "반드시 청렴하고 삼가는 관리를 뽑아 써서 백성의 숨은 뜻을 힘써 살피어야 한다"(『기언』. 별집. 권 3. 소차(疏箚))고 주장하였다. 즉, 능하지 못한 자를 물리치고 능한 자로 관을 지키게 하면 치도가 바로 선다는 것이다.

그는 능한 자를 선별할 때 경계해야 할 점에 대하여 상소를 통하여 다음과 같이 진언하고 있다. 즉, "조정에서 인재를 선발함에 있어 그 용모를 보고 그 말하는 것을 들어보아 취할 만한 사람은 뽑고 취할 것이 없는 사람은 버린다. 그러나 이렇게 하면 그 폐단이 반드시 용모를 꾸미고 말만 그럴듯하게 하는 것으로 벼슬 얻는 길을 삼게 될 것이니 이는 옳지 못하다. 그리하여 좋은 외모와 말 잘하는 사람은 사람을 잘 속이고, 마음이 진실한 사람은 세상에 쓰일 수 없을 것이니 사람을 중용(重用)하고 벼슬을 내림에 있어 이러해서는 안 된다"(『기언』. 미수 허선생 연보. 권 2)고 주장하였다. 왜냐하면 용인(用人)이 사정(私情)에 독점되어 조정이 흐려지는 것은 곧 나라를 망치는 방법이기 때문이다(『기언』. 별집. 권 4. 소차(疏箚) 중 과거를 논하는 차자(箚子)).

나아가 그는 "출중한 인재가 있다 해도 실로 이를 쉽게 알 수는 없는데 외모와 구변으로 남을 속이기에 충분한 자가 있는 반면에, 속마음이 성실한 자는 세상에서 빛을 볼 수 없게 되며 그 가운데는 반드시 염치를 알아 스스로 시험보기를 구하지 않는 자도 있다. 사람을 쓰고 벼슬을 줄 때 가볍게 여겨 아무렇게나 해서는 안 된다"(『기언』. 권 53. 정폐(政弊))고 진언하였다.

또한 그는 입시한 경연의 주강에서 "말이 교묘하고서 인(仁)한 사람이 없고, 말만 잘 하는 사람은 나라를 뒤엎을 것이기 때문에 남의 말을 판별하지 않을 수 없으니 말을 잘 판별하면 사람을 알게 된다"고 하였다. 이는 어떤 이에 대하여 그의 허망된 지식과 그럴듯하게 꾸민 겉치레가 아니라 내실을 다진 거지(擧止)를 통하여 내면화된 교육의 성취를 가늠하고 개인을 평가해야 함을 잘 지적하고 있다. 교육을 통한 육재 및 용인의 경우 새겨들어야 할 내용이다.

6) 학교론—예속(禮俗)의 중추

미수는 『예기』를 인용하여 학교란 효인예의(孝仁禮義)를 강명(講明)하는 곳이라고 지적했다(『기언』. 권 55. 수고(壽考)). 그는 옛 사람들이 정치하는 방법을 논함에서 조정의 기강을 바로잡고, 세납을 고르게 하고, 시장 질서를 정돈하는데, 그런 연후에 학교를 세우고 다스린다고 함으로써 학교교육의 중요성을 이미 지적한 바 있다(『기언』. 권 64. 소(疏)).

중종, 명종 이래로 치화(治化)가 높아서 어진 유사(儒士)가 무리지어 나오고 문학이 점점 융성하였다. 향현(鄕賢)과 처사를 위한 사당이 고을마다 설립되고 누추한 거리나 외진 마을에도 학교가 없는 곳이 없었다. 그리하여 풍속은 아름다워지고 예의가 있게 되었다. 그러나 도리가 무너져 학교가 사라지면 선비가 옛 사람을 스승으로 삼지 않고 각자 제 주장만을 내세운다. 그리하여 충실한 행동은 시들고 명예를 바라는 풍습만이 성행하게 된다. 따라서 학교는 유생을 대상으로 교학이 이루어지는 곳이기도 하지만 존재하는 것만으로도 사회의 질서를 공고하게 만드는 상징적 기관이기도 하였다.

무릇 학교를 세우면 석채(釋菜: 서원 혹은 서당에서 선성(先聖), 선사(先師)에게 올리는 제사)하였고 다음은 고을의 어진 사람을 사(社)에 제사하였다. 이처럼 학교에서 제사지내는 것은 백성에게 예의를 닦고, 충목(忠睦)을 돈독하게 하고, 공경하고, 엄숙하며, 신실하고, 겸손해서 도(道)에 순응토록 하는 것이다(『기언』. 별집. 권 5. 서독(書牘) 1). 학교는 이처럼 예의교육의 전당이면서 동시에 풍속과 교화의 마당이었다.

나주목사를 지낸 박경원이 운봉현감으로 부임하면서 현(縣)의 학교를 증수하고 남은 곡식 수백 곡을 내어 제생(諸生)의 비용에 이바지하게 하였으며 고을의 자제들을 선발하여 날마다 학교에 거처하면서 학문을 강론하게 하였다. 선생은 고을을 맡아 다스릴 적마다 반드시 예로 사대부를 접하였으며 정사를 논할 적에는 오로지 학교를 일으키는 일로 요점을 삼았다고 한다(『기언』. 별집. 권 25. 나주목사 박공 묘표). 이를 미루어 볼 때 학교는 사람들로 하여금 고을의 예속을 가르치는 곳이기도 하지만 치국의 차원에서는 중요한 교화의 수단이었던 것이다.

7) 예학(禮學)론—관계적 질서

미수는 『기언』 권 1에서 천지변화를 설명하면서 다음과 같이 예(禮)를 논하고 있다. "모든 만물이 구별은 있지만 그 변화하는 것은 다 같으며, 모든 일이 두서는 다르나 그 도(道)는 같은 것이다. 천명이 유행하여 만물이 다 함께 그로 말미암아 각기 자기의 본성을 이루면서 만물을 포괄하며, 시종이 없이 밤낮으로 유행하여 다함이 없으니 이것이 지극한 가르침이다. 예(禮)란 이를 실천함에서 생기는 것이요, 악(樂)은 이것을 따르는 데서 일어나는 것이다. 이로 말미암아 성인은 하늘을 섬기고 효자는 부모를 봉양하게 된다."

이를 미루어 볼 때 미수는 인간에 있어 지극히 천부적이며 온전한 관계질서의 원형으로서 예악을 논하고 있다.

특히 "예란 천리의 절문(節文)이고 인사의 의칙(儀則)이다. 도덕과 인의 그리고 백성을 교화하고 풍속을 바로잡는 것과 군신, 상하, 부자, 형제라든가 스승을 높이 받들고 벗들과 친하며, 학교교육이나 백성의 윤리와 사물의 법칙이 바로 이러한 예가 아니면 성립되지 않는다"(『기언』. 권 31. 예설(禮說)-예통(禮統)), "예란 것은 하늘이 베푸신 질서의 법칙이다 …… 예법이란 기강의 근본이다"(『기언』. 권 64. 소(疏))라고 쓴 데서 알 수 있듯이, 천리를 내재한 예의 질서에는 이미 교육의 의미가 포함되어 있다고 볼 수 있다. 왜냐하면 앞서 다루었듯 공부의 핵심은 사람들로 하여금 마음을 천리에 순응하도록 다스리는 데 있기 때문이다.

또한 예행(禮行)은[11] 그 자체로도 매우 중요한 교육행위이다. 우

11) 예의 대체(大體)는 관례, 혼례, 상례, 제례, 연례(燕禮), 음례(飮禮), 사례(射禮), 양로예(養老禮), 사상견례(士相見禮) 등 모두 열 가지로 관례는 성인이 된 도리를 가르쳐서 책임지우는 것이며, 혼례는 몸가짐을 신중히 하고 일상생활에 건전함을 가르치는 것이다. 또한 음례는 예를 귀하게 여기고 재물을 천하게 여기는 것을 가르치는 것이며, 사례는 예악을 익히고 덕행을 관찰하는 것이다. 나아가 양로례는 효도를 가르치는 것이고 사상견례는 몸가짐을 신중히 하며 교제를 삼가는 것을 가르치는 것이다(『기언』. 권 31. 예설(禮說)-예지(禮志)).

리가 지행합일의 공부를 이루었다고 하는 것은 갖가지 바른 행실을 몸소 행함, 즉 예행을 이른다. 이에 대하여 미수는 "몸소 행함에 있어서는 보고, 듣고, 말하고, 행동하는 것, 법도를 지키는 것, 같고 다른 점을 구분하는 것, 미심쩍은 것을 판가름하고 시비를 밝히는 것들에 대하여 모두 예를 위주로 한다"(『기언』. 권 31. 예설(禮說)-예통(禮統))고 하였다.

이는 가르치고 배우는 상황에서도 예외일 수 없다. 즉, "누군가를 교화할 때 예의로써 교육시키고, 정법(正法)으로써 고르게 하며, 형벌로써 하나같이 하는데 형벌은 그 말단이다"(『기언』. 권 31. 형설(刑說)). 여기서 예는 단순히 관념적인 규범을 뛰어 넘어 주체적 행위의 지침이 되거나 어떤 행위에 대한 평가의 준거가 된다.

그러므로 교사는 예를 다하여 학생들을 가르치되 예의에 어긋나게 행동하는 제자가 있으면 반드시 훈계해야 하며 응분의 조치가 뒤따라야 한다.[12] 마침내 그 망동하는 제자의 기질이 변하여 바르게 되었을 때 소기의 교육목적은 달성되는 것이다.

12) 그러나 우리는 다음과 같은 상황에 대해서도 곰곰이 생각할 필요가 있다. 미수는 한 구묘문에서 다음과 같이 적고 있다. "선생은 독실하고 옛 것을 좋아하며 은거하여 글을 가르치니 날로 제자들이 모였다. 선생은 사제(師弟)의 예를 엄격히 하여 제자들을 교육을 시켰다. 예를 들어 생도 중에 조소(嘲笑)하고 가르침을 따르지 않는 자가 있어 벌을 주었더니 도리어 비방하고 돌아다님에 선생은 사직하였다"(『기언』. 권 26. 정곤재사(鄭困齋事)).

3. 생태론적 교육론: 교육학의 통섭(統攝)

지금까지 우리는 미수의 교육에 대한 단상(斷想)과 사유들을 교육학의 관점에서 재구성하였다. 그는 교육학을 하나의 학(學)으로 여겨 천착한 것이 아니라 다양한 학문적 스펙트럼을 기반으로 교육의 의미를 통섭(統攝)한 탁월한 학자이며 정치가였다. 즉, 경학, 심학, 퇴계학, 율곡학, 예학은 물론 그의 영향을 받은 실학을 아우르는 교육이데아가 있으며 그것은 그의 저술에서 일관되게 나타나고 있다.

조선 후기 들어 전통 경학, 심학, 정주학, 이기론 등은 공담과 명분에 더욱 치우치게 되어 급변하는 사회에 조회할 만한 실용성에 한계가 드러났고 '새로운 학(學)'의 탄생을 필요로 했다(주칠성, 1996: 52). 그러나 미수는 당대의 경전과 정주학에 금고(禁錮)되었던 형식주의에서 벗어나 고금의 학문을 두루 통찰함은 물론 시대변화에 거스르지 않는 학문의 변용이 절실히 필요함을 감지하였으므로 이미 그에게서 실학이 잉태되어 있었다고 볼 수 있다.[13)]

예를 들어 정교론에서 미수의 육재와 용인에 관한 아이디어는 실학자 성호에게 그대로 계승되고 있다. 즉, "대저 다스림에는 어진 인재보다 급한 것이 없다 …… 인재가 나는 것은 사방에서 고르다

---

13) 이에 대하여 실학이 단지 조선 후기만의 사상이 아님을 지적하는 연구서가 최근 출간되었다. 성리학도 한 때는 이미 개혁성향의 실학을 내포했고, 주자학=봉건, 실학=근대라는 식의 이해는 잘못이라는 것이다(한영우, 2007). 이 점에서 미수는 이미 경학, 정주학, 실학을 그 자신의 사유 속에 녹여 내었던 유학사상사의 거장이라 아니할 수 없다.

…… (그러므로 인재를 등용하는 데 지역할당제를 도입함으로써) 사방 사람이 모두 머리를 들고 마음을 일으켜서 행실을 닦고 명예를 세워서 스스로 분발함이 있을 것이니 이것 또한 인재를 육성하는 방도다"(이익. 『곽우록』. 육재(育才)).

미수의 깊고 넓으며 미래를 간파하는 탁월한 사유는 자신이 즐겼던 놀이와 유람에서 비롯된다. 스스로 말하기를 "나는 유람하기를 좋아하여 아무리 먼 곳이라도 가보지 않은 곳이 없다. 내가 사방에 유람함은 더러움을 벗어나 깨끗해지려 함이다 …… 마음을 가라앉히고 나 자신을 반성하니 성실함을 힘입어 변하지 않았다"(『기언습유』. 권 63. 부(賦))고 함으로써 여행의 성찰적 유용성을 잘 웅변하고 있다. 마치 공자가 천하를 철환(轍環)하며 교화를 펼치듯, 플라톤이 오랫동안 세상을 주유(周遊)하며 조국 아테네를 구할 방안을 고민하듯, 예수님이 거침없이 모든 곳에서 가르침을 펼치듯 미수는 유람을 통하여 대중을 교화하기 위한 방법과 자성(自省)의 지혜를 얻었다.

미수는 교육과 교육학을 이론적으로 체계화한 학자가 아니다. 다만 당대의 경학, 심학, 도학, 정주학, 이기론, 예학 등의 담론 속에서 그가 사유한 교육의 단상들을 미루어 그의 일관된 교육이데아를 엿볼 수 있다. 그는 유교 도덕주의의 토대 위에서 경제의 부국(富國)과 사회의 대동(大同)을 이루는 방책으로 교육을 가장 시급한 것으로 여겼다. 그의 교육적 사유를 종합하면 다음과 같다.

첫째, 마음과 몸의 공부를 전일적으로 도야함으로써 비로소 공부는 완성된다. 이에 대하여 그는 다음과 같이 말하고 있다. 즉, "경생(經生: 경서를 공부하는 사람)이나 학생들이 자신의 체력을 헤아리지 않고 글 읽기를 너무 부지런히 하여 병이 생기는 경우가 있다. 학문하는 방법은 차분하게 완미(玩味)하고 체득하여 사색함이 제일 좋은 공부가 되고, 읽는 공부는 그 다음이다"(『기언』. 미수 허선생 연보. 권 2). 이러한 주장은 중세 주자학의 형식주의보다 더욱 지독한 입시공부라는 형식주의에 또 다시 금고된 오늘날의 학교교육에 많은 시사점을 던지고 있다.

둘째, 그는 합(合)자연적 윤리사상에 입각하여 인위성을 철저히 배제하고 자연을 모델 삼아 교육을 실천하는 자연주의 교육사상을 잘 보여 주고 있다. 그가 "엽등하여 높은 데를 엿보아도 안 된다. 샘이 졸졸 흐르고 불이 타오르는 데서 자연의 질서를 볼 수 있다"(『기언』. 권 1. 학(學))고 한 데서 그는 사람됨을 구현하기 위한 교육을 설계하고 실천함에 있어 자연의 질서가 합리적인 모델이 되어야 한다고 여겼음을 알 수 있다. 그의 이러한 생각은 루소의 자연주의 교육이론과 크게 다를 바 없다고 평가할 수 있다.

셋째, 그의 일원론적 사유는 교육이데아에서 실학주의, 감각주의, 자연주의, 유기주의 이론의 토대가 되고 있다. 이러한 일원론은 다음 문장에 잘 드러나 있다. "기는 이의 기이고 이는 기의 이다. 천리에 밝게 되면 그 기가 호연하게 되는데, 그 이가 어두우면 기가 굶은 것 같이 되어 이 밖에 기가 없고 기 밖에 이가 없게 되는 것이다"(『기언』. 권 1. 학(學)). 교육학 이론 중 일원론은 테크네(techne)와 에피스테메(episteme)를 굳이 가르지 않는다. 그러므로 행함이 곧 사유고, 현실이 곧 이상인 셈이다. 미수는 플라톤의 이데아론이나 퇴율의 이기론과 달리 이기(理氣)를 전일적으로 독특하게 파악하고 있는데 이는 평생에 걸쳐 자신의 교학이념과 실천에 영향을 미쳤다.

철학적인 측면은 여기서 논외로 하고 다만 미수의 교육학적 사유를 현대적 이론으로 재구성하면서 찾아낸 바에 의하면 교육이란 한마디로 다양한 학문을 통섭하고 지속가능한 가치를 기반으로 해야 한다는 것이 자명해졌다. 이것이 단지 유명(有名)만 하고 무실(無實)한 담론이 아니라 이상과 실용성을 동시에 지향하는 교육이념이 되어야 함은 다음의 글에 잘 드러나 있다. "오늘날 배우는 자들의 폐단을 들자면 실천은 부족하고 오로지 의견부터 내세우며, 게다가 지나치게 과격하기까지 하여 경박함이 날로 심해진다. 배우는 자는 오로지 인륜과 일용(日用)의 법칙에 대하여 부지런히 힘써서 생각 속에서 조금이라도 미진함이 없어야 한다"(『기언』. 권 1. 학(學)).

다시 말해 유학의 요체인 인륜과 실학의 대강인 일용을 아우르는 것이 교육의 본질이어야 함을 잘 보여 주고 있다. 인륜과 일용은 언제나 생태로 통합된다.

지금까지 우리가 상고(詳考)한 미수의 교육에 대한 생각들은 입시에 매달려 생명을 잃은 교육현실, 온전한 권위를 상실한 사도(師道), 반(反)생명으로 치닫는 학문의 세속화 등으로 얼룩진 오늘날의 교육이념과 실천을 간(間)학문, 간(間)학제적으로 반성하는 데 유용한 지표가 되며, 교육에 대한 생태론적 사유의 전형(典型)이 될 것이다.

참고문헌

『곽우록』

민족문화추진회(1989). 국역 미수기언 I–V. 서울: 민문고.

성균관대 유학과 교재편찬위원회(1996). 유학사상. 성균관대학교 출판부.

이우성(1989). 국역 미수기언 중 '해제'. 서울: 민문고.

주칠성(1996). 실학파의 철학사상. 서울: 예문서원.

최영성(1995). 한국유학사상사. 서울: 아세아문화사.

최중석 역주(1998). 심경부주. 서울: 국학자료원.

한국사상연구회 편(1996). 실학의 철학. 서울: 예문서원.

한영우(2007). 다시, 실학이란 무엇인가. 서울: 푸른역사.

황의동(1995). 한국의 유학사상. 파주: 서광사.

제4장

실학(實學): 전통에서 모던한 배움으로

1. 배움[1]에 대한 생각의 진화

동양정신의 에토스라 할 수 있는 『논어』의 타이틀(首章)이 '학이시습'(學而時習)인 반면 맹자의 '천하영재교육'(天下英才敎育)은 비중 있는 논제가 아니었다. 그러나 공맹(孔孟)의 교학(敎學)론은 서로 상위(相違)하면서 동시에 상통(相通)하는 전일적 교육론의 원형(原形)을 완성해 놓았다. 그리하여 "원래 가르침(敎)과 배움(學)은 같은

1) 교육을 단순히 가르치고 배우는 이항(二項)모형으로 생각할 때 '가르침'의 대립 항에는 '학문, 학업, 학습, 배움, 공부, 수련, 단련, 수학(修學), 수습(修習), 학수(學修), 연마, 도야' 등 다양한 용어들이 사용되어 왔다. 여기서는 각 이칭(異稱)들이 내포하고 있는 의미론적 차별성은 무시한 채 단순히 '배움'으로 통일하여 기술(記述)하기로 한다.

글자였다. 학(斅)은 가르침과 배움이라는 동일한 이미지를 중층적으로 지니고 있던 것" 이다(신창호, 2003: 29).

여기서 우리는 배움과 교육을 놓고 볼 때 배움의 개념이 훨씬 광범위함을 인지할 수 있다. 동양의 배움론은 공맹의 호학(好學)론,[2] 주자의 경학(敬學)론, 불교의 수학(修學)론, 노장의 절학(絶學)론, 양명의 치양지론 등을 거치며 실학에 이르기까지 풍성하게 담론이 전개되었다.[3]

특히 공맹의 교학론은 주자에 의하여 더욱 정치(精緻)되어 동양교육사상의 대강(大綱)을 구성했으며 비교적 오랫동안 한자(漢字)문화권의 교육이데아, 내용, 방법을 지배해 왔다. 이러한 사실은 기왕의 많은 학자들이 주자의 교학론, 공부론에 대하여 조직적 · 해석학적 연구를 통해 체계적으로 밝힌 것을 볼 때 의심의 여지가 없다.그러나 동서양 공히 17세기에 들어서면서 실학(realism)의 학풍이 등장하고 이는 전통적 교학론, 특히 배움론에서 전향적인 변화를 촉구하였다.

동서양에서 동시에 발흥한 리얼리즘은 근본적으로 휴머니즘

---

2) 성호 이익은 『논어』 수장(首章)을 풀이하면서 다음과 같이 설명하고 있다. "학(學)은 안다는 지(知)에 속하고, 열(悅)은 좋아하는 호(好)에 속하니 두 낙(樂)자가 서로 꼭 맞게 되었다. 배워서 아는 것은 그것을 기뻐함만 못하고, 그것을 기뻐함도 스스로 즐겨함만 못하다는 것이다. 열(悅)이란 뜻은 고기를 먹는 것처럼 좋다는 것이고, 낙(樂)이란 뜻은 이미 배부르게 먹고 기운이 꽉 찼다는 것인데 열(悅)은 상대에 속하니 둘로 나뉜 것이지만 낙(樂)은 자신에 속하니 이는 하나로 된 것이다" (『성호사설』. 권 21. 논어수장).

3) 다시 말해 배움에 대한 생각의 진화가 이루어지기 시작했다고 할 수 있다. 이상과 같이 방법론적 복수주의에 터한 다양한 배움론을 관통하는 배움의 이데아는 과연 무엇이며 그것은 존재하는가?

(humanism)[4]에 대한 반동(reaction)이었다(Monroe, 1907: 215; Oryskewych, 1982: 207). 이것은 배움론에서도 그대로 적용된다. 동양에서는 유학과 이학이라는 전통 '휴머니즘'이, 서양에서는 고전학이라는 휴머니즘이 '리얼리즘'으로 대체되면서 문명사적 전환(shift)을 가져왔던 것이다.

이때 '전환'은 장개지(張豈之, 1991)의 표현처럼 학술담론의 패러다임에서 일종의 변고(變故)로 이해할 수 있다. 보통 '반동, 전환, 변고'는 생각의 진화를 추구하거나 촉구하게 되는데 배움에 대한 담론도 크게 예외는 아니었다. 구체적인 예를 들어 보자.

실학에서 말하는 배움의 핵심적인 방법으로는 '다독(多讀), 박학(博學), 박식(博識), 다문(多聞), 체험'을 들 수 있는데 이것들은 이미 공자나 정주(程朱)가 보여 준 입장, 변설, 태도와 다르거나 혹은 상이한 관점으로 변용, 진화되어 실학의 학설(배움론)에 수용된다. 이정(二程)은 "학문은 박식한 게 중요하지 않고 올바른 게 중요하니, 다만 올바르면 곧 박식할 수 있다"(學不貴博 貴於正而已 正則博)고 하였다.

여기서 우리는 그가 지식형성 과정을 선험적 인식론에 근거하여 연역적 방법론으로 설명하고 있음을 잘 알 수 있다. 또한 그는 "암기 위주의 공부와 박식을 추구하는 공부는 물건을 갖고 노는 것과 같아 본심을 잃게 만든다"(記誦博識 爲玩物喪志)고 하여 이를 더욱

4) 여기서 '휴머니즘'이란 대단히 다의(多義)적인 의미를 내포하고 있지만 본 글에서는 서양의 형식주의(Ciceronism), 동양의 경학(經學)주의에 한정하여 이해하고자 한다.

강조하고 있다.

그러나 실학의 배움론은 오히려 박학을 통하여 올바른 지식을 추구해 나갈 수 있다는 귀납적 방법으로 다만 전향했을 뿐이다. 또한 전통적인 배움론에서 박학을 향하는 행위가 구심성, 이타(利他)성[5]에 기반했다면 실학의 배움론에서는 다만 원심성, 자애(自愛)심으로 변용된 것이다. 그리하여 담헌 홍대용은 배움이란 자신의 박식함을 남에게 자랑하기 위해서 행하는 것이 아니라고 했다. 그러나 이타와 자애, 원심과 구심은 '둘이면서 하나' 인 동양의 유기(有機)주의적 지혜를 그대로 드러내고 있는 것이다.[6]

여기서는 우리나라 실학의 학설(배움론)에 한정하여 전통 휴머니즘으로부터 어떤 변고, 전환, 반동이 있었는지 알아보고 또한 그 이념, 방법, 내용 등을 조직적 교육학으로 재구성할 수 있는 가능성과 당위성을 함께 모색하기로 한다. 본 장에서는 실학자들의 사상을 두루 살피되 특히 이익, 홍대용, 이덕무, 정약용 등의 텍스트를 중심으로 실학의 배움론을 다루고자 한다.

---

5) 이에 대하여 주자는 다음과 같이 말하고 있다. 즉, "박학이란 천지만물의 이치 및 자신을 닦음은 물론 남을 다스리는 방도를 말한다. 이것들은 마땅히 배워야 할 것들이지만 그 배우는 순서가 있다. 모름지기 중대하고 급한 것부터 먼저 공부해야 배움이 잡스러움이 없고 무질서하게 되지 않는다"(『주자어류』).

6) 이에 해당하는 또 다른 논의거리로 하학(下學)과 상달(上達)의 관계를 들 수 있다. 위에서 살펴 본 바와 같이 주자학, 퇴율학이 대개 하학으로부터 상달에 이르는 과정으로 공부의 위계를 정위(定位)시켰다면, 실학은 하학 자체에도 중요한 목적적 의미를 부여하고 있다(下學指南). 다시 말해 전통 배움론에서 다루는 하학을 부정하거나 무시한 것이 아니라 이를 바라보는 관점과 입장을 변용시키거나 전환시켰다는 것이다. 나아가 미발공부, 지행합일 등에 대한 주자학과 실학의 입장도 같은 방법으로 논의되어야 할 것이다. 여기서는 이들에 대한 논의는 생략하기로 한다.

2. 실학의 학설을 조직교육학으로

실학이 지향하는 배움론의 좌표는 후쿠자와 유키치(福澤諭吉)의 『학문을 권함』(1993)에 잘 드러나 있다. 그의 글 중에 특히 '한 사람 한 사람의 독립이 곧 국가의 독립' 이라는 표제어가 눈에 띈다. 이는 전통적으로 유교, 주자학에 터한 배움의 기제를 통해 모든 사람들을 '동일성' 으로 회귀시키던 것을 개인의 '차이성' 에 터한 것으로 전격 해체하자는 주장이며 또한 배움론의 커다란 진화를 상징적으로 웅변하고 있다.

성호 이익은 배움의 대상을 한정하기보다 모든 민중에게 배움의 기회를 부여하여 그들 각자의 각성 수준을 높이자고 주장했지만 현실적으로 불가능할 것이라는 우려를 금치 못했다. 그는 경제나 국방의 부족함보다 민중이 배우려는 태도가 부족한 것을 더욱 큰 문제로 보았다. 그것은 정교(政教)의 문제이기도 하지만 배움의 주체인 개인들의 게으름에도 커다란 원인이 있었다. 그리하여 성호는 사람들이 배우지 않고 놀아 일신(一身)의 실패를 초래한 세 가지 원인은 첫째, 공부하지 않은 애석함이요, 둘째, 한가하게 놀기만 한 애석함이요, 셋째, 몸을 피폐하게 만든 애석함이라 역설했던 것이다.

따라서 실학의 배움론이란 전통적으로 당연시되었던 배움의 공공선(公共善)으로부터 벗어나 개인지향의 자유, 자주, 자아, 자립, 자활, 자족의 교육이데아로 재구성하자는 것으로 볼 수 있다. 이는 다시 말하면 이론(혹은 공론)에서 실제(혹은 사실)로, 집단주의에서 개인주의로, 지협(地峽)적 자존(自尊)에서 범지(汎知)적 공유(共有)로[7]

배움의 패러다임을 바꾸자는 슬로건이기도 하다.[8] 그리하여 일본에서 실학은 이미 과학문명에서 앞선 '서구 따라잡기' 교육을 위한 길잡이가 되었던 것이다. 더욱이 실학은 유신(維新)의 이데올로기가 되어 또 다시 국민 개개인으로 하여금 배움의 본질을 재고하도록 부

---

7) 우리는 여기서 청장관 이덕무가 읊조린 탄식을 다시 한 번 새겨 보아야 할 것이다. 즉, "퇴계, 율곡 등 여러 선생의 문집 같은 것도 어찌 한 귀퉁이에 국한하여 다만 동방 수 천리 안에서만 이름 있게 하고 천하에 밝게 펴서 사람마다 이러한 현인이 있는 것을 알게 하지 않는단 말인가?"(『청장관전서』. 권 48. 이목구심서 1).

8) 이는 다음의 표현에 잘 드러나 있다. "학문이란 그 범위가 넓은 말인데 정신적인 학문이 있는가 하면 물질적인 학문도 있다. 심성, 영혼, 철학 따위는 전자에 해당되고, 천문학, 지리학, 물리학, 화학, 경제학, 서양 역사학, 서양 윤리도덕 등은 후자에 해당된다. 그러나 그것이 어떤 것이든 자기의 지식과 견문의 범위를 넓히고 그에 의해 사물의 도리를 바로 판단함을 길러 인간의 사명을 깨닫는 것이 배움의 목적이다. 지식과 견문을 확충하기 위하여 때로는 다른 사람의 말도 듣고 스스로의 머리로 생각하며 물론 책도 읽어야 한다. 책을 읽기 위해서 문자를 알아야 하는데 예로부터 사람들이 생각하듯이 그저 문자를 읽고 외우는 것이 배움의 전부라 생각하면 큰 착각이다. 문자는 배움을 위한 도구일 뿐이다. 문자를 읽되 사물을 모르면 진정한 배움이 아니다. 그리하여 '논어를 읽되 논어를 모른다' 는 말이 생기게 된다 …… 아무리 고전(經書)에 능한 사람일지라도 쌀값을 모르면 이미 처세의 배움에 실패하거나 눈먼 학자일 뿐이다 …… 서양의 학문을 배움에도 마찬가지다. 외래학문을 배우되 실용적이지 않는 한 그는 단순한 문자적 지식의 중개인에 지나지 않는다. 국가를 위해서는 아무런 쓸모없는 멍청이이며 나라의 경제를 저해하는 밥벌레에 지나지 않는다. 중요한 것은 처세의 법을 몸에 익히는 것도 배움이며, 금전의 출납을 따지는 것도, 오늘날 시대의 동태를 살피는 것도 모두 배움이다. 단지 세상의 서적을 읽는 것만으로 배움이라고 해야 할 이유가 어디에 있겠는가?"(福澤諭吉, 1993: 33-34). "학문은 독서하는 것만이 유일한 것이 아니다. 활용되지 않는 학문은 배우지 않음과 다를 바 없다. 주자학을 배운 어떤 학생이 유학 가서 주자학 대가들의 학설을 베껴 벼락공부를 해서 수많은 노트를 작성했다. 자신은 여객선을 타고 고향으로 돌아오고 노트는 화물선에 의탁, 발송했는데 그만 화물선이 난파되어 그는 무사히 귀국했으나 그의 학문은 모조리 바다에 흘려 몸에 지닌 배움은 하나도 남지 않게 되었다. 이는 배움이 없는 것과 다를 바 없다. 이는 서양의 학문을 배우는 방법에서도 크게 다를 바 없다"(福澤諭吉, 1993: 156).

단히 독려했던 것이다.

1) 교육이데아: 배움의 목적과 이상적 인간상

후쿠자와 유키치는 동양의 인문주의를 '고답적인 한학과 국학' 이라고 규정하며 탈(脫)인문주의의 당위성을 다음과 같이 주장하고 있다. "학문이란 어려운 글자를 안다거나 힘든 고문을 읽거나 시조를 읊조리는 등 실제사회에 도움이 되지 않는 것을 가리키는 것이 아니다 …… 전통의 학문들은 실용과 거리가 멀어서 일상생활에 맞지 않는다. 이제 이러한 학문들을 보류하고 먼저 공부해야 하는 것이 있는데 이것이 만인공용의 일상생활과 긴밀히 연결되는 실학"(福澤諭吉, 1993: 20-21)이라고 설명하고 있다.

여기서 '실학' 은 실용의 학(사회과학)과 실증의 학(자연과학)을 동시에 의미한다. 즉, "학문의 종류가 어떠하건 간에 가장 중요한 것은 사실 그 자체를 객관적으로 파악하는 것이다. 대상을 앞에 두고 그 자체의 작용을 철저히 살펴야 하는데 이것이 바로 과학의 정신이다. 과학의 정신으로 자연의 법칙을 발견하여 그것을 실생활에 활용하는 것이 가장 중요하다"(福澤諭吉, 1993: 21).

그렇다면 우리나라 실학자들의 머릿속에 그려진 교육이데아는 무엇인가? 그들의 실학정신은 후쿠자와 유키치가 지적한 단순한 생활의 실용(경제학과 과학)을 뛰어넘어 자아의 실용(미학, 심리학, 자아윤리학, 여가학)을 지향하고 있었다.[9] 다시 말해서 인문교양에 길들

---

9) 실학자인 이덕무, 박지원, 박제가, 유득공 등을 중심으로 하는 소위 '백탑파' (白塔

여진 전통적 휴머니즘에서 벗어나 실용과 과학의 정신을 연습함은 물론 자아 확장과 통정(統整)을 위한 유용한 방법으로 배움을 적극 활용했던 것이다. 이것은 또 다시 자기 주변의 세상 사물 혹은 모든 인류에게로 원심성의 성질을 통해 확충, 보편화되는 것이다.

이에 대하여 성호는 다음과 같이 설명하고 있다. 즉, "경서를 배우는 사람은 누구나 반드시 그 본뜻을 방증(旁證)하여 자신을 수양하고 세상을 편안케 하는 근본으로 삼아야 한다. 경서를 배움은 이로부터 시작하여 장차 세상에 활용하기 위해서다. 경서에 대하여 그것을 천하만사에 활용하지 않는다면 이는 그저 문자를 읽는 것에 불과하다"(『성호사설』).

派)는 당대의 선진적 학식과 더불어 고급문화를 창조하여 향유하는 삶을 구가하는 배움의 표상(表象)을 유산으로 남겨주었다. 특히 이덕무는 윤회매 만드는 방법과 순차(順次)를 세심히 공부(관찰 및 기록의 방법으로)하여 『윤회매십전』을 지었다. 윤회매는 강인한 집착과 끈기로써 만들어지며 완성된 윤회매를 감상하는 풍류는 지고(至高)의 미학과 심미감으로 이어진다. 그들은 세속의 공명과 일신의 영달을 위하여 고매한 윤회매를 만들어 감상하고 취하지 않았다. 그들의 정신은 바로 실학정신에 터한 배움이었고 스스로 전인적 인간됨을 실천하는 아름다움 그 자체였다. 이덕무는 "조용히 지내면서 무릇 3년 동안 매화를 주조하여 독서하는 등불에 비치는 그림자를 취하였으니 세속과는 어울리지 않는 운치이나 다소 마음 붙일 즐거움이 되었다"고 술회하였다. 후대의 교육학자들은 이러한 풍류와 낭만을 창조하고 구가했던 선비들의 모습을 '교육적으로 이상적인 인간상'으로 평가하고 있다. 그들은 단순히 거업을 위하여 공부하지 않았다. 그렇다고 그저 무위도식하지도 않았다. 진정한 자아실현을 위하여 부단히 배우고, 자각(自覺)하고, 도야하였다. 더욱이 상혼(商魂)에 매료되어 여가를 허송되이 보내지도 않았다. 또한 그들은 지고(至高)의 학문을 바탕으로 안빈낙도와 풍류를 몸으로 체득하여 스스로를 정위(定位)시키려는 수양의 노력을 게을리 하지 않았다. 이는 유교에서 강조하는 '수기'(修己)와 크게 다를 바 없다. 수기는 '애한(愛閑), 휴식(休息), 한유(閑遊), 유람(遊覽), 유휴(遊休), 상유(賞遊), 승상(勝賞), 완상(玩賞), 승람(勝覽), 풍류(風流)' 등 다양한 배움의 형식을 통하여 이루어졌다.

전통적인 인문주의에 바탕을 둔 거친(그른) 배움에 대하여 성호는 "지금까지 귀한 집 자제가 오로지 시체 글만 익혀서 과거보기에 편케 여기고 …… 과거에 응시하는 자는 온갖 글을 주워 모으고 많이 읽어놓고서 오로지 대비하는 데만 그저 능할 뿐"이라 비난했다(『곽우록』. 과거의 폐를 논함). 나아가 다산 정약용은 "부자 집 자식은 입에 아직 비린내가 나고 눈으로는 정자(丁字)를 모르는 자일지라도 거벽의 글을 빌고 사수의 글씨를 빌어서 시권을 바친다"(『경세유표』. 권 15. 춘관수제)고 비꼬았다.

이처럼 형식적 인문주의가 추구하는 이상적 인간상은 허문(虛文)의 겉치레로 치장하고 이를 과장, 가장하는 기술의 탁월성을 지향하고 있었다. '형식적 인문주의의 인간상'에 대하여 다산의 후학인 이건방(李建芳)은 다음과 같이 기술하고 있다. 즉, "세상의 도의가 나빠지고 선비의 기풍이 더욱 비루해져 오직 녹봉(祿俸)과 이욕(利慾)만을 도모하여 권세 있는 사람의 집에 부지런히 왕래하고, 그렇지 않고 산림(山林)에서 도덕을 강구하고 학문을 강론하는 자도 악착스럽게 고비(皐比)에 앉아 문호(門戶) 하나 수립하여 제 한 몸 사사로이 계획하는 데 불과하다 …… 그러나 선생의 말은 완곡하면서 정당하고 정밀한 칼 중에 칼날 같은 날카로움이 노출되어 지극한 이치가 있다. 만일 선생이 서양의 몽테스키외나 루소보다 못하다면 이는 합당치 않다"(『경세유표』. 권 1. 방례초본 序).

이욕에 사로잡히지 않고 오직 칼날 같은 배움을 실천한 다산은 스스로 경세하는 이들(특히 관료들)의 배움 자세에 대하여 다음과 같이 역설하고 있다. 즉, "우매한 사람은 근거 없는 속설에 젖고 총명하다는 사람은 선유(先儒)의 잘못된 주석(註釋)에 얽매어 비록 혁혁한 경서를 증거로 하여 천고의 의혹을 타파하기에 족함이 없어도 살피는 사람이 없으니 이것이 천하에 공통된 병폐다"(『경세유표』. 권 5. 지관수제). 그렇다고 해서 그는 무작정 경서(經書)를 무시할 것이 아니라 그것들을 상고(詳考)하여 다만 참작하거나 변통하여 배우는 것이 가장 이상적인 자세와 방법이라고 주장했다.

실학의 배움은 전통과의 단절이 아니라 오히려 온전한 소통이며 전통은 실용적인 배움의 원자료인 셈이다. 결국 실학의 배움론은 이처럼 구학(특히 經學)에 대한 구심성과 원심성을 동시에 지닌 통섭(統攝)의 아이디어가 된다. 그리하여 다산은 배움을 통한 이상적인 인간상은 시대, 역사, 교육상황에 부합하여 '배움의 방법, 내용, 목적을 스스로 진화시키고 몸소 실천하는 자' 라 여기고 있다. 이를 서양의 실학사상에서는 '세상물정에 밝은 사람(*useful type of Education for the young who was to live of a gentleman in the world of affairs*)이라 부른다(Monroe, 1907; Oryshkewych, 1982: 211; Cubberly, 1920: 397).

이러한 실학의 배움론에 충실하고 탁월했던 인물로 청장관 이덕무를 들지 않을 수 없다. 그는 여느 학자들과 다를 바 없이 고문과 경서에 능할 뿐만 아니라 자연과 주변 사물에 대한 집요하고 정밀한 관찰과 징험을 통한 배움에도 빼어났다. 특히 그의 저서 중에서 『암엽기』,『윤회매십전』, 『산해경보』, 『열상방언』 등은 그가 몸소 체험한 독서, 박학, 박식, 징험, 관찰, 체험, 다문의 진수를 잘 보여 주고 있다.

청장관은 자연과 사물의 현상에서 과학적 안목과 태도로 배우는 자세를 견지하였다.[10] 그는 공부하는 자란 비록 말과 글이 부족하더라도 실천은 반드시 여유가 있어야 하며 식견이 두드러진 자는 이를 북돋아 줄 것이라 여겼다(『청장관전서』. 권 5. 영처잡고. 세정석담). 이러한 다독, 박학, 다문은 대부분의 실학자들이 추구한 배움의 학풍과 취향 중에서 가장 두드러진 특장(特長)이다. 결국 실학자들이 추구한 '배움의 인간상'은 단지 고문과 경서에 능한 자가 아니라 경험의 폭과 깊이가 넓고 깊어 사물과 세사(世事)에 유능(有能)한 사람이었다.

현대적 의미로 유능한 사람이란 '문화교양인'(neo-humanist)이다. 청장관이 "책을 챙겨 놓고 부모를 섬기며 독서하는 여가에서 스스로 얻어진 것이 있으면 수시로 기록해 두었더니 점차 편(篇)을 이루게 되었다"(『청장관전서』. 권 5. 영처잡고. 세정석담)고 말한 것은 전통적 배움론으로부터 가히 혁명적으로 전향된 이론으로 볼 수 있다. 왜냐하면 그에게서 이미 서적을 통한 배움은 '여가'(餘暇)라는 이름으로 크게 변형되어 나타나고 있었기 때문이다.

---

10) 그의 관찰과 배움의 대상은 세상의 모든 것이었다. 사람에 이르러 '어린아이, 병자(病者), 혀, 입술, 모발, 뼈, 꿈, 콩팥, 허파, 심장, 위, 신장, 척추, 삼초(三焦)', 자연과 사물에 이르러 '안개, 서리, 구름, 해바라기, 소나무, 회나무, 수박, 매화, 금봉화, 담배, 자석, 안경, 탕약, 건(巾)', 동물에 이르러 '누에, 개미, 사마귀, 소, 말, 돼지, 금붕어, 비둘기, 족제비, 사슴, 고양이, 꿩, 거미, 쥐, 벌, 참벌, 박쥐, 이, 학, 벌레, 당나귀, 매미, 붕어, 생선, 해구(海狗), 망아지, 뿔, 개, 개구리' 등 그의 지적 촉수는 자연, 사물, 인간에 활짝 열려 있었다. 그는 "만물을 관찰할 적에는 따로따로 안목을 갖추어야 하는 법이니, 나귀가 다리를 지나갈 때 귀가 어떻게 되는지, 집비둘기가 뜰에서 거닐 적에 어깻죽지가 어떻게 되는지, 매미가 울 적엔 가슴이 어떻게 되는지, 붕어가 물을 삼킬 때 뺨이 어떻게 되는가를 보아야 한다. 이는 모두 그들 나름의 정신이 발로되는 것으로 지극한 묘리가 담겨 있는 것"(『청장관전서』. 권 49. 이목구심서 2)이라 하여 배우는 자의 자세와 배움의 진정성에 대한 부단한 자기성찰을 몸으로 보여 주었던 것이다.

그리하여 청장관은 "독서하여 얻는 것은 정신을 기쁘게 함이 최상이요, 그 다음은 수용(受用)하는 것이요, 그 다음은 널리 아는 것"이며 "고금의 일에 두루 박학할지라도 만약 이런 지식 외에 다른 진실된 취미가 없었다면 그는 마음이 좁고 도량이 작은 사람일 뿐"이라 외쳤던 것이다(『청장관전서』. 권 50. 이목구심서 3). 또한 그는 스스로 자신을 다음과 같이 표현하고 있으며 이는 실학의 학설이 추구하는 가장 이상적인 인간상을 잘 웅변하고 있다.

> "나같이 세상 물정에 어둡고 처세에 졸렬한 자를 이해해 주는 사람을 만나면 산수(山水)를 논하고, 문장을 이야기하고, 민풍(民風)요속(謠俗)에 이르기까지 되풀이하면서 담론하여서 그칠 줄 모르며 해학(諧謔)과 웃음을 섞어 가면서 흉금을 털어놓고 밤을 지새우니 남들은 내가 언변이 없음을 눈치 채지 못한다. 만약 상대방과 취미가 서로 맞지 않아 남의 말을 내가 알아듣지 못하고 내 말을 남이 알아듣지 못하면 불편할 것이다. 서로 무정하다고 비난할 것이다"(『청장관전서』. 권 53. 이목구심서 6).

독서든 체험이든 자신들이 성취한 취미와 관심의 공유(共有)를 확충하는 것이야말로 실학자들이 추구한 배움의 이상인 셈이다.

2) 배움의 자세와 내용(과정): 우매함과 고매함

청장관의 '이목구심서'(耳目口心書)와 성호의 '유구독서'(有求讀書)는 배움에 대한 실학 특유의 핵심적인 주장을 담고 있다. 청장관은 온전한 배움이란 보고, 듣고, 말하고, 생각하고 읽은 것이 전일적으로 기능한 상태라고 여겼다. 이에 대하여 성호는 이미 다음과 같이 간략하게 설명한 바 있다.

"마음으로 얻은 바가 있을 때는 길에서 더위를 만나 갈증이 심할 때 청량한 음료를 마시는 것같이 하며, 실천을 함에 있어서는 보검(寶劍)을 갈아서 시험 삼아 베는 것같이 하므로 이를 이르되 눈으로 보고(眼頭過), 입으로 굴리고(口頭轉), 마음으로 융통하고(心頭運), 손으로 놀리는(手頭措) 바가 모두 들어맞는다는 것이니 그 다행함을 가히 알 수 있다"(『성호사설』. 권 13. 유구독서).

이러한 전일적 배움은 삶의 매 순간마다 단속적(斷續的)으로 누구에게나 일어난다. 그리하여 실학자들의 눈에 배움을 위한 구조, 계획, 목적, 객관 등은 아무런 의미가 없었다. 이에 대하여 성호는 '일신전공(日新全功)'과 '진지(進止)'라는 말로 상세히 설명하고 있다. 즉, "가령 날로 새롭게 하는 공부를 오랫동안 하다가 갑자기 교만과 인색함이 생겨나면 문득 자만심을 가지게 된다. 자만심을 갖게 되면 남을 자기보다 못하게 여기며 남을 자기보다 못하게 여기면 문득 자기 마음대로 쓰게 된다. 그러므로 '날로 새롭게 하는 공부'는 마치 높은 데로 올라가는 것처럼 기쁘게 여겨서 계속 밝혀야 하고 자만의 해로움은 마치 아래로 떨어지는 것처럼 위태롭게 여겨 지극히 경계해야 한다"(『성호사설』. 권 19. 일신전공)는 것이다.

배움에서 '자만을 경계한다 함'은 무엇을 뜻하는가? 이는 한마디로 간단(間斷)없는 자기수양과 배움의 배타성을 의미한다. 또한 여기서 '배움의 배타성'이란 무엇인가? 이는 배움 이외의 어떤 일에도 힘을 쏟지 않음을 의미한다. 그리하여 성호의 표현처럼 "배움을 통해 호문자(好問者)는 생활이 풍요롭게 되고, 자만자(自慢者)는 언덕에서 달구지가 미끄러지듯이 반드시 망하게 되는 법"이다. 이를 다시 말하면 배움에서 지극히 경계해야 할 점이 진지(進止)의 태도라는 것이다.

성호는 이에 대하여 공자와 안연의 관계를 들어 다음과 같이 자세히 설명하고 있다(『성호사설』. 권 23. 안연진지). 공자가 안연에게 이르기를 "나는 네가 나아가는 것을 보았을 뿐 그치는 것은 보지 못했다"고 했는데 진지의 판단근거는 무엇인가? 진(進)은 이미 배움이 충만한 것이요, 지(止)는 배움이 부진함에서 비롯된다. 또한 진(進)은 알기부터 먼저하고 행함은 나중에 한다는 것을 이른다. 배움을 통한 깨달음이 많아지면 지식(앎)이 풍부해진다.[11]

실학의 배움론은 일신전공과 진지 등의 방법으로 단순한 인문학적 소양보다는 전일적으로 몸에 체현되는 '재주, 예의, 염치,[12] 대

11) "공자는 공부함에 수시로 배우기를 생각하지 않고 자획(自畫: 스스로 단념함)하려는 것을 극히 경계하고 있다. 안연이 스승에게 날마다 배움을 청하여 오늘 한 가지 일을 깨닫고 내일도 한 가지를 깨달아 배우지 않을지언정 배우면 배운 것이 능하기 전에 결코 그만두지 않으며 묻지 않을지언정 일단 물으면 물은 것을 알기 전에 그만 두지 않으며, 생각할지언정 생각하면 생각한 것을 제대로 깨닫기 전에 그만두지 않으며, 분변하지 않을지언정 분변한다면 분변할 것을 명확히 하기 전에는 그만두지 않으며 행하지 않을지언정 행하면 행해야 할 것을 독실히 하기 전에 그만두지 않았으니 이것이 바로 진(進)이다. 그러나 만일 자기보다 나은 자가 있어도 그를 따르지 않고 무언가를 일러주어도 배우지 않고 질문에 대답하지 못하고 억지를 세우고 잡류와 더불어 놀기를 좋아하는 것이 바로 지(止)다. 따라서 이리 저리 쏘다니면서 용심(用心)하는 바가 없으면 배움이란 날로 퇴보할 뿐이다" (『성호사설』. 권 23. 안연진지).

12) 이에 대하여 성호는 다음과 같이 설명하고 있다. "예의(禮義)와 염치(廉恥)를 사유(四維)라 한다. 예가 끊어지면 기울어지고, 의가 끊어지면 위태하고, 염이 끊어지면 엎어지고, 치가 끊어지면 멸한다. 기울어짐은 바로잡을 수 있고, 위태로움도 편하게 만들 수 있고, 엎어진 것도 일으킬 수 있지만 멸한 것은 회복시킬 수 없다. 따라서 몸가짐을 방자하지 않게 하고, 남을 두렵게 여겨 멸하기 전에 고치기를 마

화, 자경(自警), 기예, 체험' 등의 문화교양을 강조한다. 특히 실학자들은 배움에 임하는 자세에 대하여 비교적 상세히 권고하고 있다.[13] 담헌은 "무릇 들뜬 생각은 하루아침에 깨끗하게 없어질 수 없으니 오직 물망(勿忘)을 귀히 여겨 모름지기 맑게 하는 공부를 더할 것이며, 혹여 마음과 기운이 불평하여 얽혀서 제거되지 않을 때가 있거든 바로 묵묵히 앉아서 눈을 감고 마음을 배꼽의 중심에 집중하여 안정되면 공부가 점점 무르익고 효험이 점점 자라나 배움의 식견이 날로 진취될 뿐 아니라 마음이 편안하고 기운이 화평하여 전일하고 정밀하게 되니 배움 또한 이에 벗어나지 않는다"(『담헌서』. 외집. 권 1. 항전척독. 여매헌서)고 주장한다.

또한 그는 "우리들의 공부가 원래 문자에만 매달려서는 안 되고, 단정히 앉아 책을 펼 때에 바로잡지 않아도 의관이 절로 정연해지고, 보기를 단속하지 않아도 절로 의젓해지며, 정신과 기운을 각성시키지 않아도 절로 의젓해져야 한다"(『담헌서』. 외집. 권 1. 항전척독. 답철교서)고 주장한다.

나아가 "아는 것이 많은 것을 자랑하여 뽐내는 사람은 그 재주를

치 사람의 심한 병환을 구함에 황급하고 민망히 여겨 목숨이 끊어지기 전에 낫도록 하는 것처럼 해야 하니 그 뜻이 절실하다"(『성호사설』. 권 23. 四維).

13) 배우는 이의 바람직한 자세에 대하여 후쿠자와 유키치는 다음과 같이 말하고 있다. 즉, "공부를 하는 데는 우선 그 뜻을 고매하게 하지 않으면 안 된다. 밥 짓고 목욕하는 것도 공부요, 천하의 일을 연구하는 것도 또한 공부다. 배움에 가치가 있는 것은 그것을 배우기가 어렵기 때문이다. 그러나 요즘 학생들은 자칫 어려움을 피하고 오히려 쉽게 오르려는 좋지 못한 폐단이 있다 …… 예를 들어 외국학을 공부함에 번역된 책만을 찾아 읽고 또 여기 저기 뛰어 다녀 내외의 뉴스를 주워듣고 요령 좋게 관직에 오르면 저명한 관리가 될 수 있다. 그러나 이러한 풍조가 유행하면 배움의 향상과 진보는 어려워진다"(福澤諭吉, 1993: 135-136).

높이 살 만할 것이 못되고, 낯빛을 바꾸어 가며 의론을 근사하게 하는 사람은 그 배움을 귀하게 여겨줄 만한 것이 못되며, 기교를 부려 기심(機心)을 품은 자는 그 꾀를 기특히 여길 필요가 없다. 오로지 낯빛, 몸의 태도 따위 형식을 버리고 천진난만하게 터놓고 이야기하여 마치 맑은 물이나 밝은 거울을 들여다보면 비치듯 하고 종이나 북을 두드리면 울리듯 하는 것이 바로 배우는 사람의 자세다. 대개 이러한 뒤에라야 재(才), 학(學), 술(術)을 비로소 말할 수 있다"(『담헌서』. 외집. 권 1. 항전척독. 여육소음비서)고 하였다.

그렇다면 우리가 우매함에서 벗어나 고매하면서 진정한 배움을 견지하기 위한 자세로 가지고자 하는 회의, 의심, 호기심의 유용성은 어떠한가? 이에 대하여 담헌은 다음과 같이 말하고 있다. "배움에서 회의(懷疑)하는 것은 피할 수 없는 일이나 이는 공부가 전일하지 못함에서 비롯되는 것이다. 억지로 회의하려 하고 우원(迂遠), 집체(執滯), 천박(淺薄), 조솔(粗率)해서는 진정한 의문이 생기지 않는다"(『담헌서』. 외집. 권 1. 항전척독. 여매헌서).

성호는 신기한 것을 좋아하는 마음을 배움의 자세로 들고 있다. 성호는 송대(宋代) 유학자 윤화정이 "경전(經典)을 말할 때는 신기한 것을 좋아함이 지극히 위험하다"고 한 것에 대하여 적극 반대하였다. 오히려 그는 "정세(精細)를 싫어하고 혼론(渾論)을 좋아하는 누습(陋習)은 그 환(患)이 구신호기(求新好奇)하는 것보다 더 크다"(『성호사설』)고 하였다. 또한 그는 "소의(小疑)는 소진(小進)하고 대의(大疑)는 대진(大進)하며 …… 의(疑)가 없는 것도 의(疑)를 갖고 볼 것이니 의(疑)는 새 것을 좋아하는 것과 크게 다를 바 없다"(『성호사설』) 고 주장하였다.[14] 따라서 호문(好問), 호기(好奇), 호의(好疑) 등은 배움의 가장 근본인 셈이다.

한편 교육의 내용에서 성호는 기왕의 과정(科程: 科擧의 教育課程)에 대해 신랄히 비판하고 있다. 당대의 사람들은 누구나 아주 어려서부터 과정(科程)을 익히기 시작하여 늙도록 계속하니 지식은 보고 듣는 데 국한되고 기량(技倆)은 권투(圈套)만을 익힌다. 성호는 "자질이 우수하고 성품이 영특하여 가르치고 인도하면 선을 행하는 사람으로 만들 만한데 경서(經書)는 덮어 버리고 오로지 아무 짝에 쓸모없는 구굴(久屈: 舊科 혹은 묵은 格式)의 문자만을 배우니 이 어찌 분하고 원통하지 않겠는가?"라 했던 것이다(『성호사설』. 권 8. 科程).[15)]

3) 배움의 기술과 방법: 공부의 전일성(全一性)

시간과 공간을 뛰어 넘는 탈(脫)권위적, 탈(脫)형식적(일종의 구성주의적) 배움의 효율성과 진정성은 올바른 배움의 기술과 방법의 선택에서 비롯된다.[16)] 이에 대하여 담헌은 다음과 같이 설명하고 있

---

14) 이규경은 경사(經史) 편의 『춘추경』을 저술함에 있어 『춘추』의 춘왕정월(春王正月)에 대한 공자의 생각이 곧 술이부작(述而不作: 다만 기술하되 새로이 짓지 아니함)의 의(義)를 실천한 것으로 보고 있는데, 그는 공자가 보여 준 배움의 자세를 견주어 실학이 무조건적 회의주의로 빠질 위험성을 지극히 경계하고 있다.

15) 이러한 그의 원성(怨聲)은 우리의 문화식민주의(文化植民主義)적 학습내용과 태도를 향한 것이었다. 성호는 당시 주요한 교과목들인 '논어, 맹자, 효경, 주역, 시경, 서경, 예기, 주례, 춘추좌씨전, 주설(註說), 제사(諸史), 정주문자(程朱文字)'를 배움은 물론 퇴계집, 동국사 등도 함께 읽음으로써 '민족, 자주, 독립, 개인, 주체' 등의 모던한 이데올로기를 교육내용에 반영해야 함을 적극 주장하였던 것이다.

16) 후쿠자와 유키치에 의하면 배움의 방법에는 여러 갈래가 있다. 그의 설명에 의하

다. "대저 배움은 방법(術)의 선택이 가장 우선하는 문제다. 방법의 선택이 정밀하지 못하면 인의(仁義)를 잘못 배워 애비도 임금도 없는 상태에 이르게 되니 자세히 묻고 밝게 분변하는 것이 가장 우선이다"(『담헌서』. 외집. 권 1. 항전척독. 여철교서). 실학에서 강조하는 배움의 기술과 방법으로는 '실용적 독서,[17] 비판적 사고, 상호 토론, 질의, 진지(進止), 지행합일,[18] 변통' 등이 있다.

면 "학문의 생명은 독서뿐만 아니라 정신의 작용에 있다. 이러한 작용을 활발히 하여 실제로 응용하기 위해서는 여러 가지로 연구하지 않으면 안 된다. 예를 들어 obserbation이라는 것은 사물을 관찰하는 데 있고, reasoning이라는 것은 사물의 도리를 추궁하고 자신의 의견을 세우는 것이다. 그러나 물론 이 두 가지만으로 배움을 다했다고 볼 수는 없다. 이 밖에도 책을 읽고, 글을 쓰고, 다른 사람들과 토론하고, 많은 사람들 앞에서 의견을 발표하지 않으면 안 된다. 이상의 여러 가지 방법을 모두 온전하게 사용해야 비로소 배우는 사람이라 할 것이다. 즉, 관찰, 독서, 추리는 스스로 지식을 구하는 방법이고, 토론은 배움을 사람들과 교환하는 방법이며, 글을 쓰고 연설하는 것은 배움을 다른 사람들에게 전하는 방법이다"(福澤諭吉, 1993: 156-157)라고 하였다.

17) 청장관에 의하면 그것이 유학이든 실학이든 배움의 가장 핵심적인 방법은 바로 독법(讀法)을 통한 비교와 유추의 안목을 터득하는 것이다. 그는 "사람이란 모름지기 종신토록 공부하기를 농부의 마음과 같이 해야 한다. 경서를 공부할 때마다 반드시 자신의 능력을 다하여 철저히 힘써야 한다. 공부하는 방법은 첫째, 경문을 익혀 외울 것이요, 둘째, 여러 사람들의 설을 모두 참고하여 그 같고 다른 점을 분별하고 장점과 단점을 비교할 것이요, 셋째, 정밀히 생각하여 의심되는 것을 풀이하고서도 오히려 감히 자신감을 갖지 말 것이요, 넷째, 밝게 분별하여 그릇된 것을 버리고서도 감히 옳게 여기지 말 것이다. 능히 한 경서에서 문호를 찾아 들어간다면 모든 책이 다 한 방에 있을 것이요, 문호가 다른 책은 유추해서 통할 수 있을 것이다. 배우는 사람들은 이를 공부의 법칙으로 삼아야 한다"(『청장관전서』. 권 27. 사소절. 사전 편)라고 하였다.

18) 지행(知行)에 대한 논의는 배움에 관한 모든 담론에 어김없이 등장한다. 특히 공맹의 호학 공부론과 양명학의 치양지공부론에서도 이미 지행합일, 병진(竝進)은 심도 있게 논의된 바 있다. 특히 공맹학에서의 학행(學行)에 대하여 성호는 다음과 같이 설명하고 있다. "학(學)은 지(知)에 속하고 습(習)은 행(行)에 속한다. 배

성호는 배움의 기술과 방법에 대하여 비교적 상세하고 구체적으로 적시(摘示)하고 있다. 그가 주장하는 참된 배움의 방법은 앞서 논의한 바 있듯이 옛 것에 대하여 항상 진지한 '의구심'을 견지하되 난잡한 변설(辨說)보다는 핵심적 진리를 얻는 데 전념하는 것이다. 그는 비교적 상세하게 배움의 시기, 동기, 진도, 강약 개념도 이미 정립하였다. 성호는 부실기시(不失其時)라 하여 배움의 때를 잃지 않도록 이르고 있다. 이에 대하여 청장관은 "헛되이 세월만 보내서 게으르고 방자하여 배움을 게을리 하는 자는 어리석을 뿐"(『청장관전서』. 권 48. 이목구심서 1)이라 비난했다.

성호는 "소수 이단(異端)에게 유심(留心)하는 것이 정신의 허비요, 무익한 일에 노고하는 것은 근력의 소비요, 세월을 완탐(玩貪)하여 공연히 노쇠하는 것은 연수의 허비다. 학자는 마땅히 진작(振作)하여 때를 항시 잃지 않아야 한다"라고 했다. 그는 이처럼 때를 잃지 않는 배움의 실천으로 '취진(驟進)공부'를 들고 있으며 다음과 같이 자세히 설명하고 있다(『성호사설』. 권 13. 취진공부).

치지(致知)와 함양(涵養)은 두 가지로 병행하는 공부인데 처음 배우는 사람에게는 치지가 우선한다. 왜냐하면 '치지'란 글을 읽어 그 이치를 궁구하는 것인데 이것이 선행되지 않고 오로지 '함양'만

우기만 하고 연습하지 않으면 기쁜 생각이 나는 경지에 이르지 않는다. 이는 마치 고기를 먹을 만하다고 생각하지만 많이 씹은 다음에 입맛이 생기는 이치와 같다"(『성호사설』. 권 21. 논어수장). 청장관은 이에 대하여 다음과 같이 설명하고 있다. "지와 행을 아울러 실천하는 것은 어렵다. 이것은 무슨 까닭인가? 민첩하고 빠른 자는 뿌리가 깊지 못하고 굳고 확실한 자는 끝이 무디다. 그래서 모두가 병통이 있다. 그러나 굳고 확실한 자의 고집과 과단이 민첩하고 빠른 자의 공허와 쓸쓸함보다는 낫다"(『청장관전서』. 권 48. 이목구심서 1).

해서는 공부가 완성되지 않기 때문이다. 성호는 주자가 "사람이 글을 읽음에 있어 완미(玩味)해야 한다는 주장은 태만과 크게 다를 바 없다. 종일토록 노닐면서 그것을 여유라 하면 공부할 뜻이 없는 것"이라고 한 것에 동의하였다.

성호는 공부에서 취진(驟進) 두 글자야말로 가장 적확한 말로 여기고 누구나 공부를 할 때는 인정사정없이 혹독해야만 한다[19] 고 말한다. 정신이 지치고 기운이 피로하면 그제야 휴양에 들어가야 한다. 잡념이 사라지고 몸과 마음이 전일해지면 이미 배운 것은 확고해지고 확실히 배우지 못한 것도 잊혀지지 않다가 자기도 모르는 어느 때 문득 깨닫게 되는 것이다.

성호는 "무릇 학문하는 데는 연속되는 공부를 중히 여겨야 한다. 혹여 한 번이라도 중단이 있게 되면 정신이 새어나고 성의(誠意)가 흩어질 것이니 벗끼리 서로 도와주는 것보다 나은 것은 없다"(『성호사설』, 권 7. 서독승면론)라고 말했다. 또한 그는 퇴계가 "의심나고 어려운 것에 대하여 서로 만나서 질문하고픈 마음이 있지만 만나고 나면 설명하지 못하고 마음과 입이 협응하지 않는 경우가 있는데 이때는 의문 난 것을 뽑아 기록하여 친구에게 물어 전일한 마음으로 자세히 상고(詳考)하는 것이 유의하다"라고 한 것에 대하여 전적으로 동의하고 있다.

왜냐하면 대개 말이란 하기 쉬우나 흔적이 없고, 편지란 세심하게

---

19) 이는 마치 우리가 큰 돌을 굴리기 위해서 매일 똑같은 힘의 세기로 떠밀어서는 안 되는 것과 같다. 날마다 그 힘의 세기가 강해져야만 마침내 큰 돌을 굴릴 수 있는 이치와 다름없다. 이것이야말로 공부의 절도인 셈이다. 예를 들어 글을 읽음에 처음 읽어 깨닫지 못한 곳은 더 많은 노력, 곧 백 번을 읽어서라도 깨쳐야 한다.

생각해서 상고함이 있으므로 배움의 깊은 경지에 이를 수 있기 때문이다. 나날이 의문 나는 것을 모아 문자로 만들어 서로 되풀이하여 토론하면 무한한 배움이 열리게 되는 것이다.

배움을 좇는 지인과의 토론을 통한 배움의 유용성[20]에 대하여 담헌은 다음과 같이 말하고 있다. 즉, "내가 평생 동안 스스로 노력하는 것도 재(才), 학(學), 술(術)을 도모함에 있고 친구에게 요구하는 것도 또한 여기에 있다. 대저 이와 같은 사람은 비록 책 속에서 발견한다 하더라도 또한 존숭하여 벗을 삼아 서로 감동하게 되는 것인데 …… 선비가 세상에서 참으로 학업을 닦고 행실을 연마하려 한다면 독학(獨學)으로만 이룰 수 없는데 좋은 사우(師友)를 만나 지기(知己)로 허락하는 것은 이루 말할 수 없는 기쁨이다"(『담헌서』. 외집. 권 1. 항전척독. 여육소음비서).

한편 청장관은 배움의 효율적인 방법으로 '책을 베끼는 것'과 '비유를 들어 이치를 깨닫는 것'을 거듭 강조하고 있다. 그에 의하면 "무릇 글이란 눈으로 보고 입으로 읽는 것이 결국은 손으로 한 번 써 보는 것만 못하다. 대개 손이 움직이면 반드시 마음이 따르는 것이므로 배우는 중에 같고 다른 점을 살피고 옳고 그른 점을 판단하여 그 의심나는 점을 기록한 다음 그에 대한 변론을 붙인다면 배움의 개발됨이 더욱 깊고 견고해질 것이다. 그리하여 많은 이들이 그 자녀나 제자들에게 책 베끼기를 권면하는 이유가 바로 여기에 있

---

20) 이에 대하여 율곡은 다음과 같이 설명하고 있다. 즉, "같은 소리는 서로 응하게 되고 같은 기질은 서로 찾게 된다. 만일 내가 배움에 뜻을 두었다면 내 마음은 반드시 배움을 좇는 사람을 찾게 마련이고 배움을 좋아하는 사람은 반드시 나를 찾게 될 것이다"(『격몽요결』).

다"(『청장관전서』. 권 27. 사소절. 사전 편)고 하였다.

한편 비유의 유용성에 대하여 그는 다음과 같이 말하고 있다. 즉, "사람의 몸에 관한 글자를 갖고 물건의 형상을 비유하는 것이 심히 서로 맞을 것 같지 않지만 모두 전아(典雅)하여 재미있는 배움의 거리가 될 만하다"(『청장관전서』. 권 53. 이목구심서 6).

이상의 논의를 종합할 때 실학사상에서 추구하는 배움 기술의 핵심은 그것이 텍스트 기반이든 아니든 간에[21] 바로 배움의 전일성에 있다. 여기서 배움의 전일성이란 청장관의 표현처럼 '이목(보고 듣고)-구(토론하고)-심(생각하고)-서(읽고)를 통한 전일적인 배움, 즉 글(書)과 마음(心), 몸(身)과 마음(心), 독(讀)과 견(見), 봄(見)과 앎(知), 앎(知)과 행(行)함, 물(物)과 아(我)가 서로 일치되어 일어나는

21) 한편 실학의 배움론에서 서적(text)에 대한 이해는 어떠한가? 탈(脫)인문주의는 기본적으로 텍스트기반의 학습상황을 부정한다. 그러나 성호의 논의를 가만히 살펴보면 반드시 그런 것만은 아니다. 성호는 '경완서적'(敬玩書籍)이라 하여 서적을 사랑하고 공경할 것을 요구한다. 성호는 범희문(范希文)이 스스로 책 사랑하기를 재물만큼 못한 것을 탄식한 것에 대하여 칭찬하면서 "책은 읽어서 사람의 의지에 유익하게 하는 것이니 곧 엄한 스승이다. 어찌 만홀(漫忽)히 여길 것인가"라며 (『성호사설』. 권 23. 경완서적) 서적의 유용성을 부정하지 않았다. 나아가 그는 "배움이란 사색하는 것만 같은 것이 없고, 얻음이란 책만 한 것이 없으니 사색하여도 얻지 못하면 오직 책이 스승이 되는 것이다. 밤에 사색하여 얻지 못하였을 때에는 분비(憤悱 : 분은 마음으로 통하려 해도 안 된다는 의미이고, 비는 입으로 표현해도 되지 않음을 의미한다)하다가 해가 돋은 뒤에 책을 대하면 그 즐거움이 어떠한지 알 수 있을 것이고, 낮에 얻지 못하였을 때는 생각나는 대로 책을 본다면 얻어지지 않는 것이 없을 것이다"(『성호사설』. 권 17. 老而好學). 이에 대하여 담헌은 "독서란 기송(記誦)으로부터 출발하며 글을 읽을 때는 착란(錯亂)하지 말아야 하고 중복하지 말아야 하며 급하게 읽어서는 안 된다. 무릇 글을 볼 때는 묵송하면서 그 뜻을 완색(玩索)하되 주석을 참고하며 몸과 마음을 전일하게 갖고 궁구해야 한다. 한낮 보기만 하고 마음에 두지 않으면 아무런 이익이 없다"(『담헌서』. 외집. 권 1. 항전척독. 여매헌서)고 동조한다.

현상'을 이른다.[22] 궁극적으로 일치된 배움의 경험은 반드시 징험(徵驗)으로 확인되는 법이다.

3. 생각할 거리: 실학 배움론의 현대적 함의

일본 에도시대 널리 읽혔던 교양서 중에 『실어교(實語敎)』가 있는데 '사람이 배우지 않으면 지혜가 없고 지혜가 없는 자는 어리석은 사람'이라 함으로써 선인(善人)과 악인(惡人)의 구분은 물론이려니와 신분의 귀천과 빈부의 차도 배움의 유무에서 비롯함을 잘 보여주고 있다(福澤諭吉, 1993: 19).

그러나 여기서 말하는 배움이란 전통적 사유 기반의 단순한 인문학적 소양이 아니라 생활인으로서 살아가기 위한 지식, 기능, 자세 등을 두루 몸으로 익힘(體現)을 이른다. 이에 대하여 청장관은 "책만 많이 읽고 생각을 적게 하며, 말이 간결하나 취미(趣味)가 없는 사람은 헛된 이름이 다(多)자와 간(簡)자 때문에 붙여진 것"이라고

---

22) 청장관은 이에 대하여 다음과 같이 설명하고 있다. "구름을 보고 깨끗하고도 막힘이 없는 까닭을 생각하고, 물고기를 보면 물속에서 헤엄치고 잠겨 있는 까닭을 생각해야 한다. 우리가 (배움의) 생각을 항상 활발하고 관대한 데 두어서 나의 막힌 곳을 통하게 하는 것에(變通) 오로지 힘써야 하는데 왜냐하면 다만 글을 두루 섭렵하여 많이 읽기만 할 뿐 연구하지 않으면 막히고 고루해지는 병통(病痛)이 있기 때문이다"(『청장관전서』. 권 50. 이목구심서 3). 또한 "이목(耳目)으로 항상 보는 것만 가지고 조물(造物)의 일을 고집스럽게 의논하는 것은 고루하게 되기 때문이다"(『청장관전서』. 권 48. 이목구심서 1). 이러한 청장관의 주장은 배움의 전일성이라는 측면에서 곰곰이 새겨들어야 할 것이다.

설명한다(『청장관전서』. 권 50. 이목구심서 3).

1) 바른(참된) 배움 vs. 거친(거짓) 배움

청장관은 우리가 옛 사람의 글을 배우는 데 있어서 그 배운 바를 몸소 실천하는 것을 공부의 근기(根基)로 삼아야 한다고 주장한다(『청장관전서』. 권 5. 영처잡고. 무인편). 나아가 그는 "글을 읽을 때는 반드시 나중에 그 읽은 바대로 실행할 것을 다짐하면서 읽어야 하며 허울좋은 독서가 되지 않아야 부끄러움이 없을 것이다. 그럼에도 날로 부끄러움이 더해 간다면 제대로 배운 것이 아니며 또한 사람이 바르게 되지도 못함이요, 다만 글자만 배웠을 뿐"(『청장관전서』. 권 48. 이목구심서 1)이며, 또한 "세속에서 벗어난 학자는 일마다 옛 것을 따르려 하고, 세속에 흐르는 사람은 일마다 지금을 따르려 하는데 이는 모두 극단적이게 되어 중도(中道)를 얻을 수 없다. 옛 것을 참작하고 지금을 헤아리는 좋은 방도는 얼마든지 있으니 배우는 자가 중정(中正)한 배움을 하는 것은 아무런 해가 없다"고 했다(『청장관전서』. 권 5. 영처잡고. 세정석담).

또한 그는 "옛 글을 배우되 거기에 고착한다면 참된 배움이 아니요, 고금(古今)을 참작해야 오늘날의 참된 옛 글이 되는 것"(『청장관전서』. 권 27. 사소절. 사전 편)이라 하여 바른 배움의 원칙을 규정하였다. 또한 "예전 사람의 법도에 구속되는 것도 옳지 않고 모두 버리는 것도 옳지 않다. 스스로 잘 해석하고 환히 깨닫는 법이 있으니 사람마다 잘 터득하는 여하에 있을 뿐"(『청장관전서』. 권 48. 이목구심서 1)이라 하였다. 궁극적으로 "글을 읽고 몸을 닦는 데 만일 표준이 없으면 족히 그 효험을 보지 못하는데"(『청장관전서』. 권 27. 사소절. 사전 편)에서 그가 말하는 '표준'이란 곧 바른 배움 혹은 참된 배움의 준적(準的)으로 볼 수 있다. 결국 실학의 배움론에 의하면 인문주의에 바탕을 둔 배움의 수단으로서 경서(經書)는 오로지 실용적, 현재적, 개인적 가치에 의하여 가늠될 뿐이다.

한편 성호는 "어려서 배움이란 커서 행하기 위함이며 이를 위해서는 글 읽는 것만 같은 것이 없다. 성현의 글을 읽고 의리를 추구하는 사람이라면 누구들 다소의 견득(見得)이 없을까? 그러나 현달하여 벼슬한 자로서 평생에 배운 바를 그대로 시행한 자가 있다는 것을 듣지도 보지도 못했다"(『성호사설』. 권 20. 讀書仕宦)라고 역설한다. 이러한 청장관과 성호의 배움론은 과연 무엇을 말하고자 함인가? 아마도 입신을 위한 형식적 배움의 무용론이 아닐까?

청장관의 참된 배움론은 이미 성호의 '바른 배움'에 의하여 개진된 바 있다. 성호는 "경서를 보는 데는 비록 정훈(定訓)을 굳게 지키는 것이 합당할지라도 이리저리 생각하고 널리 구해서 결국 바른 데로 돌아가야만 깊이 있게 깨달았다 할 수 있을 것이고 그렇지 않으면 혹 입으로 지껄이고 귀로 듣기만 하는 거친 배움을 면키 어려울 것"(『성호사설』. 권 21. 논어수장)이라 했으며 청장관은 "미친 듯이 외치고 큰 소리를 질러서 사람을 복종시킬 수 없듯이 거칠게 책을 읽고 잡스럽게 낭송하는 것은 배움에 아무런 소용이 없다"(『청장관전서』. 권 50. 이목구심서 3)라고 했던 것이다. 이처럼 입신출세와 거리가 먼 문화교양으로서의 배움에 대한 아이디어는 다산과 청장관 그리고 담헌의 다음과 같은 주장 속에 함축적으로 담겨 있다.

다산은 "대저 시골 유사(儒士)가 글공부를 하는 것은 과거를 해서

제 몸을 일으키거나 혹은 글을 팔아서 제 집을 넉넉하게 하기 위함 일 뿐"(『경세유표』. 권 15. 춘관수제)이라 하였다. 이에 대하여 청장관은 "과거(科擧)를 위한 학문이 나온 뒤부터는 오로지 헛된 것을 숭상하게 되어 참된 배움이 없어졌다"(『청장관전서』. 권 48. 이목구심서 1)라고 했으며, 담헌은 "거업(擧業: 오로지 과거만을 위하여 하는 공부)이란 비록 면치 못할 것이나 또한 공부를 대강 이루면 그만 두어야 한다. 정신과 힘을 다하여 반드시 얻기를 기대하면서 실학(實學)을 방해할 필요는 없다. 세력 다툼의 옳지 못한 길에서 명예를 구하는 것은 더러움이 도둑보다 더 심한 것이니 절대로 경계해야 할 일이다"(『담헌서』. 내집. 권 3. 자경설)라고 말하였다.

또한 그는 "무릇 성현의 언어를 볼 때에는 그것을 내 몸에 돌이켜 어떻게 적응해 나가야 하는지에 대해 변통방법을 구해야 하며 부러운 생각으로 따르려 하며 마음속으로 깊이 느끼고 절실하게 생각하여 마치 바늘로 몸을 찌르는 것같이 해야 한다. 이와 같지 않으면 모두 거짓 배움이 되는 것"(『담헌서』. 외집. 권 1. 항전척독. 여매헌서)이라 주장했던 것이다.

담헌의 주장과 마찬가지로 성호는 배움의 진정성을 잃고 오로지 성취만을 바라면서 글을 읽는 것은 아무리 노력해도 소득이 없다고 주장한다. 그는 "거업(擧業)하는 자는 입술이 썩고 치아가 문드러질 지경에 이르러도 읽기를 멈추기만 하면 캄캄하기 때문에 마치 소경이 희고 검은 것을 말하면서도 그 희고 검은 것을 알지 못하는 것과 크게 다를 바 없으며 그가 말하는 바가 귀로 들어와서 입으로 나오는 것에 불과하다"(『성호사설』. 권 13. 유구독서)라고 주장한다.

성호는 "송대(宋代) 이후에 전심(轉深) 전은(轉隱)하여 일자(一字)

양자(兩字)의 뜻을 탐구 검토하여 변설이 서협(書莢)에 가득 차니 사람이 골몰하고 또는 알아보기에 급하고 실행에는 늘어지게 되니 성인이 말한 바 여력이 있거든 학문을 배우라는 교훈에는 기상(氣像)이 맞지 않는다"(『성호사설』)라고 주장하였다. 또한 그는 당대의 선비들이 오로지 경서 공부에 치중한 나머지 풍습에 소활하여 주변의 자질구레한 일에 세밀하지 않았던 점에 대하여 게의 암수를 구별하는 우화(寓話)를 들어 설명하고 있다[23](『성호사설』. 권 7. 해자웅).

성호는 젊은 선비들이 여러 가지로 영리하여 문학 공부에는 힘쓰지 아니하고 치사한 공리(功利)나 자질구레한 일에 모르는 것이 없어서 밤낮으로 모색하는 일이 이해에 관계되는 것이니 장차 세도(世道)가 투박해질 것은 뻔하다고 했다. 그러나 그는 사물에 해박한 사람이야말로 자질구레한 것들을 능히 식별할 수 있으며 사람들은 이를 비난해서 안 된다고 생각했다. 이처럼 거친 배움으로서의 인문교양의 한계에 대한 바른 배움으로서의 문화교양의 가능성과 당위성을 성호는 이미 간파했던 것이다.

2) 위학치생(爲學治生): 그 허와 실

주자학의 학풍에서 배움의 이데아는 절대적으로 거업(擧業)에 구속되어 있었다. 그리하여 개인이 수행한 배움의 질과 양은 오로지

23) 많은 사람이 게의 암수를 엄지발, 껍질, 무릎, 눈 등으로 구분하는데 오로지 성호는 광아(廣雅)라는 책을 인용하여 "게는 수놈을 낭의라 암놈을 박대라 하는데 배꼽이 둥근 놈이 암컷이고 배꼽이 뾰족한 것은 수놈"이라 하였다.

그 거업의 성취에 의하여 드러날 뿐이었다. 물론 이러한 거업을 멀리하고 경학(經學)의 배움에 매진한 거유(巨儒)들도 적지 않다. 그러나 유학자들은 대부분 '위학치생' 하지 않았다. 이에 대하여 성호는 "요즘 세상의 훌륭한 선비들이 한결같이 문학공부에만 뜻을 두고 집안 살림살이를 버려서 어떻게 수습할 수 없는 지경에 이르러 비록 후회하나 미칠 수 없다"(『성호사설』. 권 7. 위학치생)라고 하였다.

'위학치생' 이란 근본적으로 누구나 배움을 행하려면 집안 살림도 함께 잘해야 함을 이른다. 경서(經書)나 주자학에 금고(禁錮)된 군자들은 오로지 학문에 힘쓰지 못함을 걱정할 뿐 집안 살림을 잘하지 못하는 것을 걱정하지 않는다. 허형은 "학문을 하는 사람은 살림을 잘 하는 것이 가장 급선무가 된다. 생활이 어려워지면 공부에 방해가 된다. 선비는 마땅히 농사로 생활대책을 하여야 하며, 장사꾼은 비록 말리(末利)에 좇는 것이 되지만 의리를 잃지 않게 처신한다면 나쁠 것이 하나도 없다"(『성호사설』. 권 7. 위학치생)라고 했으나 이에 대하여 왕양명은 완강하게 비판했고 성호도 양명의 입장을 옹호했다. 즉, "배우는 것이 비록 살림에 의뢰하지만 만일 살림으로써 급선무를 삼는다면 이는 옳지 않다"(『성호사설』. 권 7. 위학치생).

그러나 성호는 이에 대하여 다음과 같이 자문(自問)한다. 배움과 살림이 마치 음과 양, 주(晝)와 야(夜)처럼 결코 양립할 수 없다는 논리는 타당한가? 공자가 안연에게 "도(道)에 가까우며 여러 번 끼니를 거른다"고 하였는데(『논어』. 안연 편) 과연 생활과 유리된 배움의 행위는 유익한가? 가난한 선비들은 배우고자 해도 언제나 기본적인 의식주 문제에 구애되어 그 배움을 다하지 못했다. 맛있는 음식을 먹지 못하고 육신의 곤고(困苦)함이 먼저 침노하는데 어떻게 배움에 정신을 집중할 수 있겠는가?

성호는 도처에서 발견되는 선비들의 비참한 생활상에 탄식하였다. 청장관도 이에 동의했지만 다음과 같은 관점으로 다소 위안을 삼았다. 즉, "궁(窮)한 사람이 글을 많이 저술하나 지나치게 궁한 자는 차마 글도 전하지 못한다. 그러나 저술한 것이 후세에 그 뜻을 알아주는 사람을 만나면 궁함 속에서도 통(通)함이 있는 자다"(『청장관전서』. 권 53. 이목구심서 6).

성호는 이르기를 "독서하여 도(道)는 통달하면서도 치평(治平)의 기술에 어두우면 그 『대학』은 무엇 하는 것이며, 『시전』(詩傳)은 잘 외우면서 사방의 민간사정을 통하지 않으면 그 무엇에 쓸 것이며, 선비가 집에만 틀어박혀 손으로 경가(耕稼: 손으로 곡식을 심음)하지 못하고, 입으로 자산(資産)을 말하지 않고, 부모처자가 굶고, 하인들이 이산(離散)하면 그 배움은 무슨 소용이 있겠는가? 이는 정교(政敎)에 있어서도 매양 마찬가지"(『성호사설』)라고 했던 것이다.

한편 청장관은 "잡서 가운데서 의서(醫書)가 수만 권이 넘어도 사람마다 제 병을 스스로 치료하지 못함은 우리의 배움이 자연스럽고 전일하지 못하기 때문"이라고 주장하였다(『청장관전서』. 권 48. 이목수심서 1). 또한 "의서(醫書)를 읽어 사람이 (하늘의) 기운을 받아 형체가 구성된 것과 피부, 뼈, 살, 골수, 근육, 터럭, 맥, 내장이 어디로부터 나와 비소로 사람이 된 것을 바르게 배우게 되면 사람들은 비로소 모두 효자가 될 것"이라 했다(『청장관전서』. 권 49. 이목구심서 2).

나아가 그는 "사람들이 재리(財利)에 급급한 것은 자신의 성명(性命)을 보존하기 위함이다. 그러나 또한 이 성명을 버릴 정도로 재리에 급급해서는 안 되며"(『청장관전서』. 권 50. 이목구심서 3) 또한 "행실은 항상 상층(上層)을 밟을 것을 생각하고 생활하는 데는 항상 하층에 처할 것을 염두에 두어야 한다"(『청장관전서』. 권 50. 이목구심서 3)고 함으로써 위학과 치생의 관계를 잘 드러내고 있다.[24] 그리하여 성호와 청장관은 우리들로 하여금 치생과 괴리된, 다시 말해 전일성을 상실한 위학(배움 행위)을 다시 한 번 곰곰이 생각하게 만든다.

3) 모던한 배움: 배움의 전일성(holism)

성호는 "배움에는 몸으로 하는 것과 마음으로 하는 것이 있는데 배움이라면 모두 행(行)이라고 할 수 있다"고 했다. 또한 그는 "마음과 입의 균형을 맞추는 것이 곧 배움"이라고 했다(『성호사설』. 권 7. 서독승면론). 이에 대하여 지봉은 "배움이란 오직 지(知)와 행(行)이라는 두 글자에 있을 뿐"이라고 했다(『지봉유설』. 유도부. 학문). 한편 청장관은 이처럼 몸과 마음을 통하여 행(行)하는 공부의 바람직한 자세를 다음과 같이 설명하고 있다.

즉, "마음 밝히기를 거울같이 하고 몸 규제하기를 먹줄같이 해야 한다. 거울을 닦지 않으면 먼지가 끼기 쉽고 먹줄이 바르지 않으면

---

24) 이는 다음의 예화(例話)를 통하여 더욱 사실적으로 생각해 볼 수 있다. 청장관은 우리가 마땅히 사랑해서는 안 될 것을 사랑하여 그 정당함을 얻지 못하는 것은 어리석음 때문이라 여겼다. "한 소년이 비둘기를 사랑하여 늘 마음에 품다가 어느 날 개에 물려 죽게 되자 눈물을 흘리며 매우 슬퍼하였다. 소년은 곧 비둘기 털을 뽑고 그것을 구워먹을 생각을 하니 슬픈 생각이 들었다. 그러나 비둘기 고기가 맛이 있다고 생각을 했다. 이것은 인자함인가? 욕심인가? 다만 어리석을 뿐이다"(『청장관전서』. 권 50. 이목구심서 3).

나무가 굽듯이 마음을 밝히지 않으면 사욕이 절로 가리우고 몸을 규제하지 않으면 게으름이 절로 생기므로 몸과 마음을 다스리는 데 마땅히 거울처럼 닦아야 하고 먹줄처럼 곧게 해야 한다"(『청장관전서』. 권 5. 영처잡고. 무인편).

율곡에게 구용(九容)과 구사(九思)는 결코 다른 것이 아니라 오직 하나이며, 또한 이에는 선후본말이 있을 수 없다. 율곡의 아이디어를 충실히 계승한 성호에 의하면 우리는 이처럼 겉과 속을 모두 다 같이 수양해야 하지만 속을 더 중시해야 한다. 그러나 "속이란 것은 곧 마음이며, 마음이란 형상이 없어서 쉽게 잡아 지킬 수 없는 까닭에 공자는 제자 안연에게 시(視), 청(聽), 언(言), 동(動)을 배움에 진력하도록 하였다. 시, 청, 언, 동은 겉으로 하는 행동이다"(『성호사설』. 권 20. 사물잠).

그리하여 이정(二程)은 사물잠(四勿箴)을 지어 스스로 배움의 좌표로 삼았다. 그것은 첫째, 시잠(視箴)에서 보는 것을 법으로 삼는다. 둘째, 청잠(聽箴)에서 간악한 생각을 버리고 마음을 바로 길러야 한다. 셋째, 언잠(言箴)에서 말을 할 때는 조급하고 망령됨을 금해야 한다. 넷째, 동잠(動箴)에서 옳은 행동을 반드시 지켜 나가야 한다고 했다. 주자는 '경재잠'(敬齋箴)에서 '겉과 속을 서로 바르게 해야 한다'는 포괄적인 배움론으로 종결지었다.[25)]

---

25) 그러나 이러한 포괄성에도 불구하고 주자학에서 정심(正心), 거경(居敬), 궁리(窮理), 성의(誠意), 수신, 함양 등의 공부론은 마음으로써 몸을 다스리는 발심지신(發心持身)의 이데아를 근본으로 한다. 또한 여기서 각각의 공부를 분리한 후 그 정치(政治)성을 논하거나 논할 수도 있다(이에 대한 논의는 여기서 다루지 않기로 한다).

공자의 행 공부, 정자의 '사물잠', 주자의 '경재잠'은 "우리가 겉을 바르게 하면 역시 속도 바르게 된다"는 성호의 생각과(『성호사설』. 권 20. 사물잠), 청장관의 수육(受肉)론에 의하여 실학의 전일적 배움론으로 완성되어 나갔다.[26] 성호와 청장관은 공자, 정자, 주자 등의 마음공부를 적극 수용함은 물론 자신만의 이론으로 재구성하고 있다. 따라서 실학의 배움론은 결코 이러한 마음공부를 경시하지 않았다. 이에 대하여 성호는 다음과 같이 설명하고 있다.

> "그러므로 배우는 자는 반드시 마음을 크게 가져야 한다. 마음이 커지면 만물의 이치를 다 통하게 되나 반드시 궁리공부가 있어야 마음이 커진다. 또한 모름지기 마음을 작게 가져야 하는데, 반드시 함양공부가 있어야 마음이 작게 되어 모든 일이 광망(狂妄)한 지경에 이르지 않을 것이다"(『성호사설』. 권 10. 심대심소).

---

26) 그는 전일적인 몸 공부에 대하여 다음과 같이 간명(簡明)하게 잘 설명하고 있다. "하늘이 우리에게 귀, 눈, 입, 코, 사지, 백해(百骸)를 준 것이 어찌 우연이겠는가? 그 받은 것을 마땅히 어떻게 해야 하는가? 귀는 마땅히 들어야 할 것들을 듣고, 눈은 마땅히 보아야 할 것을 보고, 입은 마땅히 말해야 할 것을 말하고, 코는 마땅히 냄새 맡아야 할 것을 맡고, 사지나 백해는 모두 마땅히 동(動)하고 정(靜)해야 할 때 동하고 정해야 한다. 마땅함이란 당연함이니 의(宜)를 이른다. 천리를 잃지 않는 것을 의라고 하니 우리가 하늘에서 받은 것이 어찌 우연이겠는가? 듣고, 보고, 말하고, 냄새 맡고, 움직이고, 고요함에 만일 불행하게도 그 마땅함을 상실한다면 이는 천리를 잃음이요 이미 천리를 잃었다면 고개를 들어 하늘을 쳐다보고서 어찌 마음에 두렵고 부끄럽지 않겠는가? 나는 밤낮으로 그 마땅함을 생각하여 보았는데 마땅함이란 배움보다 더한 마땅함이 없다. 혹 나의 조금도 이지러지거나 잘못됨이 없이 완비한 귀, 눈, 입, 코, 사지, 백해를 가지고 배운다고 이름 하면서 마땅히 배우지 않을 것을 배운다면 이는 도리어 당초에 배우지 않은 것만 못하니 비록 배웠다고 말하지 않더라도 이는 옳은 일이다"(『청장관전서』. 권 4. 영처문고. 학설).

그럼에도 불구하고 대체로 실학의 배움론은 마음공부의 발원을 몸가짐에 두고 있다(發身至心). 여기서 몸가짐은 신체와 정신을 전일적으로 통합하는 개념으로서의 '몸'이다. 담헌은 "정숙하게 앉는 것은 공부함에 가장 중요한 것이다"(『담헌서』. 내집. 권 3. 자경설)라 했다.[27]

또한 그는 "대체로 집안, 나라, 천하는 말(末)이고 몸(本)은 본이다. 본이 어지러우면 말도 어지럽게 된다 …… 뜻을 성실하게 하는 것은 몸을 성실하게 하는 요체다. 뜻을 성실하게 해서 몸을 성실하게 하면 마음이 바르게 되고 몸이 닦아져서 명덕이 밝아질 것"(『담헌서』. 내집. 권 1. 소학문의)이라 했다.[28]

여기서 '뜻'은 몸과 마음이 분리되지 않은 상태로 몸과 마음을 아우르는 '몸'(mom)으로 이해해야 할 것이다. 청장관은 호자(胡子)의 말을 인용하면서 학문이란 해박(博)해야 하고 결코 잡되어서는 안 되며, 요약(約)해야 하고 비루해서는 안 됨을 강조했다. 해박과 요약은 잡됨과 비루함 두 가지의 치우친 폐단을 구제하게 되므로 배우는 사람들은 늘 이 말을 외우고 있어야 한다고 했다(『청장관전서』. 권 5. 영처잡고. 세정석담).

---

27) 담헌은 『임하경륜』에서 "사람을 다스리려면 먼저 그 몸을 닦아야 하고 몸을 닦은 자는 먼저 그 마음을 다스려야 하니 이것은 육경(六經)의 요지"라 했다.

28) 담헌은 "학문을 하여 마음이 바르고 마침내 몸이 닦아짐에 이르면 공부가 극(極)에 이르러 이미 그 시초를 회복한 것이니 가제(家齊) 이하는 다만 이를 들어 베풀 따름이다. 만일 수제치평(修齊治平)한 뒤에야 그 시초에 돌아갈 수 있다고 하면 이는 몸 닦은 뒤에 다시 그 시초로 돌아가는 일을 해야 하는 것이고 나라를 다스리고 천하를 평하지 못한 자는 마침내 그 시초에 돌아갈 수 없다는 것이니 어찌 이런 이치가 있겠는가?"(『담헌서』. 내집. 권 1. 소학문의)고 묻고 있다.

4. 다시 실학으로부터

실학은 전통유학이나 주자학과 결코 대립하지도 않으며 아예 다른 새로운 학풍도 아니다. 다만 인문학에서 자연학으로 배움의 중심을 전향시켰을 뿐이다. 특히 배움론은 더욱 그렇다. 독서, 박학, 박식, 다문 등의 배움론은 이미 공자, 정자, 주자, 퇴율 등이 논의한 바 있고 이는 실학의 배움론으로 전승된 것이다. 다만 그 박학, 독서의 대상과 방법이 자연과 실용으로 변용되었을 뿐이다. 예를 들어 담헌은 전통적인 방법과 새로운 방법을 조화시키는 공부 방안을 궁구, 실천했다. 즉, 그는 정신(精神)적 측면에 집중하는 전통적 독법(讀法)에 영성(靈性)적 측면을 동시에 작용시키는 전일적인(holistic) 배움의 방법을 주장했다.[29)]

따라서 실학의 학설(배움론)은 전통적인 배움론의 외연적 확대 혹은 생각의 진화이며 배움의 담론을 풍성하게 만드는 또 하나의 생각이었다. 근본적으로 배움론은 방법론적 복수주의를 바탕으로 한다. 각각의 것들 간에 우열(優劣), 고저(高低), 상하(上下), 선후(先後)는 합당치 않다. 우리는 실학의 학설로부터 또 다른 배움의 담론을 담

---

29) 독서의 유용함에 대하여 청장관은 다음과 같이 자설(自說)하고 있다. "광박(廣博), 정미(情微)하여 옛 일에 통달하고 뜻과 재주에 도움이되는 점은 관계하지 않는다. 첫째, 굶주린 때 책을 읽으면 그 이치와 취지를 잘 맛보아 배고픔을 잊고, 둘째, 추워질 때 책을 읽으면 기운이 유전(流轉)하여 몸 안이 편하여 추위를 잊고, 셋째, 근심과 걱정으로 괴로울 때 책을 읽으면 눈은 글자에, 마음은 이치에 집중하여 근심이 사라지고, 넷째, 감기를 앓을 때 책을 읽으면 기운이 통하여 기침이 그친다"(『청장관전서』. 권 50. 이목구심서 3).

금질하거나 그것과 대결함으로써 오늘날의 시대정신과 상황에 걸맞고 '학습의 인간화'를 지향하며 지속가능한 가치에 기반한 배움론을 수립할 수 있을 것이다. 이것이 실학의 학설이 우리에게 남겨 준 소중한 유산(有産)이다.

참고문헌

『격몽요결』, 『경세유표』, 『곽우록』, 『근사록』, 『기학』, 『논어』, 『담헌서』, 『맹자』, 『북학의』, 『성학십도』, 『성호사설』, 『오주연문장전산고』, 『예기』, 『인정』, 『전습록』, 『주자어류』, 『청장관전서』, 『추측록』

박희병 편역(1998). 선인들의 공부법. 파주: 창작과 비평사.

신창호(2003). 인간, 왜 가르치고 배우는가. 일산: 서현사.

신창호(2004). 공부, 그 삶의 여정. 일산: 서현사.

신창호(2005). 수기, 유가 교육철학의 핵심. 서울: 원미사.

안대회(2007). 선비답게 산다는 것. 서울: 푸른 역사.

유원동(1984). 한국실학개론. 서울: 정음문화사.

정성철(1989). 실학파의 철학사상과 사회정치적 견해. 서울: 한마당.

주칠성(1996). 실학파의 철학사상. 서울: 예문서원.

최동희(1988). 서학에 대한 한국 실학의 반응. 고려대학교 민족문화연구소.

최중석 역주(1998). 심경부주. 서울: 국학자료원.

한국교육학회 교육사연구회(1989). 한국교육사상가평전(한국편). 서울: 교학연구사.

한국사상사연구회 편저(1996). 실학의 철학. 서울: 예문서원.

한형조 외(2004). 유교의 공부론과 덕의 요청. 서울: 청계.

황금중(2000). "주자의 공부론 연구". 연세대학교 대학원 박사학위논문.

小川晴久 저. 하우봉 역(1995). 한국실학과 일본. 서울: 한울아카데미.
福澤諭吉 저. 엄창준 외 공역(1993). 학문을 권함. 서울: 지안사.
張豈之(1991). 儒學, 理學, 實學, 新學. 陝西: 人民出版社.

Cubberly, E. P. (1920). *The History of Education*. Cambridge: The Riverside Press.
Locke, J. 저. 임채식, 강진영 공역(1995). 미래를 위한 자녀교육. 파주: 양서원.
Monroe, P. (1907). *History of Education*. New York: Macmillan Co. reprinted in 1969.
Oryshkewych, O. E. (1982). *The History of World Education*. Washington D.C.: St. Josaphats Pedagogical Institute & Seminary.

제5장

기학(氣學): 생존에서 생명으로

조선조 최고의 저술가로 평가되는 혜강 최한기(崔漢綺. 자는 芝老, 芝蚑, 호는 惠岡, 明南樓, 1803~1877)는 우리나라 사상사에서 크게 두 가지 점이 두드러지는 철학자 겸 과학자이다. 첫째, 장횡거, 왕부지, 김시습, 서경덕, 임성주 등으로 대표되는 기일원론(氣一元論) 철학의 전통을 계승, 집대성한 점으로, 그의 해박한 유물론은 근대 자연과학에 터한 과학철학적 사유의 경지에서 비롯된다.

둘째, 그는 진보주의 역사관의 소유자로서 '세계와 인간의 식견은 지속적으로 발전한다' 고 여겼으며, 이를 바탕으로 우리나라 실학사상과 개화사상의 가교역할을 수행하였다. 혜강의 과학적, 철학적 사유범위는 가히 모든 학문영역을 망라한다고 보아도 무방할 정도로 폭넓다.

초기의 그의 인식관심은 주로 자연과학분야에서 출발하였지만 점차 인식론, 변증법, 논리학, 심리학, 교육학 등에까지 그 탁월한 사색이 확대되어, 후기에는 『기학』(氣學)에서 나타나는 바와 같이 자기철학의 논리적 체계에 따라 독자적인 사상을 전개하고 있다. 특히 후기에는 교육과 사회정치 문제를 다루는 방대한 저술(인정(人政), 25권 12책)활동에서 나타나듯 생태론적(시스템적) 사고를 체계화 했다는 점이 두드러진다.

1. 기학이란 무엇인가?

『기학』은 혜강이 비교적 후기인 55세 때(1857)에 저술한 2권으로 된 철학서이다. 『기학』은 그의 초기저작인 『신기통』과 『추측록』, 중기의 『우주책』과 『명남루수록』에 이르는 그의 사상을 후기에까지 꿰뚫고 있는 것으로, 독특한 그의 철학적 입장과 견해를 최종적으로 종합, 완성, 집대성하여 정리한 것으로 보인다.

즉, 『기학』은 그의 모든 사유내용을 학(學)으로 정립하고자 노력한 결정판이며, 이는 마치 루소가 현재의 학교교육에 대한 단절을 통한 교육개혁을 주장하였듯이 기존 학문에 대한 혜강의 단호한 단절의지의 표현이기도 하였다.

『기학』은 혜강의 인식론, 경학관, 윤리관, 진리관, 세계관, 학문관, 이기관(理氣觀), 천관(天觀), 천인관(天人觀), 인간관, 운화관(運化觀), 변통관(變通觀), 국가사회관, 정치교육관, 윤리도덕관 등이 함축되어 있으며, 시종 기왕의 형이상학적 논의들을 부정하거나 비판하는 입장에서 전개함으로써 그의 입장을 분명히 하였다.

『기학』에서 자주 거론되거나 비중 있게 다루어진 것들은 기, 운화, 대기(大氣)운화, 인기(人氣)운화, 신기(神氣)운화, 천인(天人)운화, 활동(活動)운화, 통민(統民)운화, 방금(方今)운화, 기화(氣化), 인도(人道), 천도(天道), 준적(準的), 유형무형, 비교, 증험(證驗), 추측(推測), 변통(變通), 정교(政教), 대동(大同), 일통(一統) 등으로 혜강 기 철학의 주요개념들이 모두 등장한다. 이렇듯 혜강이 사용하는 개념과 용어들은 그의 학문적 사유체계를 꿰뚫고 있는 것들로써, 기왕의 성리학 등에서의 관념론적, 사변적 용어들과는 차별성이 확연히 엿보인다.

혜강은 유교의 정신을 계승하면서도 기존의 이기론, 심학, 기론 등을 비판함은 물론 심지어 실학의 한계조차도 비판한다. 이는 그의 학문적 사유범위가 기왕의 모든 학문을 두루 섭렵하였음은 물론이고, 혜강의 학문적 사색의 범위가 얼마나 넓은지 가늠할 수 있다.

특히 『기학』의 가장 핵심적인 용어 중의 하나인 '운화'[1]는 서양과학에 의거하여 규명된 지식을 자신의 경학관(經學觀)에 접목시킨 것으로 보이는데, 혜강은 이미 동양의 정신과 서양의 과학을 종합하는 세계적인 학자였던 것이다.

한마디로 『기학』은 하나의 저술일 뿐 아니라 기왕의 학문들과 차별성을 가진 새로운 학문체계이다. 그는 기왕의 학문들의 폐단을 비판하거나 극복하기 위해 우선 기존학문에 대해 폭넓게 연구하였

---

1) 『기학』에서 '운화'란 일종의 시스템을 의미하는 것이나 서양과학에서 말하는 시스템, 즉 구조의 의미와는 다소 구별된다. '복합구조'란 말이 비교적 운화에 가까운 표현임.

다. 혜강에 따르면 기왕의 모든 학문은 민생에 도움이 되지 못하거나 오히려 해가 되는 경우가 많은데, 이는 '학문' 이란 무릇 형체가 있어서 물건에 조처할 수 있고 증험할 수 있어야 함에도 불구하고 기존의 학(學)들은 이에 부합되지 않았기 때문이다(『기학』, 권 1).

그가 격렬히 비판하는 중고학(中古之學)이란 "무형의 이와 무형의 신(神)을 근본으로 삼아, 이것을 심원한 것으로 여기고 반대로 유형의 물(物)과 사(事)를 보잘것없는 것" 으로 여기는 기왕의 모든 학문들이다(『기학』, 권 1).

이러한 중고학 때문에 사람들은 비루하고 사악한 풍속으로 내몰려져 마음이 혼탁하게 되고 민속이 어지럽혀져 급기야는 천성적으로 선한 본성까지 훼손당하였던 것이다. 구체적으로 중고학에는 도교, 불교, 심학, 이학, 방술학, 외도학, 서양학(천주교, 기독교, 이슬람교), 선술(仙術) 등이 있으며, 이러한 중고학과 기학의 차별준거는 다음의 네 가지이다. 첫째, 유형인가, 무형인가, 둘째, 운화 내지 기화에 관한 것인가, 아닌가, 셋째, 증험할 수 있는 것인가, 아닌가, 넷째, 유용한 것인가, 아닌가 등이다.

따라서 기학은 무형지신(無形之神)과 무형지리(無形之理)와 대비되는 것으로 운화유형지기(運化有形之氣)를 규명하고자 하는 학문이 되는 셈이다. 또한 기학은 활동운화를 그 종지(宗旨)로 삼아, 통민운화를 추유(紐杻)로, 천인운화를 근기와 표준(『기학』, 권 1)으로 삼는 학문이다. 즉, 통민운화가 기학의 중심축이 된다(『기학』, 권 2).

혜강이 기학에서 그토록 주안을 두었던 '기의 운화' 에 대해 규명하고자 한 목적은 무엇인가? 이는 인간이 살아가는 도리(道理)와 정교(政敎) 그리고 학문의 무궁한 실효(實效)가 바로 이 기화(氣化) 속에 있다고 여겼기 때문이다. 기학을 통하여 조리를 탐구하거나 이해하고, 사물을 접촉하는 방도를 찾고, 상황에 따라 조처하고 운행을 거다릴 줄 알게 되니 여기서 그 실효가 드러나게 된다. 곧 기학(氣學)은 실학(實學)인 셈이다(『기학』. 권 1). 이러한 실학, 즉 기학의 유용성은 다음과 같다.

> "천하의 학문을 통괄하여 시비를 논하고 우열을 정할 때는 천하 민생이 실제로 쓰는 바와 천하의 정치가 반드시 근거로 삼는 바를 기준으로 삼을 것이니, 잡을 수 있는 형체가 있고 물건에 조처하여 증험할 수 있으면 이는 곧 실학이다"(『기학』. 권 1).

> "기학으로써 천하의 시청(視聽)을 크게 뒤흔들어 세상 사람의 이목을 새롭게 하고, 천하의 학문을 통일하여 습염(習染)을 씻어 버려야 한다"(『인정』, 권 9).

> "이학(理學)을 하는 사람이 기학에 밝다면 이학은 더욱 밝아지고, 기학을 하는 사람이 이학을 겸한다면 이학이 바르게 된다"(『인정』, 권 12).

그렇다면 이러한 기학에 속하는 것들에는 어떤 것들이 있는가? 이에는 정학(政學), 경학(經學), 역수학(歷數學), 기계학(器械學), 공장기예학(工匠技藝學), 격물학(格物學), 전례학(典禮學), 형률학(刑律學), 역수 · 물류 · 기용학(歷數 · 物類 · 器用學) 등이 해당된다.

> "옛사람이 기화(天道)에 대하여 언급한 것을 수집하여 계승 · 발전시키고, 요즘 사람이 기화에 관하여 강론 · 연구한 것을 대상에 따라 정리하여 널리 밝히는 것이야 말로 기학의 본질이다"(『기학』, 권 1).

이상의 논의를 종합하면 다음과 같다. 즉, 기학은 첫째, 인도를 천도에 승순(承順)케 하도록 조처하고, 둘째, 운화의 기를 증험하거나 응용케 하고, 셋째, 온갖 사물의 차이를 연구케 하고, 넷째, 기화(氣化)의 유형지리에 통달케 하는 종합적인 학문체계인 셈이다. 한마디로 기학은 천인기(天人氣)의 운화에 관한 학문이다(『기학』, 권 2).

2. 기학의 생태론적 교육사상

기학을 바탕으로 하는 혜강의 교육사상은 『신기통』(神氣通), 『인정』, 『기학』 등에서 두드러지게 나타난다. 특히 『인정』에서는 인간에 대한 측인(測人), 교인(敎人), 선인(選人), 용인(用人)의 선후본말적인 과정 속에서 교육의 역할이 잘 드러나 있고, 『기학』에서는 정교의 개념이 강조되고 있다.

혜강의 생태론적 교육사상은 앞서 논의한 기 철학의 원리에 입각하고 있음은 물론이다. 그에 의하면 사람을 활용하려면 먼저 선발해야 하고, 선발하려면 먼저 가르쳐야 하고, 가르치려면 우선 헤아려야 한다. 여기서는 『인정』 '교인문' 편을 중심으로 혜강의 교육사상을 다루어 본다.

측인(測人)을 통하여 인물의 자질과 능력을 파악하게 되지만 인간이 이용의 대상에 그치는 것이 아니요, 또한 타고 나면서 모든 지식과 기능을 갖춘 것이 아니므로 '교육'은 모든 인간에게 있어서 필요하다. 즉, 인간의 선험적인 이성능력(本具先天知)을 부인하였고 인간의 인식은 오로지 '경험'의 소산이라고 주장하였다(손인수, 1991:

199). 용인(用人)의 목적에 비추어 보더라도 인간의 교육은 필수적이다. 그는 "가르쳐서 쓴다면 버릴 인물이 드물고, 가르치지 않고 쓴다면 흠이 없는 사람을 얻기 어렵다"(『인정』, 교인문)고 하였다.

한편 경험의 측면에서 볼 때 기왕의 이학에서의 인, 의, 예, 지와 같은 선천적 이성이 부인되고, 허문(虛文)의 숭상을 배척한다. 그리하여 혜강은 "종을 치면 소리가 난다는 사실을 듣지도 보지도 못했다면 어떻게 종을 치기도 전에 소리가 날 것을 알겠느냐"(『인정』, 권 11)고 말함으로써 인식의 경험론을 잘 설명한다. 나아가 인간의 인지단(仁之端)인 측은지심(惻隱之心)조차 선험론이 아닌 경험론으로 설명하게 된다(『인정』. 권 9). 이러한 경험의 성립조건은 경험주체, 객체, 매개체 등의 셋이다. 여기서 경험의 주체는 '신기'(神氣)로 표현된다. 혜강이 이르는 신(神)은 인격적인 신이 아니요, 기의 정화이다. 즉, "기는 천지의 용사(用事)의 바탕이요, 신은 기의 덕이다"(『신기통』. 통유득실).

신과 기의 관계에서 볼 때 신은 기를 떠나서 존재할 수 없다. 이 둘이 동시적으로 작용하는 데서 신기의 무한한 능력이 생기게 된다(손인수, 1991: 201). 한편 사람은 경험한 바를 기초로 하여 아직 경험하지 못한 바를 추측(推測)한다. 따라서 추(推)를 모르면 혼우(昏愚)한 자이며 이들을 교육하는 길은 '견문에 의한 경험을 통하여 시정해 나가도록 교도(敎導)하는 것'이다.

혜강에 의하면 경험에 의하여 염습(染習)이 이루어진다. 여기서 말하는 염습이란 거듭 사물을 경험함에 따라서 생기는 관성적(慣性的)인 경향성(傾向性)을 말한다. 이러한 염습에 의하여 추측이 가능해지는데 유년의 염습이 무엇보다 중요하다(『추측록』. 권 1).

기학에서 교육은 크게 인기운화의 차원, 통민운화의 차원, 천인운화의 차원 등으로 이루어진다. 인기운화는 각 개인마다 차별성이 없는 경험의 정립, 통민운화는 운화의 도리에 입각한 올바른 정교의 실천, 천인운화는 천인기(天人氣)에 입각한 인도(人道)의 구현 등이 중심이 된다.

각 차원마다 목적, 방법, 내용이 다르지만 일반적으로 교육목적, 내용, 방법은 천인운화 차원의 그것으로 일반화될 수 있다. 그리하여 우주 안의 사람들을 진작시켜 움직이는 데는 권세로써 위협할 수 없고 오직 교화(敎化)로써 감동시킬 수 있을 뿐이다. 즉, 가르치는 것으로 그 운화를 인도하고 통솔해 나가야 한다(『기학』. 권 1). 혜강이 설명하는 일반적인 교육목적, 내용, 방법의 측면에 대하여 고찰해 본다.

1) 교육목적

혜강이 특히 『인정』의 '교인문' 편에서 확립한 인간의 교육목적은 다음과 같이 크게 세 가지로 정리된다. 첫째, 천인합일(天人合一)의 경지에 달한 인간의 육성이다. 이는 앞서 살펴 본 인기운화가 대기운화에 거스르지 않음과 같다. 즉, "가르침과 배움에는 오직 하늘과 사람이 있을 뿐이다"(『인정』. 권 11). 또한 "종지(宗旨)로 삼아야 할 으뜸가는 가르침이란 천하에 똑같이 통용된다"(『기학』. 권 1). 이에 따라 기본적으로 교육받은 인간은 하늘과 사람의 옳음에 따르고 전례(典禮)를 숭고(尙考)하며, 일상생활에 소용되는 모든 사물을 익혀 종사하게 된다.

둘째, 교육, 정치, 학문의 모든 목적은 인도(人道)의 구현에 있다. 이에 따라 인도를 배양하는 정교는 좋은 정교이고, 인도를 수명(修明)하는 데서 나온 학문은 좋은 학문이 되는 것이다. 그리하여 그는 "오륜(五倫)은 하늘이 낸 인도이고, 정교는 오륜을 수행하여 백성에게 전달하는 것"(『인정』, 권 8)이라 하였다.

셋째, 실용인의 육성이다. 혜강은 근본적으로 실용성만이 사물의 존재가치를 부여한다고 보았다. 이에 대하여 그는 "인도와 인사를 위한 것은 모두 유용한 것이요, 인도와 인사를 위한 것이 아닌 것은 무용한 것"(『인정』. 권 1)이라 하였다.

결국 혜강은 사변적인 학문내용보다는 실무적이고 실천적인 것을 중시했던 것이다(『인정』. 권 11).

2) 교육내용

혜강은 가르침의 단계를 삼층(三層)으로 설명하는데 각 단계별로 교육내용을 달리한다.

> "가르침에는 세 가지가 있는데 인사교(人事敎), 인도교(人道敎), 인천교(人天敎)가 바로 그것이다. 쇄소, 응대와 문필, 산수와 사람을 사귀고 사물을 대하는 절차로부터 사농공상의 직업에 이르기까지, 일찍 학습에 종사하여 신기운화와 함께 성취되는 것은 인사교이다. 부자친, 군신의, 부부별, 장유서, 붕우신으로부터 정교학술(政敎學術), 예율전장(禮律典章)에 이르기까지, 현금에 적용하되 옛 일을 고증하고 우리 백성에게 밝혀 타국의 백성에까지 미치게 하여 일통운화(一統運化)가 온 세상에 퍼지게 하는 것이 인도교이다. 천지의 회전과 운화의 착종(錯綜)과 인물의 생성과 위로 받들어 따르고 아래로 제어하는 것에 대하여 옛날 밝히지 못했던

것을 지금에 와서 정확히 알게 되고 만사의 조리를 추구하여 근원을 찾는 것이 인천교다”(『인정』. 권 8).

위의 삼층은 순서대로 행해져야 하는데, 이는 인간지각의 진취에 있어서 차이가 있기 때문이다. 한편 『신기통』에서는 인간이 학습해야 범위를 17개 항목으로 제시하고 있다. 즉, 윤강(倫綱), 인(仁), 의(義), 예(禮), 악(樂), 형(刑), 정(政), 경사(經史), 기술(記述), 농(農), 공(工), 상(商), 재(財), 용(用), 산수(算數), 역상(曆象), 기혈(器血) 등의 교과목을 들고 있다.

여기서 알 수 있듯 모든 교과가 기왕의 이학에서의 사장(詞章)이나 기송(記誦) 등의 내용들이 배제되고 생활 중심의 실용적인 것들로 구성되어 있다. 결국 일상생활은 교육과의 관계를 통하여 그 존재가치가 결정되며, 교육활동은 일상생활 속에서 그 가치가 심화된다(손인수, 1991: 206).

3) 교육방법

혜강이 주창한 교육방법은 크게 다섯 가지로 정리할 수 있다(손인수, 1991: 207-208).

첫째, 학습과정은 감각, 기억, 추리의 순서에 입각한다.
둘째, 자신의 성찰을 위주로 한다.
셋째, 학습방법에 있어 단계 및 순서에 맞추어야 한다.
넷째, 학습효과를 위하여 시청각교육을 주로 이용한다.[2)]

다섯째, 과학적 실험법을 이용함으로써 명상(名象)에 니착(泥着)하여 실재하는 운화를 돈망(頓忘)하지 않아야 한다.

학습단계 및 순서의 원리는 이미 코메니우스(J. A. Comenius)에게서 정립된 바 있고, 시청각교육은 현대교육에서 그 중요성이 드러나고 있음을 보더라도 혜강의 교육적 성찰은 시대를 초월한 혜안이 아닐 수 없다. 또 다른 중요한 사실로 교육방법이 획일화되어서는 안 된다는 점이다. 그는 이에 대하여 다음과 같이 설명하고 있다.

> "한 사람을 가르치는 것과 여러 사람을 가르치는 것이 다르고, 가까운 사람과 먼 사람을 가르치는 것이 다르고, 사람을 보고 가르치는 것과 보지 않고 가르치는 것이 다르며, 그 사람을 헤아려 보고 가르치는 것과 헤아리지 아니하고 가르치는 것이 다르다 …… 대개 사람을 가르치는 방법이 천근하고 편벽되면 상황에 따라 가르침을 베풀 수 없으나 ……"(『인정』. 권 8).

한마디로 혜강의 교육방법론은 체험(경험)주의 교육방법이다. 그리하여 유학의 고담준론(高談峻論)이나 문자로써 세월을 보내며 가르치는 교육을 배격하고 실무근로의 교육과 과학기술 교육을 강조하게 된 연유가 여기에 있다(손인수, 1991: 210).

---

2) 그리하여 "심중(心中)에서 형체를 이룬 것이 도설(圖說)로 드러나서 남에게 보여짐에 남도 역시 환하고 분명하게 볼 수 있어야 형체를 이룬 것이 완비되었다고 할 수 있다"(『기학』. 권 2).

4) 교사의 역할

천인합일(天人合日)을 목적으로 하는 교육에서 교사는 어떤 사람이어야 하며 어떤 역할을 수행해야 하는가? 이에 대하여 혜강은 다음과 같이 설명하고 있다.

> "가르치는 사람이 천인운화에 어둡고 옛 서적만을 들어 속견속습(俗見俗習)으로 해설하여 사람을 가르치면 허실(虛實)과 이해를 취사할 표준이 없고 ……"(『인정』. 권 8).

> "그러므로 가르치는 사람이 학생을 선택할 때는 그 재질과 성근(性根)을 보아야 하고, 배우는 사람이 스승을 선택할 때는 그의 가르침이 천인정교(天人政敎)인지를 보아야 할 것이다"(『인정』. 권 8).

> "스승은 인기의 운화를 통솔하여 뭇사람들을 가르쳐 인도한다. 그들은 나아가게 하고 물러나게 하며 선을 권장하고 악을 경계하거나 고무시키고 진작시키는 것은 배우는 사람으로 하여금 결국은 천지의 운화에 도달케 하려는 것이다"(『기학』. 권 1).

> "기화를 체득하여 정치를 이끌어 감은 스승의 길이요, 기화에 순응하여 사무를 이루는 것은 가르침의 도이다"(『기학』. 권 1).

그리하여 스승은 외도(外道)와 이단(異端)으로 말미암아 국민들이 비루하고 사악한 풍속에 젖어 들어 마음이 혼탁하게 되고 민속이 어지럽혀져 타고난 선성(善性)이 사라지지 않도록 막아야 한다(『기학』. 권 1).

3. 생명, 생태의 교육으로

혜강이 주장하는 교육사상이 전통적인 이데아와 현저하게 차별되는 주요 특징은 다음과 같다.

첫째, 평등교육의 주창이다. 평등교육이란 직업의 차이, 성(性)의 차이, 기타 인간에게 존재하는 차이에 무관한 기회의 개방이다. 즉, 사농공상의 차이가 교육의 차별원인이 되어서는 안 된다(『인정』. 권 11). 심지어 그는 금수(禽獸) 간에도 교육이 존재한다며(『인정』. 권 10), 여성교육의 중요성을 소홀히 하지 않았다. 그는 "여자의 교육은 위로 부모를 섬기고 아래로 자녀를 기르며 가정 운화에 순응하는 것이니 남자를 가르치는 것이나 다름이 없다"(『인정』. 권 11)고 하였다. 결국 그 대상에 있어 교육의 특권화를 반대하고 서민교육의 실천방안을 제시하였던 것이다.

둘째, 문자나 문장, 문의(文意)에 집착하는 교육의 지양이다. 물론 학습의 기초는 문자의 체득임은 말할 나위 없다. 이에 대하여 그는 "경험과 추측으로 천인의 대도(大道)와 사물의 소도(小道)를 알았더라도 언어로써 표현하지 아니하면 다른 사람들이 어찌 들을 수 있으며 문장으로 저술하지 아니하면 다른 사람들이 어찌 볼 수 있겠는가?"(『인정』. 권 8)라 했다.

그러나 혜강은 다음과 같이 문자나 문장에 금고(禁錮)된 배움의 위험성을 다각적으로 지적하고 있다.

"문자란 사람이 만든 것이다 ……이는 모두 인위적인 데서 나온 것으로 ……천도를 넘어서 형체도 없는 것을 논의하는 일은 다만 허망할 뿐이다"(『기학』, 권 1).

"상고(上古)의 문자로써 중고(中古)문자에 견합(牽合)하거나 중고(中古)문자로써 자신이 직접 터득한 것에 부회(傅會)시켜, 문득 기뻐하고 즐거워하며 자족(自足)해서는 안 된다"(『인정』, 권 11).

"가르침은 언어와 문자로써 전하게 되고 전해 받는 사람도 언어와 문자를 통하여 천인의 도리를 탐구하게 되는 것이지만, 어찌 언어와 문자를 도로 여기고 천인운화를 탐구하지 않아서야 되겠는가? ……그러므로 어의와 문맥을 해석할 때는 반드시 운화기에 맞추어 보고 증험해 보아 ……이런 뜻을 알고서 언어와 문자를 탐구해 본다면 그 취사가 저절로 정해지는 것이다"(『인정』, 권 10).

"천인운화를 모르거나 천인운화에 부합되지 않으면 익힌 바의 언어문자는 시종 아득히 멀고 막연하여서 의례적으로 무리에 따르게 되며 마음에 물든 것도 뒤섞여 어지러워져서 이미 방금운화라고 하는 근기(根基)와 준적(準的)도 없어지고 늘 옛날부터 내려온 문자로 근기와 준적을 삼게 된다"(『기학』, 권 2).

"가령 문자로써 기록하고 적었다 하더라도 글자는 혀의 기를 다 좇을 수 없고 문장은 마음의 기를 다 이룰 수 없다"(『기학』, 권 1).

셋째, 과학기술과 생산성의 제고는 교육력(educational power)에 달려 있다는 소박한 인간자본론을 전개하고 있다. 결국 전통적인 사변 교육사상을 실증적, 경험적, 과학적인 것으로 대체하는 교육개혁을 주창하였던 것이다.

넷째, 보다 장기적인 시각으로 접근하고 있다. 목전의 급한 효과만을 위한 천박한 견문과 속습(俗習)의 예투(例套)만 끌어대서는 교육이 성취되지 않는다. 교육은 마치 기가 불멸하듯 고금을 통괄하는 것이어야 한다. 이에 대하여 그는 "배움의 성취는 가르침에 있고 가르침의 성취는 천하후세에 있어야만 비로소 배움이 성취되었다고 말할 수 있다"(『인정』. 권 12)고 하였다.

마지막으로, 혜강은 마치 실학의 참된(바른) 교육처럼 '진실한 교육', '전일한 교육', '생태적 교육'에 대해 다음과 같이 말하고 있다.

> "운화로써 가르침을 삼으면 만대가 곧 일생이요, 천하가 한 몸이 되는 것이다. 견해가 이에 미치지 못하고 마음에 구속이 있어 다만 자기 일신(一身)의 안위와 영달만을 추구한다면, 가르침은 생전의 순간적인 가르침이 될 뿐이니, 어느 겨를에 허위와 진실을 논하겠는가"(『인정』. 권 13).

그리하여 겉치레에만 치중하여 남에게 잘 보이려고만 하거나, 남을 깨우칠 때 명목(名目)만 많이 벌려 인용도 허황되고 증명도 허황되어서는 결코 아니 된다. 결국 혜강은 '평등주의, 실학주의, 경험주의, 현실주의, 인간자본주의, 생태주의' 등을 지향하는 교육사상가인 셈이다.

방대한 저술 중에서 단지 몇 편만을 강독하고 그가 보여 준 철학의 넓이와 깊이를 가늠하기란 여간 어렵지 않다. 그러나 분명 혜강의 철학은 기왕의 성리학이나 기학과 차별적이며 독창적인 면이 돋보인다. 특히 우주나 세계관에 있어서의 기일원론, 인식과 교육관에 있어서의 경험론이 그러하다. 그는 근세의 자연과학 및 기왕의 철학들을 일통(一統)하여 독창적인 학문으로서의 기학을 정립하였던 것이다.

혜강은 전통적인 성(性), 정(情), 심(心) 등 이학의 중심개념들에 대한 논의를 기(氣), 운화(運化) 등 기학의 중심개념들로 대체시켰다. 즉, 그에게 있어 모든 학문의 근기는 운화하는 기이며, 이를 바탕으로 추측이 이루어진다.

한편 그에게 있어 과학철학은 사회철학의 기초이면서 또한 상통한다. 즉, 사회철학의 대상으로서의 통민운화는 자연과학의 대상인 대기운화와의 조화를 추구하고 천인운화를 이룩하는 것이 기학의 목적이었던 것이다.

혜강의 철학적 인간학은 대기운화와 일치하는 노력에서 찾을 수 있다. 인간은 대기운화에 승순(承順)해야만 하고, 이를 위하여 경험에 입각한 인정(人情)과 물리(物理)에 대한 정확한 인식이 요구된다. 여기서 교육필요성이 제기되었던 것이다.

한마디로 혜강의 운화기 철학은 변화와 운동의 철학이다. 변화하는 자연의 물리법칙에 대하여 실학적인 입장을 취함으로써 변화하는 대기운화관을 정립하였고, 마찬가지로 인간의 역사와 사회도 변화와 운동으로 파악하였는바 이것이 바로 통민운화인 것이다. 그런데 인간의 추측지리는 자연의 유행지리에 승순해야만 한다. 왜냐하면 통민운화는 결국 대기운화에서 비롯된 것이기 때문이다. 아직까지 논의된 바는 없지만 그의 생태론적 사유가 갖는 또 다른 특색으로서 다음의 세 가지를 들 수 있다.

첫째, 이분법적 사고의 해체(解體)를 들 수 있다. 즉, 이학에서 말하는 이와 기의 구분은 물론이려니와 이선기후(理先氣後)의 차등적인 이념을 부정한다. 이러한 이분법적 사고의 해체는 최근 데리다와 푸코 등을 중심으로 하는 프랑스철학으로부터 싹터 온 '차이의 철학' 혹은 '해체주의'와 관련지어 논의해 볼 수 있다. 그리하여 세상의 만물과 사상(事象), 즉 자연과 인간, 남과 여, 선과 악 등은 차이만이 있을 뿐 차등적인 것으로 여길 수 없는 것이다.

둘째, 우주통일의 이념이다. 어느 지역에 있든 어느 문화권에 있든 간에 인간은 대동(大同)의 가능성 안에 놓여 있다. 인간은 알지 못하는 바를 자신의 경험을 통하여 추측함으로써 인식하기 때문에 잘못이 있을 수 있지만 견문과 식견을 통하여 이를 해소한다면 모든 인간은 인식의 통일을 기할 수 있다.

셋째, 전일적 사상의 확립이다. 대기운화는 인기운화가 승순해야만 할 대상이기도 하지만 근본적으로 대기운화는 인기운화와 상통한다. 따라서 기즉천(氣卽天), 천즉기(天卽氣), 기즉인(氣卽人), 인즉기(人卽氣) 개념이 성립되고 이것이 확대되어 인기즉천기(人氣卽天氣)가 가능해지는 것이다. 더욱이 운화의 측면에서 보더라도 천인운화가 무엇보다 중요하다.

결국 혜강철학의 핵심은 '운화기'이다. 이 운화기에 의하여 만물과 사상은 생동하며 진보한다. 이에 따라 인간은 밖으로는 개화해야만 하고, 안으로는 실용을 가까이 해야 한다. 앞서 말한 바대로 혜강은 사상적으로 진보주의적 '개화주의자'이면서 동시에 문자의 고착성에서 비롯된 이학의 폐단을 극복하려는 '개혁주의자', '실용주의자', '생태주의자'인 것이다.

참고문헌

고려대아세아문제연구소 편(1988). 실학사상의 탐구. 서울: 현암사.
금장태(1980). 국역 인정 해제. 서울: 민족문화추진위원회.
김용옥(1986). 여자란 무엇인가. 서울: 통나무.
김용옥(1990). 讀氣學說. 서울: 통나무.
김용옥(1993). 도올논문집. 서울: 통나무.
김용옥(1994). 東洋學 어떻게 할 것인가. 서울: 통나무.
김용헌(1989). "최한기의 철학사상에 관한 연구—실학적 방법론을 중심으로". 고려대학교대학원 석사학위논문.
김인석(1986). "최한기의 추측론 연구". 건국대학교 대학원 석사학위논문.
노병성(1986). "최한기의 기통에 관한 일 연구—커뮤니케이션학의 입장에서". 서강대학교 대학원 석사학위논문.
민족문화추진위원회 편(1980). 國譯 氣測體義 권 1–권 5.
민족문화추진위원회 편(1980). 國譯 人政 권 1–권 5.
박종홍(1993). "최한기의 기측체의". 윤사순 외 편. 한국의 사상 (pp. 300–307). 서울: 열음.
성균관대학교 대동문화연구원 편(1971). 명남루총서 권 1–권 5.
성호준(1989). "최한기의 기철학에 관한 연구". 성균관대학교 대학원 석사학위논문.
소천예(1986). "최한기 기철학의 연구". 고려대학교 대학원 석사학위논문.
손병욱(1982). "혜강 최한기의 기철학에 관한 연구". 정문연 한국학대학원 석사학위논문.
손병욱(1992). 國譯 氣學. 서울: 여강출판사.
손인수(1967). 교육사상가백선 (pp. 455–461). 서울대학교출판부.
손인수(1991). "혜강 최한기의 경험주의 교육사상". 안상원 박사 화갑기념 논문집. 서울: 성우출판사.
여강출판사 편집부 편(1986). 명남루전집 권 1–권 5.

윤사순 외 편(1993). 한국의 사상. 서울: 열음사.
정성철(1988). 조선철학사 2. 서울: 이성과 현실.
정임석(1989). "최한기 철학에 있어서 통의 구조—기측체의를 중심으로". 연세대학교대학원 석사학위논문.
정화영(1986). "최한기의 실학적 교육사상연구". 한양대학교 대학원 박사학위논문.
주홍성 외 공저. 김문용 외 공역(1994). 한국철학사상사. 서울: 예문서원.
한국사상사학회(1988). 한국사상사학 2. 서울: 사사연.

제6장

교육의 인간화: 교육생태의학

1. 전통 교육학의 재구성

헤르바르트(J. F. Herbart)에 의하면 교육학은 심리학과 윤리학을 방법론적 기초로 하여 구성된 학문이다. 다시 말하면 교육학은 인간현상으로서의 당위적 가치와 심리적 기제를 교육의 과학으로 통합한 것이다. 헤르바르트가 인간교육의 당위성, 가능성 등을 체계적이고 조직적으로 구성하여 교육을 과학화한 것은 이후 교육학의 발전에 지대한 영향을 미쳤다.

이러한 교육의 과학화는 이념, 교수, 학습, 공학, 상담, 진로, 행정, 연구법 등 다양한 영역에서 교육과 교육학의 수월성을 더욱 확장시키고 있다. 그러나 이처럼 교육과 교육학의 이해지평이 확장되는 가운데 드러난 반(反)교육적 현상에 대한 설명이 미비하다는 것은 교육학이 해결해야 할 숙제로 남아 있다.

오늘날 교육학의 거대담론 안에는 다양한 하위 학문들이 생성, 발전하고 있다. 여기에는 기존 학문과의 결합을 통해 교육현상을 설명하는 이론이 있으며, 교육현상의 독자성에서 비롯된 고유한 이론들도 만들어지고 있다. 그러나 헤르바르트의 망령이 남아 있어 교육학은 여전히 가치정향적(價値定向的)이다.

그리하여 인간교육이라는 이름으로 자행되는 비인간적인 교육에 대하여 우리는 거의 주목하지 않았다. 그 결과 오늘날 가치기반의 교육이 송두리째 흔들리고, 교육가능성과 수월성을 담보삼아 모든 학생들에게 가하는 교육행위가 오히려 그들을 병들게 하고 있다.

교육이 다양해지고 교육학이 발전할수록 예측하기 어렵거나 기이한 교육병리 현상들이 덩달아 확대, 재생산되고 있다. 그리하여 '교육붕괴, 학교붕괴, 교실붕괴' 라는 말이 서슴없이 등장하고 여기서 파생되는 교육병리는 이제 더 이상 피할 수 없는 현실이 되었다. 많은 학자들이 이 점에 대하여 천착하고 해결방안을 모색했지만 여전히 해결의 실마리는 보이지 않고 있다. 이제 교육학은 탈(脫)가치적 기반 위에서 교육의 본연을 다시 생각해 볼 때가 되었다.

1) 치료로서의 교육

푸코(M. Foucault, 1995)는 『감시와 처벌』이라는 저서 속에서 구조주의적 방법을 통해 감옥, 군대, 공장, 병원, 학교 등에서 행해지는 동일한 구조의 작용이 있음을 밝혀냈다. 그에 의하면 온갖 규칙들, 까다로운 검사들, 생활과 몸에 가해지는 자질구레한 통제들은 감시와 처벌이라는 규율의 그물 속에서 탄생한다. 규율은 순치(馴致)조직에서 가해지는 가장 민주적인 권력이다.

그리하여 군대, 감옥, 학교, 병원 등에서 권력의 강제가 합법적으로 행해졌다. 개인을 규제하는 기관은 이분법적인 분류를 적용한다. 즉, 온전한/미친, 모범적인/반항적인, 우수한/열등한, 무해한/유해한, 정상적인/비정상적인 등의 분류에 따라 움직이게 된다.

이러한 규율이 제대로 자리 잡기 위해서는 '공간배분의 기술, 행위의 통제, 훈련, 전술' 등이 미리 준비되어 있어야 한다. 따라서 모든 순치조직은 시간, 공간, 프로그램이 요연하고 질서가 정연하다. 결국 구속과 형식, 시간표, 훈련, 전술 등이 모두 어우러져 규율사회의 저변인 '온순한 신체, 온순한 인간(homo docilis)'을 만들어내는 것이다. 결국 조직 내에 구속된 개인들의 독창성과 자발성은 여지없이 제한되고 이로 인해 그들은 온갖 병리에 시달리게 되는데 그 중에서도 규범에 대한 강박증이 가장 심각하게 나타난다.

푸코에 의하면 공장, 학교, 군대는 시간(지각, 결석 등), 활동(부주의, 태만, 게으름 등), 행동(무례, 불복종 등), 언행(잡담, 오만함 등), 신체(방정하지 못함, 불결 등) 등의 모든 분야를 처벌로 다스린다. 심리학적으로 볼 때 이러한 처벌은 하나의 집단을 죄의식 문화가 아니라 수치심 문화로 길들여 버린다. 이처럼 수치심으로 규범화하는 판단과 위계적 감시는 특히 시험에서 잘 드러난다.

시험은 규율을 의식(儀式)화한 일종의 절차로 그 규율의 핵심에 자리하고 있다. 또한 시험은 지식권력에 정당성을 부여하는 공인된 처벌이다. 시험은 개인의 자율성을 최소화하고 집단 규율의 정당성을 극대화한다. 이에 대하여 리프킨(J. Rifkin)은 바로 지금 이 순간에도 도처에서 많은 학생들이 시험을 치르거나 그것을 준비하는 데 노예가 되어 있다고 지적했다(Rifkin, 1995: 264).

이처럼 반(反)자율성, 즉 규율을 정당화하는 학교에서 치르는 '시험은 업적주의사회에서 가장 효율적인 사다리체제(ladder system)이며, 더욱이 누구나 이를 통하여 출세를 보장받을 수 있다'는 이데올로기로 인하여 대부분의 학생들이 성공보다는 오히려 실패감을 맛보게 된다. 이는 마치 푸코의 설명처럼 범죄를 제거하기 위한 기제로서의 감옥이 오히려 범죄를 조장하는 데 성공한 것과 다름없다. 이러한 기제는 온전한, 모범적인, 우수한, 무해한, 정상적인 인간조차 반대로 만들어 버리는 교활한(cunning) 장치다.

교활한 기제의 교묘한 이중성으로 말미암아 구성원들은 마치 자신이 순종적이고 열성적인 것처럼 교묘하고 교활하게 위장하거나 과장하여 행동하게 된다.

이로 인하여 누구나 스스로 알아서 정신병자가 되어간다. 교육적 규율이라는 이름으로 자행된 학교체험이 야기한 병리현상을 치유하지 않는 한 학생들은 온갖 병마(病魔)와 싸워야 할 것이다. 이러한 진단은 이미 많은 사람들에 의하여 개진된 바 있다(Defrance, 2000; Wandel, 1993; Steiner, 2001; Neill, 1982).

반델(F. Wandel)은 『학교가 환자를 만드는가』(*Macht die Schule Krank?*)라는 저서를 통하여 학교의 병리현상을 다각적이며 구체적으로 논의하고 있다(Wandel, 1993). 학교의 병리적 징후는 학교 자체, 학령기 학생, 교사, 학부모, 교육과정 등에서 다양하게 드러나고 있다. 감옥과 군대의 이미지를 담지(擔持)한 학교는 그 자체로 이미 공포의 대상이 되었다. 공포의 도가니에서 학생들이 보여 주는 병리현상들은 '인간관계에서의 고립과 고독감, 공포증, 공격성, 행동장애, 정서장애, 건강장애, 교육적 소외감' 등으로 구체화될 수 있다.

드프랑스(B. Defrance)는 『학교에서의 폭력』이라는 저서를 통해 학교는 이미 폭력의 상징적인 기관임을 밝히고 있다. 그는 여러 가지 이유로 학교 내에서 구성원 간에 다양한 폭력이 자행되고, 학교 자체가 구성원들에게 가하는 상징적인 폭력들이 존재하고 있음을 밝혀 냈다. 고통을 유발하는 폭력은 온갖 규율로부터 발생한다. 타인에게 가하는 이러한 고통이 규율이나 조직상의 구조, 제도화된 권력 관계를 거쳐 행사될 때 이를 '제도적 폭력' 이라고 한다(Defrance, 2000: 26).

그것들은 종종 규범이라는 이름의 탈을 쓰고 교묘하고도 다양하게 이루어진다. 그런데 드프랑스는 푸코와 좀 다른 입장에서 폭력을 설명하고 있다. 예를 들어 학생들을 극도의 공포에 떨게 만드는 극단적인 상황이 아니라 당연한 권위를 행사하는 교사의 정상적인 상황과 이를 당연하게 받아들이는 학생들 간에 형성되는 일종의 법칙, 즉 같은 사람이 두 가지 다른 행위를 하지 못한다는 사실에 순응하게 하는 제도가 오히려 더 폭력적이라는 것이다(Defrance, 2000: 93-94).

닐(A. S. Neill)의 설명에 의하면 무서운 교사 앞에서 벌벌 떠는 것은 당연한 불안이다. 그러나 무섭지도 않은 교사, 온갖 시험, 학교 자체, 교과서 등에 대하여 비합리적이고 과장된 불안감을 갖게 될 때 우리는 이를 공포증(phobia)이라고 한다(박용석, 2002: 118). 이처럼 공포는 추상적이거나 상징적인 것에 대하여 병적으로 반응하는 경우에 나타난다.

학생, 교사, 학부모들에게 나타나는 수많은 교육병리현상은 이러한 과정을 거치면서 형성된다. 문제는 이러한 교육공포가 체험을 통하여 형성되는 것이 아니라 사회적, 관념적으로 학습된다는 점이다.

다시 말해서 융(C. G. Jung)의 표현처럼 학령기가 되면 무의식적으로 아동이나 부모는 교육에 대한 일종의 공포감을 느끼게 된다. 이에 따라 학령기 아동들은 학교에 입학하자마자 이미 환자가 되어 있다. 이에 대한 해결 방안으로 슈타이너(Steiner, 2001)는 치료로서의 교육을 주창하게 된 것이다.

근본적으로 치료는 탈가치적 혹은 가치중립적이다. 가치지향의 교육경험으로부터 얻은 상처를 치료하기 위해서 또 다시 가치지향적일 필요는 없다. '치료로서의 교육'이란 의학적 관점과 방법으로 교육을 바라보는 또 다른 과학적인 시각인 것이다.

2) 교육생태의학의 성립 가능성

교육학은 다양한 하위학문들이 방사(放射)형을 이루며 결합된 일종의 연합체이다. 다양한 학문들은 계층적 구조가 아니라 각각의 독자적 영역의 위치를 갖는 병렬적 구조일 뿐 상이한 각 영역들 간의 총합적인 관계는 아니다. 미알라레(G. Mialaret)는 이 같은 교육학의 특성을 통합성과 다양성으로 설명하고 있다.

> "교육이 다양한 현상을 내포하며 수많은 과학들에 의지하면서 우리는 교육과학이 과연 독자성이 있는지, 일반적인 지침 아래 다소 인위적으로 재구성된 이전

의 과학들과 관련이 없는지 공정하게 물어야 할 것이며 우리는 이러한 물음을 회피해서는 안 된다"(Mialaret, 2004: 143).

그러한 물음의 답변으로 내린 결론은 교육학이 본질적으로 다의적(多義的)이라는 사실이다(Scheuerl, 1993: 67). 쇼이얼(H. Scheuerl)에 의하면 "교육학은 모든 차원에서 서로 상이한 방향으로 기울기도 하고, 서로 경쟁하기도 하며, 논쟁을 벌이기도 하고, 서로 비난하기도 하며, 역사적인 반복운동과 방향전환을 야기하기도 한다. 이러는 가운데 서로 다른 교육학의 주도적 표상들은 서로 다른 입장의 양극화를 심화시킬 수 있다"(Scheuerl, 1993: 69). 나아가 그는 "교육의 영역에서 접할 수 있는 신념, 사고와 느낌의 방식, 윤리적 기본자세와 이론 등은 그 풍부함과 대립성에서 혼돈과 논쟁만을 창출하는 것은 아니다. 바로 이것들이 시대를 뛰어 넘어 교육적 삶의 풍부함과 실체를 형성하는데, 이러한 교육적 삶을 연구하고 또한 그런 삶을 위해 논쟁하는 것 역시 의의 있는 일"이라고 주장한다(Scheuerl, 1993: 85).

그러나 정범모에 의하면 우리는 좀 더 교육과 교육학을 명확하게 구분할 필요가 있다. 그는 "교육은 예술도 되고, 철학도 되고, 과학도 될 수 있다. 그러나 교육학은 분명히 과학일 수밖에 없으며, 그 중에서도 기술(記述)과학, 경험과학일 수밖에 없다"고 주장하였다(정범모, 1984: 269). 이는 교육학이 가치보다 사실을, 관념보다 경험을 더 주목해야 함을 보여 주는 것이다.

정범모는 브루너(J. S. Bruner)가 "학습학(이론)은 기술적이고 교수학(이론)은 처방적(prescriptive)이다"라고 구분한 것에 대하여 비판하면서 교수학에 대한 학습학의 선위성(先位性)을 주장하였다. 즉 기술적인 학습학이 없이 처방적인 교수학은 있을 수 없다는 이유에서다. 이는 역으로 말하면 기술적인 학습이론에서 발견된 교육병리는 처방적이거나 조제(調劑)적일 수 있다는 것을 암시하고 있다.

김인회는 이에 대하여 교육학이 너무 지나치게 학습내용과 방법에 한정된 기술과학 혹은 실증적인 방법으로 축소되었다고 지적하였다(김인회, 1980: 310). 학습내용과 방법은 가치중립적이다. 그렇기 때문에 필요에 따라 언제든지 변형 · 조작할 수 있고 문화와 역사를 초월하여 차용 · 응용할 수 있다. 따라서 학습학(이론)은 기술적, 과학적, 경험적, 조작적이지만 교육의 전부는 아니라는 것이다.

김인회의 주장이 인간의 미묘한 감정까지도 아우르는 교육미학이라면, 정범모의 그것은 피도 눈물도 없는 냉정한 교육과학이다. 오늘날 우리 교육은 전자는커녕 후자도 제대로 실천하지 못하고 있다. 오히려 후자로 인해 수많은 교육병리가 드러나고 있다. 교육을 아름다운 예술행위로만 바라보는 한가로운 미학(美學)은 제쳐놓고라도 교육과학에 의해 만들어진 잘못된 부분을 찾아내어 치유하는 의학적 처방과 방법이 이제 교육학에서도 이루어져야 할 것이다.

의학에서 병리학은 신체변화 및 질병의 원인을 탐구하는 분야다(Wandel, 1993: 19). 일반 병리와 달리 교육병리란 '교육을 받음, 즉 학습경험으로 인해 발생하는 다양한 병적 징후' 를 말한다. 교육의학은 이러한 교육병리의 유형과 해결방법을 탈(脫)가치적 기반위에서 탐구하는 것이다. 병을 고친다는 것은 치료를 하는 의사보다 환자 자신에게 달려 있다(A. S. Neill, 1982: 302). 이것은 우리가 교수학보다 학습학에 더 큰 관심을 기울여야 할 이유를 충분히 설명하고 있다.

이러한 교육의학적 관점은 이미 교육생리학, 교육심리학이라는 이름으로 다루어졌다. 교육학은 언제나 학습자가 처해 있는 학습조건을 세심하게 분석할 필요가 있다. 특히 교육생리학은 아동들의 지각원리와 청각기관의 기능분석은 물론 영양, 수면, 학습리듬, 피로, 성장의 문제와 교실의 물리적 환경까지 두루 망라하여 다루고 있다.

나아가 질병으로 인한 학습곤란, 기억장애, 조절과 동화의 어려움, 심리적 성숙의 지체 등 일종의 심리장애로 발전할 가능성이 있는 것에 대하여 주목한다. 한편 교육심리학은 학교생활이나 모든 학습과정에 걸쳐 학생의 상태를 진단하는 데 유용하게 활용된다. 유전심리학이나 일반심리학으로부터 교육장면에 필요한 이론들을 끌어오고 종종 독자적인 부분도 개발하고 있다. 이러한 이유로 인해 교육심리학은 그 자율성을 확보하는 데 어려움이 많았다(Mialaret, 2004: 115).

이제 교육의학은 '학습, 학교 정신병리, 학교보건' 등의 영역에서 의학적 관점을 차용하거나 응용함으로써 교육학이 보다 기술적이고 경험적이며 탈가치적인 교육과학이 되기 위한 조력자로 기능할 것이다.

2. 학습의학

최근 학습클리닉이 도처에서 성황을 이루고 있다. 심지어 아동의

DNA를 통하여 미래학습까지도 설계할 수 있다는 주장도 대두되고 있다. 전통적인 교육의 주체가 교수자가 아닌 학습자로 옮아가며 학습경험은 학교를 벗어나서도 얼마든지 이루어질 수 있다는 신념이 이를 더욱 부추기고 있다. 여기서는 학습의 메커니즘과 그 과정에서 발생하는 장애들에 대하여 논의하고자 한다.

마빈 토케이어(M. Tokayer)에 의하면 우리가 공부한다는 것은 두 가지 의미를 내포하고 있는데 하나는 *learn*이며, 다른 하나는 *study*이다(Tokayer, 1996). *learn*은 외부로부터 가해지는 충격에 대한 반응에서 출발하여 대부분 지겨움을 유발하는 반면, *study*는 자발성을 요구하는 내면의 충동이다. *learn*이 일종의 기억 메커니즘에 의한 학습경험이라면 *study*는 뇌의 자기 활성화를 통한 학습동기다.

그런데 우리의 학교교육은 후자를 목표로 내세우되 실제는 전자의 경험을 재촉하거나 그 결과에 따라 보상함으로써 학생들을 이중속박(double bind)의 틀로 가두고 있다. 학습장애는 바로 이 두 가지 환경의 혼동과 착각 속에서 발생하게 된다.

1) 학습의 메커니즘

학습은 일종의 기억-망각-사고의 메커니즘을 의미한다. 학습심리학자들은 인간의 기억력은 증진되거나 개선될 수 있다고 주장한다(Kellett, 1998). 그러나 로크에 의하면 기억력은 천부적인 소질이다. 그러므로 기억력은 연습과 노력을 통해 습관적으로 향상되는 것이 아니다(Locke, 1995: 185). 다만 기왕에 갖고 있는 뇌력을 집중함으로써 기억력을 최대한 이용할 수는 있다. 다시 말해서 기억력은 집중의 문제다(Miller, 2000: 201-202).

기억-망각-학습의 메커니즘, 시스템, 네트워크, 스텝 등을 연구한 베스터(F. Vester)는 학습이 다소 복잡하지만 비교적 단순화할 수 있는 두뇌활동에 의하여 일어난다고 했다. 이를 요약하면 다음과 같다(Vester, 1993: 162-165). 아래 [그림 6-1]에 나타난 바와 같이 유전, 환경, 파트너를 통해서 형성된 뇌의 기본 틀에서 각각의 학습유형에 따라 입력되는 감각정보들이 어떻게 그들의 입력 채널을 찾게 되는지 알 수 있다.

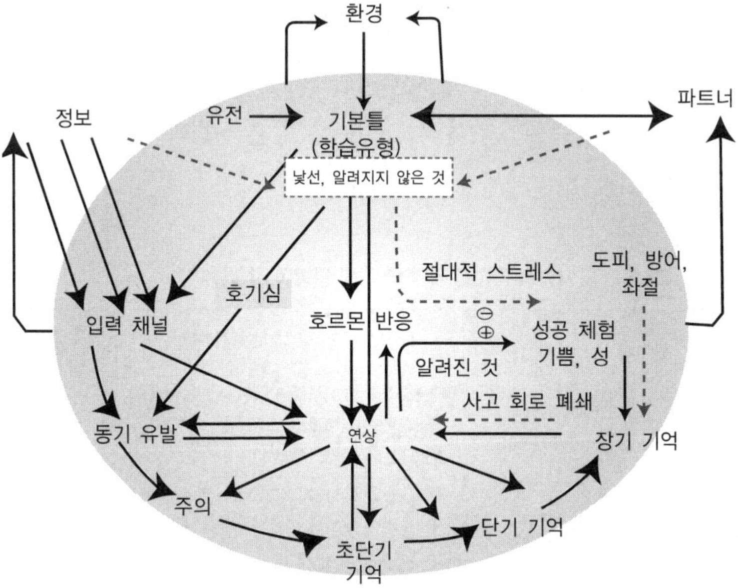

[그림 6-1] 기억과 사고의 메커니즘

*자료출처: Vester, 1993: 163.

이때 발생된 지각, 감정, 직관들은 그와 동시에 낯선 인상에 대하여 스트레스 충격을 일으키고 신경 호르몬적으로 정위(定位)된 사고회로가 폐쇄되어 연상 작용을 방해한다. 물론 그 반대현상이 나타날 수도 있다. 즉, 성공과 기쁨에 긍정적인 호르몬 반응이 일어나 새로운 것임에도 불구하고 친숙성이 유발된다. 이는 호기심과 발견욕구가 동기유발을 강화하여 뇌세포들이 입력되는 모든 정보에 몰두할 수 있게 만든다.

주의가 집중되어(뇌력이 집중되어) 초단기기억에서 처리된 지각들은 단기기억을 통하여 빠르게 소환되고 이후 지속적인 처리과정 속에서 자신의 내용을 장기기억에 저장시킨다. 결국 낯선 자극에 대한 호르몬의 긍정적인 반응상태는 연상 작용을 활성화시켜 기억의 메커니즘을 원활하게 함으로써 학습능력을 극대화할 수 있다는 것이다. 이를 검증하기 위하여 〈표 6-1〉 같은 실험과 가설들이 꾸준히 제기되고 있다.

〈표 6-1〉 학습력 증대를 위한 몇 가지 실험과 가설들(예)

저자명 (저서명, 발행연도)	주요 내용들
김유미 (온몸으로 하는 학습, 1998)	- 학습효과를 증진시키는 구체적인 동작들 - 두뇌와 신체의 조화를 도모하는 동작들 - 스트레스와 학습양식의 관계
원동연 (5차원 전면교육학습법, 2000)	- 지력, 심력, 체력, 자기관리능력, 인간관계능력의 조화 - 인간능력의 극대화 방법
W. Wenger (두뇌를 향상시키는 비결, 1988)	- 경이의 CO_2 트레이닝과 비타민 E의 효력 - 수중 트레이닝으로 감각을 연마함 - 교뇌, 중뇌, 대뇌피질 단련시키기
이원범 외 (공부가 쉬워지는 오행학습법, 2002)	- 오행에 따른 개별학습법의 필요성 - 좋은 성격, 좋은 학습 습관을 결정하는 오행의 올바른 이해 - 학습기제에서는 사상의학보다 오행이 더 중요함

송 재 희 (몸이 즐거운 학습법, 2003)	- 사상체질별로 각각 차별적인 학습법의 필요성 - 마음의 의학(공부는 마음먹기 달렸다) - 공부하는 과정에서의 칭찬과 처벌의 기능

위에서 살펴본 것처럼 학습력 증대와 맞춤형 학습패턴을 제안하는 저술은 서양의 의학적 근거는 물론 한의학에 기초한 것까지 다양하게 나타나고 있다.

2) 학습장애: 호르몬, 지적(知的) 엔트로피

학습력이 무한정 향상되는 것은 아니다. 신경의학적 문제에서 기인하는 기초적인 장애로부터 학습과정 중에 나타나는 장애 등 다양한 학습장애가 도사리고 있다. 우리는 여기서 학습장애에 대하여 신경의학적 관점과 물리학적 관점을 통하여 다루어 볼 것이다. 보통 학습장애는 뇌 신경의 미세한 손상에 의한 것으로 간주된다. 즉, 정보습득과 처리를 담당하는 뇌의 기능부전이 학습장애를 유발한다고 본다.

학습장애는 이질적인 장애군을 지칭하는 일반적인 용어로 중추신경계의 기능장애거나 혹은 이로 인하여 기인하는 것으로 가정한다. 이러한 장애가 있는 학생은 초기발달이 지연되거나 주의, 기억, 추론, 협응, 의사소통, 읽기, 쓰기, 셈하기, 사회적 능력, 감정 성숙 등과 같은 영역에서 어려움을 보인다(Lafleur & Destrempes-Maequez, 2006: 33).

(1) 학습장애의 신경의학적 관점

신경의학적 관점에서 볼 때 학습장애는 대개 특수교육학 영역에서나 다루는 것으로 여겨졌다. 그러나 정상적인 아동에게서도 학습장애가 나타나고 있다. 그리하여 학습장애는 특수교사뿐만 아니라 일반교사, 학습치료사, 의사, 임상 카운슬러, 학부모 등도 반드시 알아두어야 할 현상이 되었다. 그렇다면 학습장애는 일시적으로 나타나는 심리적 혼란 혹은 방해기제 때문인가 아니면 심각한 질병인가? 학습장애는 학령기 아동만의 문제인가 아니면 성인에게도 해당되는 문제인가? 최근 학습장애가 단순히 인위적인 사회적 구인이 아니라 기질적 장애라는 연구보고가 속속 발표되고 있다(김동일 외, 2007: 73).

이들 연구에 의하면 사고기능을 담당하는 뇌 구조와 기능 이상이 학습과 밀접한 관련이 있다는 것이다. 이 외에도 학습장애 유발요인으로 '유전, 모원(母原)적 요인, 물리적 빈곤과 폭력적 환경' 등을 들고 있다(Lafleur & Destrempes-Maequez, 2006: 34). 학습장애가 나타난 학생의 공통된 행동특성으로 '학습된 무기력, 현격하게 낮은 성취수준, 낮은 작동기억력, 주의집중 및 과잉행동 장애(ADHD), 신체지각상의 문제, 의도된 학습저항, 불안정한 감정과 반응 변화' 등을 들 수 있다.

베스터는 순간적인 사고장애 외에 만성적인 종류의 사고장애도 인간의 사고, 학습, 망각의 원인이 될 수 있다고 보았다(Vester, 1993: 97). 이것들은 부신의 호르몬 통제와 연관시킬 수 있다. 뇌하수체의 부신피질 자극호르몬(ACTH)의 과잉과 부족은 학습에 장애를 유발한다.

(2) 학습장애의 물리학적 관점

이제 물리학적 관점에서 본 학습장애의 메커니즘을 살펴 보기로 하자. 학교현장에서 벌어지는 교육상황을 바라보는 리프킨의 시선은 이미 과학자가 아니라 교육학자였다. 그는 오늘날 학교 교실과 복도가 분산된 에너지로 넘쳐나고 있다고 지적했다. 여기서 학생들이 주의집중을 하지 못하고, 때로는 폭력사태를 일으키게 되는 불안한 상태로 번지는 것은 어쩌면 당연한지도 모른다(Rifkin, 1995: 201).

로크는 이미 "학습은 필요하지만 그 학습은 중요한 인간능력을 바르게 키우는 데 도움을 주는 수단에 불과하다"고 주장한 바 있다(Locke, 1995: 162). 그는 학습이 과제로 여겨지도록 해서는 안 된다고 보았다. 즉, 학습이 단순히 과제가 될 때 이미 학습은 소유의 대상이 되어 버리며, 그 소유량의 차이에 따른 경쟁과 선발 시스템이 즉각 가동하게 된다. 그런데 선발과 경쟁을 위한 시험공부는 반드시 엔트로피 증가라는 반작용을 유발하게 된다.

리프킨에 의하면 학생들이 공부해서 시험을 준비하는 것이나 농부가 옥수수 농사를 짓는 것은 별로 다를 바 없다. 두 가지 경우 모두 엄청난 에너지를 소비하여 소량의 엔트로피 감소(학생의 경우 남아 있는 지식의 양)만 얻고 주위환경의 엔트로피는 급격하게 증가시킨다.

영농의 경우 환경오염이 발생하고 교육의 경우 사회오염이 발생하는데 사회오염이란 학생들 주위에 분산되어 축적된 에너지다. 사회오염은 약 101가지나 되는 다양한 형태로(노이로제로부터 정신병에 이르기까지) 다양하게 외부로 나타난다(Rifkin, 1995: 191-192). 그는 계속해서 다음과 같이 설명하고 있다.

> "우리가 공부하는 것을 포함하여 무엇을 하든 반드시 에너지가 필요하다. 다른 모든 일과 마찬가지로 지식을 수집하는 공부에도 엔트로피 법칙은 작용한다. 우리는 무엇을 배우는 것으로써 우리가 살고 있는 세계의 질서와 가치를 증진시킬 수 있다고 대부분 믿는다. 오랫동안 교육학자들은 적어도 배우는 행위만큼은 엔트로피 법칙에서 제외되어 더욱 더 큰 질서를 만들어 낼 수 있다고 확신했다. 그러나 이제 더 이상 그렇지 않다. 따라서 교육은 높은 엔트로피 가격을 지불해야 하는 처지가 되었다" (Rifkin, 1995: 192).

리프킨의 지적에 따르면 지적(知的) 발달을 목적으로 이루어지는 모든 학습은 결국 지적 엔트로피를 증가시킬 뿐이다. 정보의 과잉, 고도기술에 종속된 교육환경 등은 지적 엔트로피의 적절한 사례들이다. 이러한 학습의 이중성은 학생들을 또다시 학습장애로 몰아가며 사회적으로 다양한 사회오염을 야기한다. 그는 이에 대하여 다음과 같이 쉽게 설명하고 있다.

> "정보가 사람들에게 많이 주어지면 주어질수록 흡수, 저장하고 또 이용하는 정보의 양은 줄어든다. 나머지 정보들은 분산된 에너지, 즉 쓰레기로 축적된다. 이렇게 분산된 에너지의 축적이 바로 사회적 공해다. 그리고 이것은 온갖 종류의 정신질환을 발생시킨다. 마치 물질의 쓰레기가 몸의 건강을 해치듯 그것들은 우리의 정신건강을 해치게 된다. 정신질환이 증가하는 것은 정보의 양(量)과 비례한다. 정보의 과잉은 특히 학교상황에서 더욱 심각하다 …… 사람들에 따라 인내심과 학습의 한계는 제각기 다르다. 그렇기 때문에 모든 사람들에게 동일하게 증가된 정보의 흐름과 분산의 축적이 이루어지지 않고 붕괴되어 정신질환을 얻게 되는 것이다" (Rifkin, 1995: 197–199).

3. 학생 정신의학

이처럼 학습경험은 정신질환을 유발하는 요인이다. 일반 정신의학과 달리 학교상황은 학습경험에서 비롯된 것을 포함하여 다양한 정신병리현상들을 발생시키는 원인이 되고 있으며 그러한 병리현상은 일반 정신의학의 범주에 속하지 않는 특수한 것이다. 예를 들어, 학교, 교실, 숙제, 시험, 교과서, 선발 등의 학교상황에서 비롯되는 조직 자체, 구성원, 프로그램 상의 다양한 병리현상들이 도사리고 있다.

그리하여 학교비리, 교사의 정신위생(조은숙, 1986), 학생 정신병리, 학부모 문제 등 다양한 학교관련 병리현상이 만들어진다. 학교 정신의학은 이상의 모든 병리들을 연구대상으로 한다. 특히 학생 정신병리는 학교 재학 중에 학교생활과 학습경험을 통하여 발생한 학생들의 마음의 병으로 학교 정신의학의 중심 주제다.

1) 정신의학이란?

그렇다면 일반 정신의학이란 무엇인가? 기본적으로 정신의학 내지 정신병리학은 마음의 병을 다룬다. 정신병리학은 이상경험, 인지, 행동에 대한 체계적인 연구, 즉 병든 마음의 산물에 관한 학문이다(Sims, 2006: 2). 한마디로 정신병리학은 비정상적인 정신과정에 대한 연구다. 이러한 정신병리학은 다양한 종류로 세분화된다.

<표 6-2> 정신병리학의 두 가지

구 분	기술적 정신병리학	정신분석적 정신병리학
기본입장	환자의 주관적 경험에 대한 공감적 평가	무의식적 갈등을 통해 현재의 행동과 의식적인 경험의 근원에 대해 파악
주요용어	현상을 기술함	이론적 과정이 제시됨
방 법	공감적 면담을 통한 환자의 주관적 상태에 대한 이해	자유연상, 꿈, 전이
임상적용	- 이해와 설명을 구분함 - 형태가 진단에 중요함 - 병적 과정이 정상발달을 방해한다고 봄	- 관념적인 이론적 과정에 의한 이해 - 형태/내용을 구분하지 않고 내용에 집중함 - 증상이 무의식적인 심리적 근거를 가지고 있는 것으로 봄

*자료출처: Sims, 2006: 25.

정신병리학은 비단 위의 구분에만 따르는 것이 아니며 비정상적인 행동과 의식에 대한 나름의 설명도 독자적인 정신병리학의 이론이 될 수 있다. 이로 미루어 본다면 학교라고 하는 독특한 공간과 시간의 경험에서 비롯되는 학교 정신의학의 성립도 가능하다. 정신병리학은 다양한 영역으로 구분되며 각각 독특한 증상들을 보이고 있다.

<표 6-3> 학생 정신병리의 증상론

구 분	구체적인 증상들
의 식	의식의 혼돈, 의식의 혼탁, 섬망(횡설수설), 혼미, 혼수
사 고	사고두절, 망상, 집착, 강박적 사고, 건강염려증, 공포증, 이인증
감 정	정동의 둔마와 무감동, 무관심, 우울감, 불안, 양가감정
행 동	과잉행동, 반복행동, 강직증, 강박행동, 자동증, 거부증, 실어증, 뚜렛증후군
언 어	언어빈곤, 발음장애, 신어(新語)조작증
지 각	실인증, 착각, 환각
기 억	기억과다, 기억상실, 기억착오, 기시감(데자부), 미시감
지 능	정신지체, 치매

일반 정신병리와 달리 학교 정신병리는 다양한 스트레스 변인들(사회적 스트레스, 물리적 스트레스, 환경적 스트레스, 육체적 스트레스 등) 중에서 대부분 정신적 스트레스(학습, 시험, 질서유지, 순종 등)에 기인하고 있다. 어떤 스트레스건 그것은 다양한 정신병리를 유발하는 가장 흔한 동인(動因)이다.

2) 학생 정신병리 및 치료

학령기 학생들의 정신병리에 대한 상담과 치료과정은 일반인의 형태와 차별적으로 이루어져야 한다. 왜냐하면 학교, 학습, 시험, 과제, 교실, 교과서 등의 학교상황은 독특한 정신병리현상을 유발하는 요인이기 때문이다. 특히 학교경험은 신경증적 사고에 의한 정신병리적 현상을 유발하는 커다란 원인이 되고 있는데, 심즈(A. Sims)에 의하면 이에는 크게 '자아경험장애, 정동장애, 심신증(신체 이상증상), 대인관계 경험장애' 등이 해당된다(Sims, 2006).

〈표 6-4〉 신경증(neurosis)의 구분

구 분	구체적 증상들
불안장애	공포장애(공간공포, 사회공포, 단순공포), 공황장애, 범불안장애, 강박장애, PTSD
신체형 장애	신체화장애, 전환장애, 신체형 동통장애, 건강염려증, 신체변형장애
해리성 장애	심인성 기억상실, 심인성 둔주, 다중인격, 이인성증장애
기타 장애	병적 도박, 방화증, 간헐적 폭발성 장애, 충동조절장애, 사이코패스

*자료출처: 김진, 2002: 132-140.

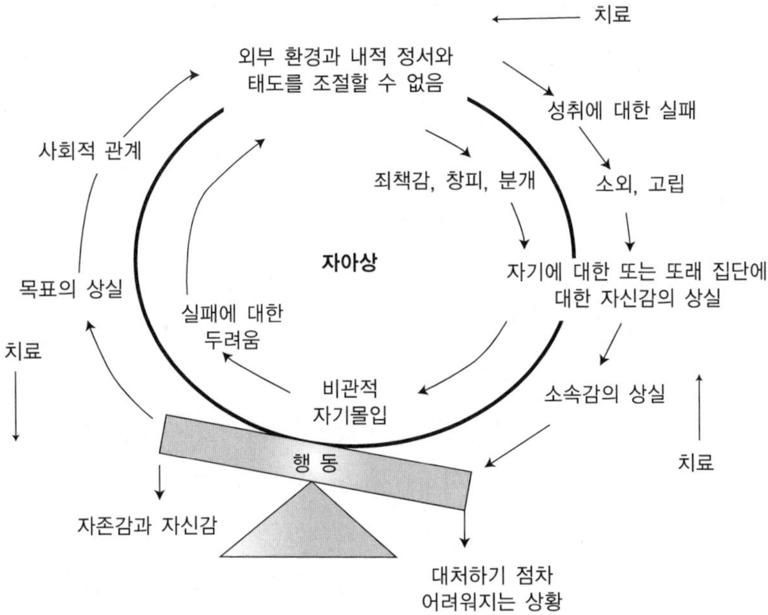

[그림 6-2] **자아경험장애의 사이클**

*자료출처: Sims, 2006: 505.

일반적으로 신경증(노이로제)이란 '내적인 심리적 갈등이 있거나, 외부로부터 가해지는 스트레스를 다루는 과정에서 무리가 생겨 심리적 긴장이나 증상이 일어나는 성격상의 변화'를 의미한다. 이 중에서도 특히 가장 심각한 학교 정신병리는 학교의 학습상황에서 일어나는 자아경험장애와 공포증으로서 특히 자아경험장애는 [그림 6-2]와 같은 과정을 거치며 만들어진다.

〈표 6-5〉 학령기 학생들의 사회병리적 증후들

구 분	구체적인 내용들
고립과 고독감	개인주의적 성향: 집단 속의 고독
	대화의 대용품으로써 대중매체나 모바일에 탐닉
공 포 증	학교생활 공포: 나쁜 성적, 낙제, 중도탈락에 대한 공포
	학습 및 성취공포
	낙인공포: 자신의 약점이 조롱의 대상이 되는 것에 대한 공포
	격리공포: 기숙생활 등으로부터 오는 분리불안
	체벌공포
	대인공포
	갈등공포: 저항하고 싶어도 할 수 없는 마음의 갈등
	기관공포: 학교 자체에 대한 공포
	신경성 공포 : 공포감 자체를 야기하는 공포심
	불안한 생활감정
공 격 성	싸움, 비참여적 행동, 학교규율 파괴
소 외 감	학습에서의 소외, 경쟁에서의 소외, 소속감으로부터의 소외
행동장애	다양한 심리-신체적 증세들: 복통, 두통, 특정부위 통증
성격장애	반(反)사회적 태도(사이코패스): 공동 책임 의식의 결여
	비굴한 태도: 과잉순응
	결핍감: 자아확신의 부족 및 부전증, 학습된 무기력
	반복적 태도 및 획일성

* 자료출처: Wandel, 1993: 21-45를 재구성함.

반델은 사회병리학적 증상에 대한 연구를 통하여 학생들이 학교경험, 학습경험 등으로 인해 겪는 병리증세를 〈표 6-5〉와 같이 5가지로 구분하여 제시하고 있다.

이상의 내용을 볼 때 학령기 학생들은 누구나 병리적 환경에 노출될 개연성이 높다. 학생들의 정신병리적 징후가 학교경험을 통해서 발생한다고 해서 무조건 학교가 결정적인 발병원인이라고 단정할 수는 없다. 그러나 다양한 사례들을 보더라도 학교경험이 학생의 정신병리에 많은 영향을 미치는 것임은 자명하다. 학교현장에서 이러한 학생의 장애행동이나 병리적 징후들은 대부분 단기학교상담을 통하여 해결해 준다(Murphy. & Duncan, 2004).

그러나 학교 정신의학의 차원에서 초기 의학면담 방법을 적용하여 조력하는 것이 더욱 효과적이다. 왜냐하면 신경증에 대한 의학치료는 대개 '약물치료, 인지치료, 행동요법, 통찰지향적 정신치료, 교육장면, 협상' 등 단기학교상담에서보다 좀 더 구체적이고, 대증(對症)적인 방법으로 이루어지기 때문이다. 단기학교상담과 초기 의학면담의 몇 가지 차이점은 〈표 6-6〉과 같다.

〈표 6-6〉 단기학교상담과 의학면담의 차이

단기학교상담	의학면담
- 내담자를 긍정적 관점에서 파악한다 - 내담자에게 효율적인 휴먼네트워킹을 만들어 주면 훨씬 나아질 수 있다 - 기본적으로 내담자는 고객이다	- 내담자를 환자의 관점에서 바라본다 - 병리적 징후는 대부분 개인적인 문제다 - 내담자는 환자다
- 기본적으로 내담자를 상담자와 똑같은 사람으로 수용한다 - 가능하면 내담자와 문제변인 간의 상호작용을 파악하고자 한다	- 기본적으로 환자는 면담자와 다른 상태에 놓여 있는 치유받아야 할 환자다 - 가능하면 환자와 문제변인 간의 인과관계를 규명하고자 한다 - 환자의 문제 치료를 위하여 교육장면이 활용된다

단기학교상담이 소극적, 계도적, 훈육적 차원의 문제해결지향 활동이라면 의학면담은 적극적, 치료적, 기술(記述)적 차원의 문제치유지향성이 매우 강하다. 의학면담은 대개 다음의 세 과정을 거치며 체계적으로 이루어진다(Cole & Bird, 2002: 27-32).

첫째, 효율적인 치료를 위한 적절하고 효과적인 의사-환자의 관계수립과 유지로 이는 교사-학생, 부모-자녀 간의 그것과는 차원이 다르다. 즉, 순응도와 적응도, 해결의지 등에서 큰 차이를 보인다. 의사가 질병의 흔한 감정반응에 대응하는 방법이 전반적인 의사-환자관계를 결정하고 환자의 순응도와 적응에 영향을 준다.

둘째, 의사는 의학적 검사에 우선하여 환자에 대한 문제평가 기술을 적용한다. 이를 위하여 의사는 환자에 관해 정확하고, 충분하고, 연관된 자료를 가능한 효과적으로 획득하는 정교한 기술을 익혀야 한다.

셋째, 의사는 환자를 교육하고 치료에 순응하도록 나름대로의 관리기법을 활용한다. 이때 교육을 포함하여 협상이나 심리적 동기부여 기법이 활용될 수 있다. 특히 의사는 환자에 비하여 병적 징후나 예후에 대한 정보량이 현저하게 많으므로 이러한 정보부재의 편재(偏在)를 해결하는 탁월한 기법을 발휘해야 한다.

이러한 의학면담의 관점에서 생각해 볼 때 학교장면이나 가정에서 행해지는 감정적, 온정적, 교화적 상담은 그 효율성에서 다분히 의례적이거나 형식적인 결과만 가져올 뿐이다. 이제 학교상담도 과감하게 의학면담의 절차와 기법을 도입하여 보다 근본적이고 치유적인 방식으로 상담과 치료가 이루어져야 한다. 왜냐하면 오늘날 학교현장에서 이루어지는 온정적이고 형식적인 상담은 재학생들로 하여금 오히려 학교 내외에서 제2차적 문제행동을 유발하는 요인이 되고 있기 때문이다.

4. 학교 보건의학

학령기 학생이 학교에 재학하는 동안 학교생활과 학습경험을 통하여 얻은 마음의 병이 학교 정신의학의 연구대상이라면, 그들의 왜곡된 신체건강으로 파악된 신체상 질병과 심신증(心身症), 환경보건 등은 학교 보건의학의 연구대상이다. 학교 정신의학과 보건의학은 학령기 학생들을 모두 건강한 사람으로[1] 성장하도록 보호하고, 조력하고, 안내하는 일련의 교육적 행위이며 구체적인 노력이다. 현행 학교 보건의학의 탐구영역은 크게 '보건교육, 영양교육, 체육교육' 으로 분류되며, 각 영역마다 전문교사에 의하여 교육이 이루어지고 있다.

보건교육은 주로 질병 예방과 대증요법 등에 대한 인지적 학습 자료를 통하여 이루어지고 있고, 영양교육은 급식 및 섭식행동 지도를 통하여 실생활에서 이루어지며, 체육교육은 구체적인 움직임 활동을 통한 운동능력 개발과 균형 있는 신체발달을 도모하는 데 집중한다. 그러나 학교 보건의학은 여러 가지 여건상 그 실효를 거두지 못하고 있는 것으로 지적되고 있다.

---

1) 건강한 사람이란 누구인가? WHO에서는 정신의학적으로 건강한 사람을 다음과 같이 정의하고 있다. 첫째, 선명한 자기정체성을 갖고 인생의 목표를 자발적으로 추구해 나가는 사람, 둘째, 현실이 괴로울지라도 그것을 수용하고 환경의 변화에 잘 적응하는 사람, 셋째, 대인관계 면에서 상대방의 입장을 생각하고 상대방의 요구를 이해할 수 있어 대인관계를 지속적으로 유지할 수 있는 사람, 넷째, 만족스런 이성관계를 유지할 수 있는 사람, 다섯째, 자신의 능력의 한계를 현실적으로 받아들이는 사람, 여섯째, 직업적응을 잘 하고 자신이 갖고 있는 능력의 실현을 통한 성취감을 경험하고 있는 사람이다. 건강한 사람은 한마디로 정상적인 상태를 유지하고 있는 사람이다.

<표 6-7> 학교 보건교육의 학문적 기초

구 분	내 용
철학적 기초	- Sound mind in sound body - Holistic education의 기반 - 심신(心身)상관 의학 (정신위생)
생리학적/ 심리학적 기초	- 학습조건으로서의 영양상태, 수면과 피로, 성장 - 오감(五感)을 통한 최적의 학습 - 물리적 환경과 학습효과의 상관 - 학습의 인간화, 인간의 학습화
사회학적 기초	- 지역사회 간호 - 공중보건 및 질병 예방 교육 - 환경가치의 내면화

학교 보건교육은 앞서 정범모의 교육과학에 관한 논의에서 다룬 바와 같이 학습 측면보다 교수 측면에 치중하고 있으며, 이것은 자연스럽게 예방적, 조제적 성격을 띠게 되므로 기술과학적, 경험과학의 측면에서 큰 약점을 내포하고 있다. 이것은 <표 6-8>에서 분명하게 드러나고 있다.

<표 6-8> 학교 보건교육의 교수-학습목표 및 내용

수업목표	지도 혹은 학습할 내용
건강한 삶	- 건강의 개념과 의의를 이해하기 - 건강을 위한 생활습관(건강한 생활양식) 형성하기 - 질병의 예방과 치료하기 - 발달과업(develop task)과 올바른 성(sex) 이해하기
안전한 삶	- 생활안전의 습관화하기 - 응급조치와 구조 활동 연습하기
보람 있는 삶	- 생기 있고 활력적인 생활하기 - 바람직하고 효율적인 Human networking 형성하기 - 여가를 통한 교육적 경험하기

<표 6-9> 학교 보건교육 지도내용 추출표

학교 구분	교과 구분	지도내용
초등학교	우리들은 1학년 바른생활 슬기로운 생활 즐거운 생활	몸 청결히 하기, 주변 환경 깨끗이 하기, 바른 자세로 말하기와 듣기, 몸 깨끗이 하기, 자세 바르게 하기, 바르게 식사하기, 옷 단정히 입기, 환경을 깨끗이 하기, 몸 살펴 보기, 키 비교해 보기, 안전하게 생활하기(교통 놀이, 탈 것 분류하기, 안전한 음식에 대하여 알아보기, 음식 분류하기), 몸무게 재어보기, 생활계획 꾸미기, 여러 가지 놀이하기, 여러 가지 주제 표현하기, 신체의 움직임 요소 이해하기
	실 과 사 회	아동의 영양과 식사하기(영양에 관한 지식, 식품, 조리), 생활환경 정돈하기, 간단한 음식 만들기, 집안 환경 가꾸기
	체 육	올바른 생활습관, 신체의 성장발달 이해하기, 감각기관 등의 질병 예방법 알기, 여가 및 안전생활 파악하기, 신체구조와 성장 등 이해하기, 호흡 및 소화기관 등의 질병예방법 알기, 영양과 건강 알기, 음식물과 관련된 질병 예방법 파악하기, 야외 활동 등에 요구되는 여가 및 안전생활 알기, 성 교육 알기, 개인의 건강관리, 공중보건 이해하기, 약물의 오남용 방지하기
	특별활동	신체검사, 건강진단, 예방접종, 체육대회 및 친선경기, 안전구호활동 등
중 학 교	1학년 체육	공중보건의 의미와 중요성, 질병과 건강(전염성, 비전염성 질병의 종류 및 예방), 성교육(이성교제), 환경교육
	2학년 체육	식품과 건강(소비자 보건), 약물의 오남용과 영양(영양소, 에너지 소비, 영양관리, 체중관리)
	3학년 체육	생활안전(교통안전), 운동 시 안전사고 대비(운동사고, 응급처치)
고등학교	1학년 체육	여가생활과 건강, 환경보건(환경오염 및 방지), 정신건강, 올바른 성의식
	2, 3학년 체육	체력진단과 평가, 유산소 운동과 무산소 운동, 체중조절과 운동처방(비만증, 식이요법, 운동요법), 성인병과 운동처방, 흡연 및 음주, 약물의 오남용(약물의 종류, 오남용의 원인, 오남용 예방)
	교 련	생활안전, 응급처치, 공중보건과 간호

학교 보건교육이 좀 더 기술과학적인 특성을 발휘하기 위해서는 어떤 방안이 강구되어야 하는가? 최근 연구에 의하면 학령기 학생

들의 식습관이 정서 및 신체발달에 직접적인 관련이 있다는 사실을 알 수 있다. 특히 교내폭력의 원인을 식습관에서 비롯된 것으로 간주하는 연구 결과가 주목받고 있다(박정훈, 2003: 94).

식습관, 행동, 학습, 건강과의 관계에서 볼 때 우리가 먹는 음식에 들어 있는 첨가제가 특정 증상들을 자극한다는 문제가 있다. 그 증상 중 일부는 폭력성을 지니고 있는데 공격적이고 충동적인 행동이 결국 폭력으로 이어진다(박정훈, 2003: 107). 의학적으로 볼 때 건강관리는 개인의 생활양식이면서 동시에 교육의 대상이다.

〈표 6-10〉 건강관리의 구성요소

구 분	내 용
건강한 생활양식	- 건강에 대한 무관심과 태만, 무절제, 과신, 위험요인을 피할 수 있는 방법에 대한 무지 등이 질병을 초래함 - 생명의 법칙에 대한 올바른 이해와 법칙 준수의 의식화가 필요함 - 개인의 건강과 행복은 사회적으로도 유용함 - 건강관리는 자기 자신으로부터 출발하며 건강에 대한 궁극적인 책임은 학교교육이 아니라 오직 자신에게 달려 있음
건강에 대한 교육	- 초등학교에서 대학에 이르기까지 건강관리에 대한 교육내용이 조직적이고 체계적으로 이루어져야 함 - 매체에 의한 오도된 건강지식, 대중의 잘못된 건강상식 등에 대한 사실적인 교육이 필요함 - 건강관리의 방법과 이에 관한 과학적인 지식은 체계적인 교육프로그램을 통하여 이루어져야 함

매스터즈와 휴스턴(R. E. L. Masters & J. Houston)의 연구에 의하면 학교에서 학생들의 신체발달은 매우 부적절하게 이루어진다. 그들에 의하면 많은 학생들이 근육과 자세에서 현저한 결함을 보이고 있다. 대부분의 경우 이러한 결함은 일시적인 학습의 비능률과 장애로 보인다. 그리고 이러한 결함은 정서적 상황에서 강조되게 된다

(Miller, 2000: 197에서 재인용).

매스터즈와 휴스턴은 신체발달을 목적으로 하는 체육교과가 오히려 심신의 통합을 방해하고 있다고 주장한다. 그들은 신체운동이 한 개인의 신체 이미지 혹은 신체와 의식을 연계하는 능력을 개발하는 데 집중되어야 한다고 여겼다. 그러나 불행하게도 수많은 체육 프로그램이 오로지 근육과 심장혈관계를 강화하는 데 주력하고 있다.

이러한 학교 체육교육의 폐해에 대하여 매스터즈와 휴스턴은 다음과 같은 해결방안을 제안하고 있다. 즉, 인간의 심신은 유기적으로 연관되어 있기 때문에 신체를 재교육하는 것이 가능하며 이것은 뇌의 운동피질로부터 시작하므로 정신훈련을 통하여 뇌를 재교육하고 그와 동시에 근육활동을 용이하게 만든다. 이러한 심신 재통합교육은 신경의 재교육이고 그것에 의하여 신경조직은 확실히 변화에 반응하고 자기수정을 할 수 있다(Miller, 2000: 200에서 재인용).

5. 교육생태의학 성립의 가능성과 한계

지금까지 우리는 학령기 학생들이 겪는 학습장애, 정신병리, 학교보건교육에서 지나치게 교육적인 관점에서 접근하고 처리해 왔음을 인정해야 한다. 여기서 '교육적' 이란 용어는 도덕적, 훈계적, 온정적, 처방적, 관념적 이미지가 두루 혼재되어 있다. 그리하여 학교장면에서 이미 발생한 다양한 폭력, 학습장면에서 경험하는 온갖 장애, 형식적인 보건-체육-영양교육의 부작용에 대해 그저 교육적

한계나 교육의 효율성이란 이유를 들어 슬그머니 넘어가거나 온정적 해결로 일관하고 있다. 학교병리를 질병으로 간주하는 단호함과 절박함에 대한 공감이 여전히 부족한 실정이다.

교육의학은 기왕에 드러난 것이든 나타날 개연성이 있든 간에 학교 교육병리를 심각한 질병으로 간주하고 이를 적극적, 대증적으로 해결하여 궁극적으로 교육현상을 기술과학적, 경험과학적 방법으로 재구성하려는 학술적 시도다. 반델은 이에 대하여 다음과 같이 분명하게 주장하고 있다.

> "기술(記述)적이고 대상화된 관찰 방식은 물건을 제작하거나 사고파는 경우에는 적합할지 모른다. 그러나 이것은 교육적 관점에서 합당하지 않다. 그럼에도 불구하고 이 관찰방식은 우리가 '무엇을 할 것인가' 라는 질문을 항상 새롭게 제기하여 어떤 일차적인 관심을 나타내도록 한다. 물론 이 경우 교사-학생의 관계 체제에서 교사는 서서히 그 기능을 상실할는지 모른다" (Wandel, 1993: 105).

교육의학은 교사를 의사로 대체하는 극단적인 조치도 상정하고 있다. 물론 여기서 말하는 의사는 병원 임상의사가 아니라 의학적 바탕에서 교육학을 이해하고 공부한 학교현장에 적합한 교육의사를 말한다. 이미 오래전에 반델은 학교교사들이 학교병리에 대처할 능력이 없음을 지적한 바 있다.

그는 "교사는 그가 매일 직면하고 있고 그 자신이 직접적이든 간접적이든 당사자의 한 사람으로서 관계된 학교의 사회병리현상의 여러 가지 증상에 대하여 과연 무엇을 할 수 있는가?" 라는 물음에 대하여 스스로 답하기를 "문제의 처리방법이 지나치게 주관적이라는 점과 경우에 따라서 그가 충분히 인식하지 못하고 있거나 실제로 활용할 수 있는 부분이 아주 제한적이라는 것은 차치하고라도 그가 처리할 수 있는 부분은 아주 적다는 점은 분명하다"고 고언(苦言)을 내뱉었다(Wandel, 1993: 107).

교육의학에서는 치료와 교육을 대립 항으로 보지 않고 오히려 치료가 지니는 교육적 속성을 적극적으로 드러내고자 한다. 기왕의 교육생리학, 교육심리학의 현학적, 관념적, 계도적 이론 구조를 대체하여 보다 기술적, 과학적, 실용적인 학교병리 해결방안과 전략을 모색해야 한다. 교육의학은 이러한 책무에 대한 정당한 도전이며 가능성의 보고(寶庫)다.

참고문헌

김동일 외(2003). 학습장애아동의 이해와 교육. 서울: 학지사.

김유미(1998). 온몸으로 하는 학습. 서울: 진우.

김인회(1980). 한국인의 교육학. 서울: 이성사.

김진(2002). 정신분열증에 대해 나누고 싶은 이야기. 서울: 뜨인돌.

박용석(2002). 가장 자유로운 학교이야기. 서울: 문음사.

박정훈(2002). 잘먹고 잘사는 법. 파주: 김영사.

송재희(2003). 몸이 즐거운 학습법. 서울: 숨비소리.

원동연(2000). 5차원 전면교육학습법. 파주: 김영사.

이원범 외(2002). 공부가 쉬워지는 오행학습법. 파주: 김영사.

이은정(1999). "교육생태학의 성립가능성 연구". 연세대학교 대학원 석사학위논문.

조은숙(1986). 정신위생. 서울: 교학연구사.

정범모(1984). 교육과 교육학. 서울: 배영사.
황정규(1984). 인간의 지능. 서울: 민음사.

村上正人, 則岡孝子 공저. 배정숙 역(2002). 더 이상 스트레스는 없다. 파주: 다리미디어.

Cole, S. A., & Bird, J. 공저. 김대현 외 공역(2002). 의학면담. 서울: 학지사.
Corsini, R. J. 저. 김정희, 이장호 공역(1995). 현대심리치료. 서울: 중앙적성출판사.
Defrance, B. 저. 전주호 역(2000). 학교에서의 폭력. 서울: 백의.
Foucault, M. 저. 오생근 역(1995). 감시와 처벌. 파주: 나남출판.
George, R. L. & Cristiani, T. S. (1981). *Theory, Methods and Process of Counseling and Psychotherapy*. N.J. : Prentice-Hall, Inc.
Kellett, M. C. 저. 문선모 역(1998). 당신의 기억력과 집중력을 향상시킬 수 있는 방법. 서울: 원미사.
Lafleur, L. & Destrempes-Maequez, D. 공저. 한국아동상담센터 역(2006). 학습장애 클리닉. 서울: 한울림.
Locke, J. 저. 임채식, 강진령 공역(1995). 미래를 위한 자녀교육. 파주: 양서원.
Merquior, J. G. 저. 이종인 역(1999). 푸코. 서울: 시공사.
Mialaret. G. 저. 고요한, 신태진 공역(2004). 교육과학입문. 서울: 학지사.
Miller, J. P. 저. 김현재 외 공역(2000). 홀리스틱 교육과정. 서울: 책사랑.
Murphy, J. J., & Duncan, B. L. 공저. 김동일 역(2004). 단기학교상담. 서울: 학지사.
Neil, A. S. 저. 강성위 역(1982). 교육은 권위적이어야 하는가. 서울: 이문출판사.
Rifkin, J. 저. 김명자 역(1995). 엔트로피. 서울: 동아출판사.
Scheuerl, H. 저. 이종서 외 공역(1993). 교육학의 학문적 성격. 파주: 양서원.
Sims, A. 저. 김용식 외 공역(2006). 마음의 증상과 징후. 서울: 중앙문화사.

Skinner, D. F. 저. 이장호 역(1982). 월덴 투. 서울: 심지.

Statford, T. & Webb, M. 공저. 최호영 역(2006). 마인드해킹. 서울: 황금부엉이.

Steiner, R. 저. 김성숙 역(2001). 교육은 치료다. 서울: 물병자리.

Tokayer, M. 저. 이원호 역(1996). 교육을 잃은 사회. 서울: 배영사.

Vester, F. 저. 박시룡 역(1993). 사고와 학습 그리고 망각. 서울: 범양사출판부.

Wandel, F. 저. 권이종 역(1993). 학교가 환자를 만드는가. 서울: 교보문고.

Wenger, W. 저. 보이스사 편집부 역(1988). 두뇌를 향상시키는 비결. 서울: 보이스사.

제7장

평생학습도시 정책의 교육생태론적 검토

1. 문제제기: 배움의 강요?

동양정신의 에토스라 할 수 있는 『논어』가 '學而時習之 不亦說乎, 有朋 自遠方來 不亦樂乎' 라는 글로 시작된 까닭은 무엇인가? 이것은 아마 인간이 느끼는 학습의 기쁨, 나아가 학습공동체의 기쁨을 존재론적으로 표현하기 위해서일 것이다(김신일, 박부권 편, 2005: 125). 이는 또한 샤르댕(Chardin, 1997)의 표현처럼 '인간현상' 에서 배움의 기쁨이 가르치는 기쁨에 선행(先行)하고 있음을 선언하고자 함이었을 것이다. 즉 배움은 가장 인간적인 현상이며, 이는 인간이 본래 배움을 좋아하는 존재(Homo eruditio)임을 전제로 한다(한준상, 1999). 그러므로 그 본질상 배움을 강요해서는 안 된다.

그러나 현실 속의 인간은 강요된 배움의 기제(mechanism)와 분위기를 통하여 학습 및 학교공포증과 같은 다양한 신경증(neurosis)에 걸린다. 이는 교육이라는 이름으로 개인에게 가해지는 반(反)생명, 반(反)교육, 반(反)자연적 경험에서 비롯된다. 그동안 모던한 학교교육은 개인에게는 높은 성취를, 집단에게는 고양된 경쟁력을 강조함으로써 배움을 묵시적 혹은 현시적으로 강요했다. 더욱이 이러한 배움의 강요는 오늘날 평생학습이라는 미명으로 더욱 확대되고 있다.

교육은 일종의 치료다(Steiner, 2001). 그것은 제도교육에서 이루어지는 반교육, 반생명, 반인간적 경험으로 인해 '배움의 자발성'을 상실한 개인에게 생명, 환경, 가치를 아우르는 인식과 행동을 일깨워 주는 생태적 작업을 의미한다. 어떤 이유든 배움을 묵시적-현시적으로 종용하는 사회심리적, 물리적 환경은 일종의 교육폭력이다. 그러므로 배움을 강요하는 사회 분위기, 교육 정책과 제도 등은 대중들로 하여금 강박증, 편집증, 경쟁 심리, 공포증 등의 신경증을 유발하는 병원(病源)이 된다.

슈타이너에 의하면 어린이에 비하여 성인의 병리적 징후(특히 정신병과 같은)를 치유하는 것이 더 어렵다(Steiner, 2001: 36). 그것은 아마도 개인의 정신병리가 그가 경험한 교육력(educational history)과 비례하기 때문인지도 모른다. 그럼에도 불구하고 평생교육이 치료교육이 되어야 할 이유는 자명하다. 즉, 오랫동안 제도교육을 통하여 성취와 지위경쟁으로 인해 지칠 대로 지쳐 있는 대중들로 하여금 치료교육의 경험을 통하여 삶의 진정성과 행복감을 회복하도록 도와주어야 하기 때문이다.

성인대상의 평생학습, 학습사회에 대한 질서 있는 담론이 비등한 것은 이미 오래 전 일이다(권이종, 1990; 김수일, 1987; UNESCO 한국위원회, 1983; 김충기, 1984; 김란수 외, 1982; Houle, 1972; Jarvis, 1985; Harris, 1980; Gessner, 1987; Lovell, 1988; Paterson, 1989; Hutchins, 1984). 특히 홀(Houle, 1972)은 평생학습을 위한 성인학습 설계(design)이론으로 듀이(J. Dewey)의 교육철학, 타일러(R. Tyler)의 교육과정이론, 레빈(K. Lewin)의 사회문화 심리이론, 지역사회개발론 등을 들고 있다.

여기에서부터 발달한 성인 평생학습의 이데올로기는 오늘날에 이르러 구체적인 정책과 제도로 새롭게 변모하고 있으며 그것이 다름 아닌 '평생학습도시' 이다. 이 정책이 변형된 형태로 이루어지는 또 다른 배움의 강요가 아니라 개인들로 하여금 치유가 실현되는 교육적 경험이 되기 위해서는 교육생태론적, 교육인간학적 검토와 성찰이 이루어져야 할 것이다.

'교육생태학' 이란 생태이론, 생명이론, 환경론 및 지속가능한 가치기반의 관점에서 교육현상을 조직, 연구, 공유하는 이론이다. 본 글은 본유적 인간현상으로서 '배움의 자발성' 이 평생학습도시의 슬로건에 의해 강요된 배움으로 왜곡되는 현상에 대하여 교육생태학, 교육인간학의 관점에서 비판적으로[1] 고찰하고자 한다.

1) 기본적인 연구방법은 텍스트에 대한 해석학적-현상학적 접근이다. 텍스트라 함은 평생교육, 학습도시 등과 관련된 질서 있는 담론들을 망라하는 개념이다.

2. 평생-학습-도시의 의미연관성

1) 도시의 학습화, 학습의 도시화

오늘날 현대인은 온통 도시, 밸리, 타운의 파노라마 속에 에워싸여 있다고 해도 과언이 아니다. 예를 들어 '기업도시, 과학도시, 문화도시, 혁신도시, 국방도시, 교육도시, 건강도시, 행정복합도시, 생태도시, 거점도시, 환경도시, 테크노밸리, 에듀밸리, 행정타운, 베드타운' 등 우리 삶은 이미 온갖 도시라는 기호 속에 포섭되어 있다. 그런데 여기에 평생학습도시라는 기호가 더 늘어났다.

도시라는 이미지는 언제나 풍요롭고 품위 있어 보인다. 그리하여 문화의 저열성과 낙후성은 언제나 '도시화'라는 이름으로 미화되거나 치장된다. 이에 반해 상대적으로 벽지, 오지, 농촌, 마을이라는 용어는 저급, 미개, 부족함 등의 이미지를 띠게 되어 오히려 이러한 전통적 용어가 낯설게 되었다.

'평생학습도시' 건설은 기왕의 낙후된 교육, 생산성과 경쟁력 없는 교육, 교육의 평범성 등에서 벗어나 국가수준에서는 고등교육 인구 확충을, 지역사회수준에서는 자생력 확보와 대외경쟁력 제고를 위한 슬로건이며 캠페인이 되고 있다. 그것은 학습경험에서 비롯된 '자아실현, 사회통합, 경쟁력, 학습공동체, 집합지능, 유비쿼터스, 네트워킹' 등을 매개로 개인과 개인, 개인과 사회를 유기적으로 연결함으로써 개인과 사회의 발전을 도모하기 위한 소통망의 구축인 셈이다. 이러한 소통망 구축(평생-학습-도시의 연관망)은 '평생교육

특구, 평생교육대학, 평생학습도시' 등 다양한 형태로 전개된다.

(1) 평생교육 특구: 도시복합대학, 신 대학도시

서울대학교 사범대와 서울시 관악구는 2020년까지 총 3000억 원을 들여 관악구를 '평생교육도시(비전 2020: 관악 Edu-Vally)'로 만드는 방안을 추진한다고 발표했다(동아일보, 2006년 12월 5일자). 관련 기사 내용을 보면 이번 프로젝트는 장기적으로 대학과 지역사회가 하나의 공동체를 이루면서 지역 내 공교육을 정상화하고 지역의 교육, 문화, 복지에 적극적으로 기여하려는 시도라고 분석하고 있다.

이것의 주요한 내용은 첫째, 요람에서 무덤까지 교육활동과 복지활동을 지원한다. 둘째, 실업에서 취업까지 인적자원 개발을 지원한다. 셋째, 일상에서 예술까지 문화교육 지도를 만든다. 이를 달성하기 위한 구체적인 내용은 〈표 7-1〉과 같다.[2)]

〈표 7-1〉 관악 에듀벨리 사업계획

사업명	내 용	참여 대상
청소년 생활과학교실	사범대 대학원생들이 생활과학 강의	초등학생, 학부모
어린이 방학영어캠프	사범대 학생들이 원어민 교사와 함께 지도교사로 참여하여 영어를 지도	초등학생
골든 웰빙 운동 프로그램	사범대 학생들이 중장년층에게 맞춤식 운동교육 프로그램 제공	중장년층
대학생 멘토링	사범대 학생들이 저소득층 학생들 학습지도	초·중학생
공학캠프	공대 교수들이 강의, 대학원생들이 실험지원	고등학교 1학년
시민대학, 시민대학원	시민의 기본소양 교육 및 교양 강좌	시민
관악 평생학습 성장 네트워크	지역리더, 평생학습전문가를 양성하고 창업교육을 지원	시민

지역협력학교	교육과정 공동개발	관내 중 · 고교
자매결연	관내 고교와 단과대 간의 교류협력 사업	단과대, 관내 고교

*자료출처: 동아일보, 2006년 12월 5일자.

(2) 지역 평생학습대학

경상북도 칠곡군은 지방자치단체로는 처음으로 2005년 '칠곡 평생학습대학'을 개설, 운영하고 있다(중앙일보, 2006년 10월 19일자). 관련 기사에 의하면 '칠곡 평생학습대학'은 주부 300명을 대상으로 '사회복지, 아동가족, 농업경영, 한식조리, 도예' 등 5개 전공 과정을 설치, 현재 15개 강좌가 개설되어 있다. 대학 졸업자는 전공과 관련하여 사회복지사, 보육교사 자격증을 취득하고, 학점은행제를 통하여 전문대학 졸업 자격을 얻을 수 있다. 즉, 학점, 자격증, 학위 등이 연계됨으로써 전형적인 평생학습체제가 구축되어 있다.[3)]

2) '관악 에듀밸리 프로젝트'의 단기사업은 '초 · 중고생 영재교육, 지역학습 도우미(멘토링), 노인-저소득층-실업자를 위한 교육프로그램, 교육컨설팅, 특기적성교육 및 과학실험교육 위탁실시' 등이며, 중장기 사업으로는 '영어마을 위탁 운영, 상설 과학전시관 설치 및 운영, 스포츠 건강문화센터 건립, 도전 창업센터 건립' 등 평생학습 지원체제를 위한 인프라와 컨텐츠 개발, 공유를 목표로 하고 있다.

3) 이러한 지역 평생학습대학은 주민의 교육수요를 충족시키는 등 삶의 질 향상을 도모하고 있으며 확대되는 추세에 있다. 단양군은 현재 관광대학을 설립, 운영 중이며, 순천시, 순창군, 태안군 등도 지역 평생학습대학 설립을 추진하고 있다. 이러한 교육특구, 지역평생대학 등과 더불어 평생학습도시는 국민의 평생학습경험을 제공하기 위한 정책으로 확대일로에 있다.

2) 평생학습도시의 의미

「교육인적자원부」 평생학습국, 평생학습정책과, 「한국교육개발원」 평생교육센터는 우리나라의 평생교육에 관한 정책 형성 및 집행의 주요기관이다. 한국교육개발원(KEDI)의 평생교육센터가 발행한 '평생학습도시 매뉴얼' (2005)에서 평생학습도시의 의미는 다음과 같이 정의되어 있다.

> "평생학습도시는 개인의 자아실현, 사회적 통합증진, 경제적 경쟁력을 제고하여 궁극적으로 개인의 삶의 질 제고와 도시 전체의 경쟁력을 향상시킬 수 있도록 언제나, 어디서나, 누구나 원하는 학습을 즐길 수 있는 학습공동체 건설을 도모하는 총체적 도시 재구조화(restructuring)운동이자 지역사회의 모든 교육자원을 기관 간 연계, 지역사회 간 연계, 국가 간 연계시킴으로써 네트워킹 학습공동체를 형성하려는 지역시민에 의한, 지역시민을 위한, 시민의 지역사회교육운동이다"(한국교육개발원, 2005: 8).

다시 말해 평생학습도시는 지역주민의 조직화된 학습경험을 통하여 도시번영, 사회통합, 지속가능한 발전을 지향하는 네트워킹 학습시스템을 의미한다. 여기에서 말하는 학습은 다음 네 가지 가정을 기초로 하고 있음을 명시하고 있다.

첫째, 학습은 도시의 경제적 번영과 고용을 강화시킨다.

둘째, 학습은 도시의 평등, 사회적 통합, 지역혁신을 증진시킨다.

셋째, 학습은 도시환경을 보전하여 지속가능한 발전이 가능하게 한다.

넷째, 학습은 도시행정의 개선과 주민의 자치능력 증진에 기여한다.

다시 말해 평생학습도시는 지역사회 주민의 요구를 찾아내어 지역사회의 모든 부문을 포괄하는 사회적 결속과 혁신, 경제적 발전을 증진시키는 전략으로서 학습을 적극적으로 활용하는 지역사회 학습공동체를 의미한다.[4)]

3) 평생학습도시 정책 개관(槪觀)

(1) 평생학습도시 추진 배경

이러한 학습도시의 유용성을 구체적으로 달성하기 위하여 추진된 평생학습도시 정책에 대하여 「한국교육개발원」은 그 추진배경을 다음과 같이 세 가지로 설명하고 있다(한국교육개발원, 2005: 12-14).

첫째, 오늘날 학교교육 중심의 패러다임이 평생학습 패러다임으로 전환하고 있으며, 평생학습은 개인 차원을 넘어서 국가나 지역사회 모두가 실천해야 하는 당면과제로 부상하고 있다. 또한 평생학습도시 사업은 도시라는 단위지역에 평생학습사회를 실현하는 데 궁극적인 목적이 있다. 다시 말해서 평생학습도시 정책은 개인의

4) 그리하여 학습도시는 첫째, 지역사회가 안고 있는 경제적, 사회적, 문화적 자원을 발굴하고, 서로 연결하여 미래지향적 지역 활성화를 가능하게 한다. 둘째, 지역사회 주민들의 기술과 재능을 최대한 활용한다. 셋째, 부(富)와 일자리를 창출하여 지역사회의 경제적 경쟁력을 강화한다. 넷째, 낙후되고 소외된 지역을 고르게 발전시킨다.

성장과 지역사회의 발전을 위한 교육기회 제공의 체제를 도시단위로 구축하는 사업인 셈이다.

둘째, 평생학습도시 사업은 장차 지식기반사회, 지식기반 경제시대에 대비하여 지역사회 주민들을 대상으로 인적자원을 개발하기 위한 지속적이고 총체적인 전략이다. 다시 말해서 지식기반사회에서 지식생산의 주체인 인간은 자원으로서의 의미를 지니며 이러한 인적자원 개발은 인간학습을 적극적으로 지원함으로써 가능하다.

셋째, 평생학습도시 사업은 지역단위의 주민자치시설과 기구를 지역주민 학습의 거점으로 육성함으로써 주민의 자치역량을 기를 수 있고, 해당 지역주민의 요구를 발굴하고 주민의 동참에 의하여 특색 있는 지역육성의 기반을 조성할 수 있다. 세계화와 지역화라는 상반된 흐름 속에서 시민에게는 공동체의 일원으로서 지역사회의 각종 문제를 주민 스스로 해결해 나갈 수 있는 능력을 지닌 민주시민으로서의 역할이 더욱 요구된다. 이러한 사회적 요구에 따라 지역사회 내의 자원을 활용하여 지역주민들의 교육적 요구에 따라 누구에게나, 언제든지 배울 수 있는 평생학습체제를 확립하고 지역주민의 성장을 통하여 지역사회 발전의 동력을 마련할 수 있다.

결국 평생학습도시 정책은 '평생학습사회, 지식기반사회, 국제화-지방화 사회' 라는 사회변화에 부응하기 위하여 기왕의 학교중심의 교육경험을 '학교 밖, 성인, 생활중심' 의 학습경험으로 재조직하는 움직임에서 출발하였다. 또한 평생학습도시는 지역공동체 내에서의 파트너십을 강화함으로써 지역의 요구와 도전에 대한 구체적인 해법을 제공할 수 있다는 신념에서 비롯되었다고도 볼 수 있다.

전통적인 학교중심의 교육에서 평생교육으로 교육체제를 재구조화하는 것은 OECD 가입국 대부분의 추세이며, 그 구체적인 전략으로서 평생학습도시 정책은 한 도시의 학습여건을 정비하고, 모든 시민의 실질적인 학습권을 보장하며, 지역의 인적자원 개발과 사회통합을 가능하게 하는 지역혁신 사업이다. 이러한 지역혁신을 통한 경제성장과 사회응집력 제고를 위하여 OECD는 1992년부터 세계 각국에 평생학습도시 사업을 적극 권고하고 있다.

(2) 평생학습도시 유형 및 현황

우리나라에서는 1994년 경남 창원시가 평생학습 관련 조례를 제정하였고, 1999년 경기 광명시가 자체적으로 평생학습도시를 선언함으로써 시발점이 되었다. 한편 「교육인적자원부」의 개입은 2001년부터 평생학습도시 조성 사업을 발표함으로써 시작되었다. 중앙정부가 개입함으로써 평생학습도시 정책기조는 프로그램 규모, 인적 · 물적 인프라 구축, 재정확보 등에서 크게 달라졌다.

중앙정부는 지역 내 평생학습주체 간 인적, 물적자원 연계를 통하여 지역을 하나의 평생학습체제로 구축하기 위하여 평생학습 네트워크 구축, 제도적 기반, 조직 및 시설, 지역특성이 반영된 프로그램 운영 등이 우수한 기초지방자치단체를 선정하여 각 도시 당 1억 원(3년까지) 이상을 국고 지원하고 지자체는 대응투자로 재원을 확보하고 있다. 이러한 평생학습도시는 다음과 같이 다양한 형태를 띠고 있다. 즉, 어느 준거에 따라 구분하느냐에 따라 평생학습도시는 다양한 유형으로 분류된다.

<표 7-2> 평생학습도시 유형 1

유 형		주 요 특 징
시민사회 중심	지역사회 재생형	현대사회와 같은 급속한 변화의 시대에 새로운 역할 또는 정체성 탐색을 목표로 자치단체 범위에서 종합적이고 광범위한 재생(regeneration) 전략을 기본 특징으로 함
	이웃공동체 형성형	형식적 학습, 비형식적 학습, 성찰적 학습을 활용한 새로운 형태의 이웃공동체 관리를 통하여 시민정신의 쇠락을 막고 적극적인 시민정신을 주도하는 것을 특징으로 함
경제발전 중심	산업혁신형	지역을 위하여 주로 기업체가 주도하는 학습지역 운동으로 산업단지 및 산업 복합단지에서 혁신을 증진시키려는 것을 주된 특징으로 함
	학습파트너형	이용자를 위하여 교육훈련을 제공하고 교육훈련 제공자와 학습자를 위하여 자원, 지역사회 학습파트너십 체제를 형성하여 협력을 증진하고 학습에서 참여를 심화시킴

*자료출처: 한국교육개발원, 2005: 20(일부 수정하여 인용).

<표 7-3> 평생학습도시 유형 2

유 형	주 요 특 징
경제지향형	학습도시 사업의 주된 목적이 평생학습 기회 제공을 통한 지역주민의 평생 고용력 개발과 지역 산업기술의 혁신을 지향하여 궁극적으로 지역의 경제적 발전을 지향하는 형태
공동체지향형	지역의 주민에게 평생학습기회를 제공함으로써 지역주민의 지역문제 해결에의 참여와 주민자치의 촉진을 통한 단위지역의 학습공동체 형성을 지향하는 형태
행정주도형	지방자치단체의 의지와 행정력을 기반으로 학습도시 사업을 추진하는 형태
기관위탁형	지방자치단체가 전문기관에 위탁하여 운영하는 형태
파트너십형	지역사회 내의 다양한 주체 간 협력체를 구성하여 학습도시 사업을 추진하는 형태

*자료출처: 한국교육개발원 평생교육센터(일부 수정하여 인용)(http://ksse.or.kr).

한편 2007년도 전국 '평생학습도시 사업설명회'를 위하여「교육인적자원부」에서 제작, 배포한 자료집에는 〈표 7-4〉와 같이 유형화하고 있다.

〈표 7-4〉 평생학습도시 유형 3

유 형	주 요 특 징	지역사례
사회 통합형	소외계층 교육과 학습공동체 지원으로 사회적 양극화 해소 - 소외계층대상 프로그램 제공으로 사회적 양극화 극복(문해교육 등)	광명시 진안군
전통문화 활성화형	학습과 지역의 전통문화 접목으로 학습문화 활성화 - 학습을 통한 지역 전통문화의 복원 및 상품화를 통한 지역발전 추진	안동시
시민 공동체형	주민자치 능력 고양과 민주시민 학습공동체 형성 - 주민과 지자체가 협력하는 주민자체 자치형으로 교육복지 사업 등과의 연계로 사회적 자본 형성	부천시 해운대구
산업 혁신형	지적 자본 창출을 통한 지역 산업혁신 - 기업체, 대학, 연구기관의 연계로 지식, 정보 유통의 활성화와 학습조직 활성화를 통한 지식자본의 창출	창원시
농촌지역 혁신형	지역 정체성 확립과 자생력 개발을 통한 지역사회 혁신 - 학습문화를 통한 지역의 정체성 회복과 확립	이천시 순천시
학습 파트너형	교육제공 주체 간 파트너십을 통한 지역주민 능력 개발 - 관련주체 간 파트너십 구축을 통한 다양한 학습기회의 제공	칠곡군

*자료출처: 교육인적자원부, 2007: 7.

2007년 현재 중앙정부로부터 심사를 거쳐 평생학습도시 지정을 받아 국고지원을 받고 있는 지자체별 도시 현황은 〈표 7-5〉와 같다.

일단 평생학습도시로 선정되면 국고지원은 물론 대응투자가 이루어지기 때문에 당해 지역사회의 교육인프라가 확충됨으로써 지역주민들의 개별 학습기회가 제고됨은 물론, 지식공유의 네트워킹이 원활하게 이루어져, e-Learning 및 유비쿼터스 학습 환경을 구축함으로써 지역사회의 교육경쟁력은 물론 산업생산성 향상에 도

〈표 7-5〉 평생학습도시 지정현황

지역	지정 도시수/ 기초지 자체수	2001	2002	2003	2004	2005	2006	2007
서 울	7 / 25				관악구	양천구 성북구	영등포구	강동구 강서구 마포구
부 산	3 / 16		해운대구				연제구	사상구
대 구	2 / 8					달서구 동구		
인 천	3 / 10			연수구		부평구	남구	
광 주	3 / 5					남구	동구 광산구	
대 전	2 / 5	유성구						대덕구
울 산	2 / 5						울주군	중구
경 기	11 / 31	광명시	부천시		이천시	수원시 구리시	안산시 용인시 시흥시 평택시	과천시 안양시
강 원	4 / 18						삼척시 화천군	강릉시 횡성군
충 북	4 / 12				청주시	제천시 단양군	진천군	
충 남	7 / 16				금산군	부여군	태안군 아산시 서산시	서천군 천안시
전 북	7 / 14	진안군			전주시	익산시	김제시 남원시 정읍시	군산시
전 남	7 / 22			순천시	목포시		여수시 광양시 곡성군	강진군 영암군
경 북	4 / 23			안동시	칠곡군			경산시 구미시

경 남	8 / 20			거창군	창원시	김해시 남해군	양산시 하동군	진주시 통영시
제 주	2 / 4		제주시	서귀포시				
합 계	76 / 232	3	3	5	8	14	24	19

*자료출처: 교육인적자원부, 2007: 14.

움이 된다. 그렇다면 「교육인적자원부」는 어떤 기준을 적용하여 평생학습도시를 선정, 지원하고 있는가?

<표 7-6> 평생학습도시 선정기준(2006년)

영 역	심 사 항 목
평생학습도시 비전과 목표	- 평생학습도시 조성사업 추진 목적과 비전의 적절성 - 지자체 도시계획과 동 사업계획과의 관련성 여부 - 지역주민의 학습요구 수요조사 및 반영 여부
추진체제 및 추진전략	- 지역 평생학습도시 계획수립 및 추진일정, 법적/제도적 기반조성, 계획의 적절성 - 교육청 및 지자체의 평생교육 추진조직 구성 및 적절성 - 지자체 행정인력 및 전문인력 배치(계획)의 적절성 - 지자체와 지역교육청 간의 연계, 협력체제 구축 정도 - 지역 내 유관기관과의 연계, 협력체제 구축 여부
주요 사업내용	- 평생교육 프로그램 운영 실적 여부 - 지역에 맞는 특색사업 및 구체적 추진계획 적절성 여부 - 주민의 수요를 프로그램에 반영하는 시스템 여부 - 평생학습 축제 및 세미나, 평생학습 관계자 연수계획 및 실적 - 평생교육 관련 사업을 수행할 수 있는 시설, 설비, 자료 및 인적자원 구비 여부 - 주민참여 촉진을 위한 홍보전략 수립 여부 및 실효성
사업지원체제	- 학습도시 정보 인프라 구축 여부 - 지자체 예산 중 학습도시 사업에 투자되는 예산비율 - 대응투자 규모

사업추진을 위한 리더십	- 지역단체장의 평생학습도시 조성사업에 대한 이해와 의지 - 지역사회에 대한 파급효과 및 기여도 - 사업추진에 대한 지역실무자의 참여와 협조

*자료출처: 교육인적자원부, 2007: 15(일부 수정하여 인용).

그렇다면 평생학습도시들은 당해 도시에 거주하는 개인들에게 어떤 학습경험을 제공하는가? 평생학습도시를 선정, 지원하는 중앙정부의 입장에서는 개인들로 하여금 즐겁게 학습하는 삶을 가능케 한다고 주장한다. 한국교육개발원에 의하면 평생학습도시는 개인적 차원과 지역사회 차원에서 구체적으로 다음 다섯 가지의 유용성이 있다고 한다(한국교육개발원, 2005: 30−31).

첫째, 시민 개개인이 평생 동안 스스로 배우고, 학습성과를 통하여 개인의 삶을 능동적으로 개척하며, 지역사회 활동에 능동적으로 참여하여 지역발전을 위하여 공헌하는 기회를 제공할 것이다. 이러한 평생학습경험은 개인의 자아실현과 삶의 보람을 창조하는 기반이 될 것이다.

둘째, 개인적으로나 사회적으로 여가시간이 증대하고 있다. 이에 따라 일상생활에서의 여가선용은 중요한 관심사로 부각되고 있으며, 여가와 학습활동을 통합함으로써 삶의 질을 고양시킬 수 있을 것이다.

셋째, 평생학습활동을 계속하기 위한 태도를 배양하는 것, 즉 자기주도적인 학습력을 배양하기 위해서는 학습자 스스로 생각하고, 주체적으로 판단하며, 행동할 수 있는 학습환경을 조성해야 한다. 이를 위하여 가정, 학교, 지역사회 간의 연계, 협력을 촉진해야 하며, 지역의 학습문화 고양을 위하여 다양한 프로그램의 필요성이 제기되는데 평생학습도시는 이에 부응할 것이다.

넷째, 지역사회 주민들의 삶과 괴리되지 않는 학습, 지역사회 내 실천 활동과 연계된 학습을 위하여 평생학습은 지역사회의 토양에서 성장하고 지역사회에 기여하는 것이어야 한다. 개개인이 자발적 의지를 갖고 행하는 평생학습은 다양한 학습활동들로 발전하여 지역주민들과의 교류를 증진하고, 지역문화의 고양과 경제발전 등 지역사회를 살리는 데 원동력으로 작용하게 된다. 또한 평생학습경험을 통한 개인의 학습성과를 타인과 공유함으로써 풍요로운 지역건설의 기반을 제공할 것이다.

평생학습도시는 일련의 절차를 거쳐 조직과 체계를 갖추어 나가게 되는데 가장 기본적인 조직으로는 '평생학습센터'가 있다.[5] '평생학습센터'는 평생학습에 관한 정보를 제공하고, 전시(全市) 차원의 사업을 개발하여 선도적인 시행을 하며, 평생학습 지도자를 양성하고, 문화센터, 복지관, 주민자치센터 등의 개별기관들에 대한 전문적인 지도와 조언을 하여 학습도시를 건설하는 데 중심역할을 하게 된다(한국교육개발원, 2005: 49).

---

5) 평생학습도시 사업의 플랫폼으로서 평생학습센터는 관련 사업의 출발기관이며 네트워크 교류의 중심기관 역할을 한다. 평생학습센터는 해당 지역의 주민교육과 관련된 사업 및 프로그램, 기관 및 단체와의 유기적인 협력관계 보장을 위하여 지역의 모든 교육자원과 지자체의 행정지원을 연결하는 핵심적인 추진 조직이다. 주민을 대상으로 하는 직접적인 교육사업보다는 지역의 특성화된 부문을 담당하는 중심기관으로서 통합적인 기능을 우선적으로 수행한다. 평생학습센터는 지역 평생교육기관 및 단체의 실무자 연수, 교육프로그램 개발, 네트워크 사업, 강사은행 운용, 평가 등 종합적인 기능을 수행한다.

평생학습도시가 그 설치 목적을 달성하고, 효율적으로 기능하기 위한 중요한 조건은 바로 '평생학습 네트워크' 구축이다. 즉 평생학습도시가 온전하게 기능하는 평생학습체제를 형성하기 위해서는 교육자원 간의 제휴와 협력 네트워킹이 우선적으로 요구된다. 여기에서 '네트워크'란 하나의 시스템 내에서 구성요소 간의 지속적이며 유기적인 연계, 협력, 제휴 등으로 이해할 수 있다.[6)]

당해 도시의 가용(可用) 교육자원 네트워킹이 원만하게 이루어지면 이제 본격적으로 시민들에게 학습경험을 제공하기 위한 프로그램을 준비하게 된다. 평생학습 프로그램은 개인의 잠재능력 신장과 사회참여 능력의 개발을 목적으로 한다. 이를 달성하기 위하여 다양한 평생학습 프로그램이 개발, 적용되고 있는데, 다양성이라는 평생교육의 특성으로 인해 그 대상, 내용, 제공자, 방법 등 다양한 기준으로 영역이 구분된다.[7)]

---

6) 평생교육시설에는 초, 중등학교를 비롯하여 지역 문화원, 여성회관, 청소년회관, 복지회관, 평생교육관, 구민회관, 박물관, 도서관 등의 공공 평생교육기관과 문화센터나 기업체 연수원 등과 같은 다양한 시설이 있다. 교육기관은 아니지만 기능적으로 교육기관의 성격을 갖는 시설로 지자체와 같은 행정 당국의 공공시설을 비롯하여 영화관, 극장, 음악시설 등의 문화시설, 방송국과 신문사 등의 정보관련 시설 등이 있다. 평생학습사회가 실현되기 위해서는 여러 종류의 교육시설 간에 유기적인 관계유지와 학습자의 요구에 적절하게 대응하는 것이 요구된다. 지역 평생학습 기반정비를 위하여 가장 시급한 것은 학교교육기관과 평생교육기관 및 일반 지역사회 자원을 망라한 교육자원을 조사, 발굴하며 이에 기초하여 교육자원의 공동 활용을 위한 지역사회 학습네트워크(learning network)를 구축하는 것이다(한국교육개발원, 2005: 64).

7) 학습대상에 따라서 아동 및 청소년교육, 청년교육, 부모교육, 여성 평생교육, 성인 전기 및 성인 후기교육, 노인교육 등으로 구분된다. 교육내용에 따라서는 문화예술교육, 체육/건강관리/레크레이션 교육, 언어영역/문해교육, IT관련교육, 시민교육,

시민들이 경험하게 될 평생학습 프로그램이란 지역사회의 문제를 인식하고, 그것을 해결하기 위하여 교육계획을 수립하고, 그 계획의 목표를 효과적으로 달성하기 위하여 실천하는 총체적 활동을 의미한다. 나아가 조직이나 기관의 평생교육을 위한 모든 능력, 특수 인구집단을 위해 설계된 교육활동 등도 여기에 포함된다(한국교육개발원, 2005: 93).

한편 평생학습 프로그램 개발이란 대상 집단과 기관 간의 공동 노력을 통하여 정보와 자원을 획득하고, 일정한 절차에 따라 적절한 순서대로 프로그램을 구성하고, 개발된 프로그램을 고객에게 제공하여 최종적으로 그 효과를 평가한 후 프로그램을 수정하는 일련의 과정을 의미한다. 즉, *planing, analysis, design, development, marketing, implement, evaluation*의 과정을 거친다.

평생학습도시 정책 성공의 관건은 무엇보다도 학습문화 조성에 있다. 시민들이 학습활동을 행할 수 있는 평생학습시설을 설치하고, 평생학습 담당자를 배치하며, 학습 프로그램을 제공한다 하더라도 지역주민들이 학습경험에 대한 의지가 부족하거나와 실질적인 참여가 이루어지지 않는다면 아무런 의미가 없다.

따라서 당해 지역주민들이 자신의 학습을 일상적인 삶 속에서 적극적으로 실천하도록 하는 것이 무엇보다 중요하다. 이러한 학습참여의 분위기를 조성하는 것을 '평생학습문화의 조성'이라고 한다(한국교육개발원, 2005: 160). 학습이란 본래 교육적 강제의 정당성을

교육일반, 자연과학, 생활과학, 산업기술, 생애직업능력 개발 등으로 구분되며, 시설에 따라서는 학교중심, 대학중심, 직업훈련기관 중심, 기업중심 등으로 구분된다.

부정하는 것이다(김신일, 박부권, 2005: 118).

학습문화 조성이란 첫째, 시민들이 학습도시 사업이 무엇인지 올바로 인식하게 만드는 것이다. 둘째, 학습도시 사업과 평생학습의 중요성에 대한 이해와 인식을 보다 많은 시민들에게 확산시키는 것이다. 이처럼 평생학습문화 조성은 평생학습에 대한 홍보를 통하여 시민들이 평생학습을 경험하도록 촉진시킨다.

이를 위한 구체적인 전략으로 '평생학습 축제, 평생학습 세미나, 평생학습의 날' 등의 개최 및 운용을 들 수 있다. 혹은 매스컴을 이용하여 안내, 홍보하거나 평생학습을 위한 상설시설을 설치, 운영할 수도 있다. 이처럼 평생학습도시는 전시(全市)적 활동이며 많은 에너지(인적, 물적, 환경적, 심리적)를 요구하는 정책이다.

이를 정리하면 다음과 같다. 중앙정부가 개입함으로써 평생학습도시 정책은 공적(公的) 기능의 일부가 되었다. 우리는 여기에서 교육의 공공성에 대한 대중의 신뢰가 상실되었을 때 나타나는 교육소비자집단(학생, 학부모, 기업체 등)의 교육저항과 외면에 대하여 눈여겨보아야 할 것이다. 즉, 기왕의 공교육에 대한 회의와 불만이 평생교육 정책에 영향을 미칠 것임은 자명하다. 그러므로 우리는 평생학습도시가 묵시적이든 현시적이든 대중들에 대한 또 다른 배움의 강요로 작용하여 전형적인 고비용 저효율의 공공사업으로 전락하지 않을지 재검토해야 한다.

3. 평생학습도시 정책의 교육생태론적 반성

이상에서 살펴 본 평생학습도시 정책기조와 실천을 사회철학적 관점에서 볼 때 경쟁과 자율, 선택과 집중지향의 보수적 자유주의보다는 분배와 균형을 구현하려는 진보적 평등주의를 기반으로 하고 있음을 알 수 있다. 즉, 자생적 시민사회의 학습프로그램 설계보다는 중앙정부의 적절한 간섭을 정당화함으로써 도시화라는 기제를 통하여 교육경험, 행정 서비스, 경제적 부(富)를 대중에게 골고루 분배하고자 하는 것이다.

베그송과 허쉬(J. Begtsson & D. Hirsh)에 의하면 한 도시가 평생학습의 장(場)으로 선언하고,[8] 평생교육 프로그램을 제공하는 이유는

---

8) 어느 도시가 평생학습도시로 지정되면 자율적으로 평생학습 선언문(일종의 charter)을 만들어 공표하게 된다. 이것은 평생학습도시의 실천을 위한 약속이면서 동시에 그 실천의 진정성을 가늠하는 중요한 척도이기도 하다. 여기에서는 유럽 평생학습도시연합(ELLI)의 학습도시 헌장을 살펴 보기로 한다. "우리는 미래의 번영과 안정 그리고 시민의 복리를 증진시키기 위한 주된 활동력으로써 학습의 절대적 중요성을 인정한다. 우리는 지역사회 안에서 평생학습에 노력할 것을 다음과 같이 선언한다. ① 생산적 파트너십 형성: 만인을 위한 학습기회를 확대하고 교육자원을 최대한 공유, 활용할 수 있도록 도시의 모든 부문 간에 생산적 파트너십을 형성, 발전시킨다. ② 학습욕구의 발견: 개인적 성장, 진로개발과 가정의 안녕을 위하여 모든 시민들이 필요로 하는 학습욕구를 발견한다. ③ 학습 제공기관의 활성화: 언제, 어디서, 누구나, 원하는 맞춤식 학습을 받을 수 있도록 평생학습 제공기관들을 활성화시킨다. ④ 학습에 대한 수요 자극: 혁신적인 정보 전략과 평생학습 증진을 위한 행사개최와 효과적인 매체활용을 통하여 학습수요를 자극한다. ⑤ 학습활동 지원: 현대적인 학습안내 서비스를 제공하고 새로운 교육공학을 효과적으로 사용할 수 있도록 학습활동을 지원한다. ⑥ 모든 시민들의 동기 유발: 시민들이 자신들의 재능, 기술, 지식, 정열을 투입하여 환경보호, 지역사회, 학교 그리고 다른 사람들에게 기

다음과 같다(한국교육개발원, 2005: 11에서 재인용).

첫째, 도시는 생활을 둘러 싼 다양한 환경에 참가하면서 학습할 수 있는 기반이 조성되어 있다.

둘째, 도시라는 단위는 교육제공에 참여하는 주체의 응집성을 만들어 낼 수 있는 단위로 매우 크거나 매우 작지도 않은 통합적 집단으로서 강한 정체성(identity)을 형성할 수 있다.

셋째, 학습을 지역 활동에 결부시키는 방법으로서 평생학습이 이용되고, 그 도시 특유의 '학습문화'가 형성될 수 있다.[9)]

여할 수 있도록 시민들의 동기를 유발시킨다. ⑦ 부의 창출지원: 공공조직과 민간조직들이 학습조직으로 발달할 수 있도록 기업에 대한 지원과 기업발전을 고무시킨다. ⑧ 외부지향적, 전향적인 프로그램의 활성화: 시민들로 하여금 자신들의 지역사회와 지구촌 사회로부터 학습할 수 있도록 외부지향적 프로그램 활성화를 촉진시킨다. ⑨ 소외 퇴치: 소외집단들이 학습과 도시생활에 참여할 수 있는 프로그램을 개발, 운영함으로써 소외를 극복하도록 한다. ⑩ 축하: 개인, 단체, 가정에서의 학습성과를 서로 축하하고 보상한다."

9) 문화는 인간의 특수한 삶의 양식을 의미한다. 문화현상은 가변적이며 다양하다. 의사소통에 대한 필요성은 인간의 보편적 선천성을 나타낸다는 점에서 자연현상에 속하지만 인간의 노래 소리나 인간의 의사소통에 사용되는 언어, 언어공동체는 문화현상의 범주에 속한다. 그러므로 인간적인 것은 필연적으로 문화적이며 역으로 문화적인 것은 항상 인간적이다. 그러나 실제로 문화란 말은 그냥 인간의 생활방식을 지칭하지 않고 인간의 정신적 욕구를 충족시키는 활동, 현상, 표현 등을 의미한다. 문화인 혹은 문화사회라는 말은 물질적으로나 질적으로나 도덕적으로 상당히 높은 수준에 이른 고등교육을 받은 사람 혹은 산업화된 사회를 말한다. 문화는 단순히 도시화된 사회를 넘어 발달된 문화라는 의미로 사용된다. 그리하여 문화는 보다 구체적으로 한 사회의 수준 높은 학문적 발달, 문화예술 활동 그리고 깊이 있는 도덕적 의식을 의미한다. 문화야말로 동물에서 인간에로 승화시키는 활동이며 방법이며 척도다(박이문, 1995: 117-119). 그중에서 가장 필요하고 중요한 것은 바로 학습문화다.

"사람은 그 누구든 한 사회의 학습문화에 구속당한다. 한 사회에 존속하는 동안 사람들은 그를 둘러싸고 있는 사회적 요구와 역할에 동의하면서도 다른 한편으로는 부단히 인간 자체의 개인적 요구를 추구한다. 그래서 사람들은 개인의 삶살이나 욕구가 사회의 그것과 다르면 다를수록 더욱 더 사회적 규범이나 관습에 대하여 긴장하거나 갈등을 갖는다"(한준상, 2003: 302).

평생학습도시는 '생활 속의 창조성, 집단의 응집성, 실제적 지역활동' 이라는 새로운 도시의 학습문화를 형성시키며 예측 가능한 갈등과 긴장을 야기한다. 그런데 여기에서 우리는 다음 물음을 생각해 볼 필요가 있다. 즉, 농촌에서의 학습문화 조성이 도시화에 기여하는가? 아니면 도시화가 학습문화를 형성, 진작시키는가?

어떤 설명방식을 채택하든 시민의 학습경험과 도시화는 연관되어 있다. 그러나 우리는 여기에서 세계화와 마찬가지로 도시화가 갖고 있는 문제점을 꼼꼼히 짚어보지 않을 수 없다.[10)]

---

10) 안나 티바이주카 UN사무차장은 "브레이크 없이 질주하는 도시화는 시한폭탄을 안고 미래로 뛰어드는 것과 같다"고 함으로써 그 위험성을 경계하고 있다(동아일보, 2007년 4월 4일자). 그에 의하면 2007년은 인류 역사 최초로 도시인구가 세계 전체 인구의 절반이 되는 해로 새로운 도시 밀레니엄의 도래라고 의미를 부여했다. 또한 그는 이러한 급격한 도시화의 그늘에 학습으로부터의 소외, 차별, 불평등도 동반 팽창하고 있음을 지적했다. 결국 도시화에 동반되는 평생학습 프로그램은 개인과 도시로 하여금 성장과 경쟁력 제고를 촉구하지만 동시에 이로 말미암아 이미 나타났거나 나타날 개연성이 있는 학습경험으로부터의 소외와 학습경험 분배상의 불평등과 같은 그늘까지도 함께 고려해야 할 것이다. 가장 이상적인 평생학습도시의 모습은 도시 자체가 인간을 교육하는 것이다. 우리는 고대 아테네의 파이데이아(Paideia)에서 그 원형을 찾을 수 있다. 즉, 폴리스(Polis)는 시민들로 하여금 여가를 이용하여 자기 자신과 공동체를 다스리는 방법에 대하여 스스로 배울 것을 기대했던 것이다(Hutchins, 1984: 173).

1) 평생학습은 과연 생태적 경험인가?

(1) 교육생태학의 형성 조건

생태학(Ecology)이라는 말은 1866년 헤켈(E. Heckel)이 만들었다(Olivier, 1978: 5–6; Pepper, 1991). 헤켈에 의하면 "생태학이란 생물과 그것을 에워싸고 있는 자연환경과의 모든 관계에 대한 연구"다. 이를 바탕으로 올리비에(G. Olivier)는 '인류생태학' 이란 개념을 만들었고 최근에는 '심층생태학' 이란 말이 만들어졌다(이은정, 1999; 이규호, 2000).

자연생태학이 자연과 환경을 인식하는 방법론이라면 심층생태학은 자연, 인간, 문화, 교육을 동시에 아우르는 패러다임이다(이규호, 2000: 61). 심층생태학에 의하면 모든 생명은 상호의존성이라는 연결망 속에서 서로 얽혀 있는 생태학적 공동체의 구성원이다. 심층생태학은 기본적으로 생태, 생명 중심적인 가치관을 중심으로 하고 있으며, 그것은 인간이 아닌 다른 생물의 고유한 가치들도 인정하는 세계관을 바탕으로 하고 있다(이규호, 2000: 7).

존재가치와 참된 생명은 자연성(자율–자유–자치–자활–자생–자족–자급)에서 비롯된다. 생명은 반(反)자연적 인위성을 배제함으로써 가장 아름다운 자율적 기능을 유지할 수 있다. 그러므로 생명을 살리는 교육은 바로 인위성을 최소화하는 데서 출발해야 한다.

이러한 생태학적 담론은 교육에 대한 생태학적 사유를 자극하고 오늘날 그 논의가 확대되고 있다. 기본적으로 교육생태학은 교육위기가 교육의 비 생태적 요소로부터 발생한다는 시각에서 출발한다.

이를 다시 말하면 "좀 더 생태적으로 조화로운 최선의 길을 제시하는 것으로 가장 좋은 방법은 바로 교육에 있다"는 생태지향적 주장이 가능한 것이다(Pepper, 1991: 354).

> "교육생태학은 인간사회뿐만 아니라 자연까지 확대한 삶-우주-전체를 교육의 장(field)으로 바라보고, 제도권, 비 제도권 구분 없이 모든 사건을 교육적으로 가치 있는 활동으로 수용한다. 그럼으로써 제도권을 벗어나 제대로 평가받지 못한 교육활동을 발견하고 그 의의와 가치를 재조명할 수 있다. 무엇보다 교육생태학의 제일 전제조건은 생명이다 …… 누구나 자신의 자연성을 실현해 가는 과정에서 개방된 소통의 경험을 통해 자아 내 본성과 자아 밖의 세계 간에 조화롭고 균형 있는 관계를 형성해 나가는 것을 강조한다. 또한 교육생태학은 삶을 생태시스템으로 바라보고 그 시스템 내의 모든 존재들이 연관되어 있다는 인식에서 개방적이고 순환적인 시스템을 구성하고 구성원들의 참여를 통하여 생태학적으로 건강하고 조화로운 교육공동체를 건설하는 데 관심을 기울인다"(이은정, 1999: 108).

여기에서 '조화로운 교육공동체'란 다름 아닌 평생학습사회 혹은 학습사회문화인 셈이다. 위의 정의에서처럼 교육생태학은 '인간, 자연, 관계, 소통, 자아, 생명, 조화, 균형, 공동체, 가치' 등을 주요한 설명의 도구로 사용하고 있다.

궁극적으로 교육생태학은 '지성중심에서 감성의 회복으로, 경쟁중심에서 관계중심으로, 삶과 교육의 분리에서 삶과 교육의 일치로, 죽기 아니면 살기(drill & kill)에서 잘살기로, 닫힌 세계에서 열린 세계'로 교육의 패러다임을 전환(shift)시키기 위하여 만들어진 조직화된 이론과 실천이다. 교육이론에서 이러한 담론은 이미 오래 전부터 개진되었다.

프레이리(P. Freire), 일리치(I. Illich), 라이머(E. Reimer) 등으로 대표되는 제3세계 교육이론가들에 의하면 교육의 모습이 자유, 정의, 대화, 생명 등을 기반으로 했을 때만이 오로지 학습에 참여하는 사람들에게(학교 안이든 밖이든) 가치 있는 경험을 제공할 수 있다(Freire 외, 1979). 따라서 생태지향 평생학습 정책은 반드시 이러한 심층생태학적 교육이해와 인식들로부터 출발해야 한다.

기왕의 '공교육, 학교교육, 제도교육, 의무교육'이 공통적으로 담지(擔持)하고 있는 반인간, 반생명, 반교육성은 여기에서 논외로 하고 평생학습 설계와 시민의 경험이 지향해야 할 교육생태론적 가능성과 필요성을 중심으로 다루기로 한다.

> "인간의 학습은 동물원 교육을 청산하는 데서 시작된다. 사람을 위한 옴살학습의 복원이 필요하다. 학생과 학생, 교사와 학생, 부모와 교사가 서로 가치와 의식을 공유하며 한 몸처럼 어울리며 보호해 주는 교육이 바로 옴살학습이다 …… 옴살스런 배움과 익힘은 인간과 인간, 인간과 지식, 인간과 기술 간의 유기적인 관계와 그들의 밀착된 내면관계를 강조하는 생태학적으로 자연친화적인 활동을 의미한다. 이러한 옴살학습은 배움의 동물이며 학습형 인간인 호모 에루디티오의 평생학습을 위한 중요한 지침이다"(한준상, 2003: 19-20).

옴살스런 배움과 익힘이란 무엇인가? 카프라(F. Capra)에 의하면 현대 물리학이 발견한 세상과 사회는 옴살(holistic)스럽고 생태론(ecological)적이다. 여러 가지 다양한 현상이 서로 얽히고 설켜 드러나는 이 세계상에는 그들의 결속관계 그리고 상호 의존관계들이 두드러져 나타나며 그들 자체의 물리적 실재란 내부에 존재하는 역동성, 다시 말해 부단한 움직임과 활력 그것뿐이다(김재희, 1995: 31-

32, 121).[11]

이러한 생태론적 인식방법을 학습환경에 외연적으로 확대 적용할 때 개인의 학습경험과 대상은 결코 분리되지 않는다. 다시 말해서 전인적인 학습단위, 학습조직, 학습환경, 학습경험이란 바로 이러한 생태적 조건을 갖추었음을 의미하는 것이다. 가정은 이러한 옴살스럽고 생태적인 학습조직의 최소단위다. 즉, 가정은 가장 자연적이며 생태친화적인 학습공동체이다. 결국 평생학습도시가 생태학적 조직이 되기 위해서는 이러한 가정의 모습을 확대 재생산하는 구조를 띠지 않으면 안 된다.

(2) 생태적 학습조직과 공동체

프롬은 『건전한 사회』(*The Sane Society*)에서 자생적인 학습능력을 지닌 어느 노동단체의 학습조직을 면밀히 관찰한 후 이상적인 교육생태학적 학습모델을 제시하고 있다(Fromm, 1982: 464). 그 단체의 구성원들은 누구나 삶 자체보다 더 높은 것, 즉 자유, 인간존엄, 진

11) '옴살' 은 '전일적(全一的), 시스템적(systematic), 유기적(有機的), 통전적(通全的), 전체적' 등의 의미와 다름없다. 교육에서 전일은 전인으로 치환되어 사용된다. 그리하여 전인교육, 의사소통의 교육, 인간교육은 바로 옴살스런 교육이 되어야 한다. 이에 대하여 베이트슨(G. Bateson)은 다음과 같이 쉽게 설명하고 있다. 즉 "어떤 사람이 나무 한 그루를 잘라 넘길 때 나무의 성질, 도끼의 움직임, 인간은 전(全) 정신시스템을 구성한다. 여기에서 학습주체인 인간의 정신은 학습대상인 사물이나 자연과 대립하는 것이 아니라 오히려 그것들을 포섭한다. 나무를 잘라 넘길 때 인간이 나무와 교감한다는 식의 사고야말로 가장 생태적이며 시스템적인 것이다"(강건일, 1999: 234에서 재인용). 이에 대하여 장회익은 '온생명' (global life)이라는 개념사용을 제안했다(장회익, 1999: 178-197).

리, 정의 등이 있다는 것을 항상 명심하고 있다. 또한 그들은 일상생활에서 이러한 공통적인 윤리적 가치 준수를 스스로 맹세한다.

교육생태학적 관점에서 볼 때 이들의 뛰어난 점은 그들이 스스로 교육하려고 시도했다는 점이다. 그들은 생산에서 절약한 시간을 교육에 투자했다. 그들이 견지한 교육원리는 인간은 어떤 기술적인 활동에서 출발하는 것이 아니라 인간 자신으로부터 출발해야 한다는 점이다.[12] 평생학습 경험을 위한 이상적인 학습조직은 자율적, 민주적, 유기적 소통구조를 기반으로 한다.

> "인간에 있어 평생학습은 사람과 사람 간의 경험을 이어주는 의식소통의 학습으로 연마되어야 한다. 이런 의식소통의 학습을 원활하게 만드는 기관모형으로 지역공동체 배움, 커뮤니티 학습모델을 염두에 두어야 한다"(한준상, 2003: 20).

학습조직은 '지식관, 지식의 내용, 소통구조' 등에 따라 다음과 같은 다양한 형태를 띤다(한준상, 1998: 82). 첫째, 교사중심, 객관주의 지식관, 닫힌 소통구조를 중심으로 하는 객관주의적 교육환경(전통적 교실환경), 둘째, 상향적 정보 흐름이 가능하며 학습자의 지식 구성을 자극하는 인지적 구성주의 교육환경(Knowles의 SDL 이론), 셋째, 하향적 정보흐름이 가능하며 동료그룹 간 지식공유가 가능한 사회문화적 구성주의 교육환경(Mezirow 등의 전환이론) 등이다.

---

12) 이를 위하여 첫째, 인간적인 삶을 위하여 노동의 모든 결실을 즐길 줄 알아야 한다. 둘째, 우리는 외부의 작용에 의해서가 아니라 우리 스스로 교육할 수 있어야만 한다. 셋째, 우리는 사람의 도덕적인 능력에 알맞은 공통적인 노력을 추구해야 한다. 넷째, 우리는 전 세계와 능동적으로 관계해야 한다. 여기에서 관계는 다름 아닌 소통이다.

<표 7-7> 사회문화적 구성주의

패러다임	급진적 · 사회문화적 구성주의	인지적 · 사회문화적 구성주의	사회문화적 구성주의 및 인류 · 사회학적 접근	사회문화적 구성주의 및 담화론
대표학자	Lave	Rogoff	Cole	Wertsch
주요 관점 및 용어	- 참여, 대화 - 합법적, 주변적인 참여 - 정체 변화 - 힘의 재구조 - 지식과 기술 습득은 부수적으로 수반	- 비고츠키의 근접발달영역 이론 - 전문가 도움과 지도를 강조 - 구조화된 교수학습 전략 강조 - 인지발달을 위한 도전적 문제제시 - 부모와 자식은 도제 관계 - 인지적 전략 및 구조의 습득	- 특정 상황에서 생성, 발달되는 인지적 기능과 활동의 강조 - 인지적 발달의 근원에 관심 - 학습에는 상대적으로 무관심	- 상황성과 독특성을 잘 전달해 주는 말 - 사회적 언어

*자료출처: 강인애, 2001: 78.

특히 사회문화적 구성주의는 평생학습조직에 많은 이론적 토대가 되고 있으며 그 유형은 <표 7-7>과 같이 다양하다. 그러나 성인대상의 평생학습경험은 이들을 뛰어 넘어 탈지식(탈객관주의) 학습공동체로 나가야 한다. 왜냐하면 평생학습기반의 학습공동체는 앞에서 설명한 첫째나 둘째 수준과 가급적이면 중첩되지 않아야 하기 때문이다.

이러한 생태적 평생학습경험을 지원하거나 조장하는 학습조직에 대한 논의는 이미 활성화되어 있다(Marquardt & Reynolds, 1995; P. Senge 외, 1996; Wilkinson, 2001). 그중에서도 특히 셍게(P. Senge) 등이 지은 『학습조직의 5가지 수련』(*The Fifth Discipline Fieldbook*)은 평생학습경험을 위한 학습조직에 유용한 시사점을 제공하고 있다 (장원섭, 2006: 166).

근본적으로 학습조직은 교육(teaching)이 아니라 학습(learning)을 위한 전략적 집단이다. 학습조직의 핵심은 평생 연구하고 실행해야 할 다음의 5가지 학습수련(Learning Discipline)에 기초하고 있다 (Senge 외, 1996: 22-23). 이것들은 학습조직 자체는 물론 조직 구성원에게 모두 적용된다.

셍게 등에 의하면 학습조직의 모습이 더욱 명확해지고 세밀해질수록 조직을 더욱 쉽고 효과적으로 구축할 수 있다. 이러한 비전은 사람들 간의 대화를 통하여 더욱 풍요로워질 것이므로 이러한 '공동체적 몰입' 은 전략적으로 중요한 의미를 갖는다(Senge 외, 1996: 21). 우리는 여기에서 외부의 간섭과 통제가 배제된 자율적인 의사소통 구조의 기반 위에서 위와 같은 5가지 학습수련을 가능케 하는 생태

〈표 7-8〉 학습조직의 5가지 수련

수련과목	주 요 내 용
Personal Mastery	원하는 결과를 창출할 수 있는 개인적 역량을 확장하는 방법을 학습하고, 구성원들이 선택한 목표나 목적을 향하여 각자 자신을 개발할 수 있는 조직여건을 조성하는 수련
Mental Models	세계에 관한 우리 생각과 관점들을 부단히 성찰하고, 객관화하고, 다듬으면서 그것들이 자신의 행동과 선택에 어떤 영향을 미치는지 깨닫는 수련
Shared Vision	우리가 창조하고자 하는 미래의 이미지를 창조하고, 거기에 도달하기 위한 원칙과 관행들에 대한 공감확대를 통하여 조직 내에 공생의식을 구축하는 수련
Team Learning	조직 성원들이 개개인 능력의 단순함을 뛰어넘는 지혜와 능력을 구축할 수 있도록 대화와 집단적 사고방법을 전환하는 수련
System Thinking	시스템의 동태를 결정짓는 요인들과 그들 간의 관계를 기술하고 이해할 수 있는 언어 또는 그에 대한 사고방법을 터득하는 수련. 이를 통하여 시스템을 더욱 효과적으로 만들 뿐만 아니라 자연과 문명이 공존할 수 있는 행동을 이끌어 내는 수련

지향적 학습공동체를 꿈꾸게 된다.

포피노 부부(O. Popenoe & C. Popenoe)는 전 세계를 돌아다니며 생활친화적 평생학습망을 구축하며 살아가고 있는 수많은 공동체 마을들을 찾아내 그들이 추구하는 새로운 삶의 양식을 탐구하였다.[13] 마침내 그들이 목격한 생태지향 평생학습 공동체의 공통점은 영성수련을 기반으로 하며, 생태적 관계 맺기와 협동 활동을 통하여 일과 삶을 일치시키려는 노력을 경주한다는 사실이다. 오늘날 일, 여가, 문화, 학습경험이 분리된 채 살아가는 사람들은 다음과 같은 그들의 주장을 귀담아 들을 필요가 있다.

> "공동체들이 그 구성원에 대하여 기울이는 관심의 초점은 그들이 무엇을 소유하고 있느냐가 아니라 그들이 어떠한 인간인가 하는 데 모아지고 있다 …… 물질

---

13) 우리나라에서도 이러한 마을이 속속 등장하고 있다. 특히 '헤이리마을' 은 이미 널리 알려졌다(한겨레신문, 2004년 9월 13일자; 중앙일보, 2006년 3월 24일자; 동아일보, 2006년 3월 22일자). '헤이리마을' 은 문화복합마을이며 동시에 '행복한 바보' 들이 모여 사는 마을이다. 아파트보다 한 줌의 흙을 선택했고 농약을 치는 대신 벌레에 물려 죽기를 각오한 사람들의 공동체다. 마을주민들은 획일성을 배제하고 삶을 예술로 승화시키는 작업을 전개하고 있다. 마을이 곧 예술이며 삶이 예술인 공간에서 개인 또한 예술이다. 예술은 서로 관계를 맺으며 또 다른 예술을 창조해 나간다. '헤이리마을' 은 삶의 꼴, 결, 깔을 아름답게 수놓고 행복, 자유, 즐거움, 여유의 공간으로 만들었다. 여기에서 방송, 출판, 영화, 정치, 문화, 방송, 건축 등은 각각의 소리를 내면서 동시에 하나의 하모니를 지향하는 예술의 마당이 된다. 자유의 공기는 삶의 향기를 느끼게 하는 조건이다. 억압과 경쟁, 감시와 탄압의 공기 속에는 삶의 자유가 있을 수 없다. '헤이리마을' 은 일체의 억압과 경쟁을 배제하고 자유와 낭만의 체취와 움직임만이 존재한다. 우리가 물질과 지위를 위한 경쟁에서 자아를 상실하고 매정함과 똑똑함만을 겨냥할 때 개인적으로는 영혼이, 사회적으로는 관계가 궤멸된다. 어찌 보면 '헤이리마을' 은 단순한 시골마을이 아니라 이미 가장 완성도가 높은 평생학습도시인 셈이다. '헤이리마을' 은 평생학습도시 정책의 이상적인 모델이며 성공의 시금석이 될 것이다.

적인 삶을 포기한 대가로 뜻이 맞는 사람들이 즐겁고, 행복하고, 보람 있는 삶을 살아갈 수 있는 기회가 그만큼 더 많이 주어졌기 때문이다"(Popenoe & Popenoe, 1993: 365-366).

2) 평생학습의 의미, 다시 생각하기

비교적 정태적인 사회에서 성인이나 근로자들의 직업교육 문제는 일정 정도의 보수교육 및 직무능력 향상교육으로 간주되었다. 그러나 기술발달과 상품 주기가 단기화되는 사회에서 성인 및 근로자의 재교육, 전직훈련, 향상훈련은 절박한 생존(소유)의 문제가 되었다(이돈희, 1998: 95).

평생교육은 이러한 생존(소유)을 위한 경쟁력이 아니라 존재 자체를 위한 자발성에서 비롯된 평생학습 참여나 경험이 되어야 한다. 즉, 과거의 교육경험이 지배, 경쟁, 확장, 성장 등 인간중심적인(소유지향) 가치들에 기초하고 있는 반면 평생학습은 생태중심적인(존재지향) 가치를 토대로 하고 있어야 한다(이규호, 2000: 76).

또한 일-여가-학습이 서로 분리되지 않는 경험이야말로 평생교육이 추구하는 이데아일 것이다. 그러므로 성인들의 평생계속교육에 대한 참여나 욕구가 단순한 자격이나 학력이 아니라 개인의 능력을 발굴, 강화하기 위한 필요에서 출발해야 한다는 점은 분명하다. 부르디외(P. Bourdieu)의 표현처럼 평생학습경험이 또 다른 자본주의의 아비투스(habitus)가 되어서는 안 된다.[14] 그렇다면 우리의 평

14) 부르디외는 자본주의적 경제체제에 적합한 인간행동의 성향을 아비투스라 부르

생학습도시 정책은 이러한 평생교육 이데아를 온전하게 구현하고 있는가?

평생학습사회에 대한 구체적인 논의는 허친스(R. M. Hutchins)가 『학습사회』(*Learning Society*)라는 저서를 출간하면서 시작되었다(한준상, 1999: 290). 허친스는 미래사회를 인간이 노동에서 해방된 여가사회로 보고 그 사회에서 비로소 현명하고 즐겁게 그리고 건강하게 살아갈 수 있으며 또한 인생의 가치실현을 위하여 시간을 활용할 수 있다고 예측했다. 이러한 허친스의 주장은 UNESCO나 OECD 등에서 적극 수용되어 평생교육, 생애교육, 순환교육, 성인학습, 생애개발 등으로 확대 발전하였다(석태종, 1995: 205).

그렇다면 이러한 '가르침, 교육사회, 학교교육'에서 '배움, 학습사회, 평생교육'으로 패러다임을 급전환시킨 허친스의 교육학적 상상력을 살펴볼 필요가 있다. 학습사회에 대한 그의 논의는 다음의 사유들로부터 출발하였다.

- 지금까지의 교육은 직업을 통해서가 아니라 직업을 위한 교육을 해왔다(Hutchins, 1984: 124).
- 부의 풍요와 기술 변화, 공동체와 신세계 질서의 전개, 사회 계층 구조 붕괴 등에 의하여 야기된 제반 문제들을 교육적으로 고려해야 한다(Hutchins, 1984: 11).
- 교육목적은 인적자원(소유)에 있는 것이 아니라 다만 인간이 되

며, 이를 갖춘 사람들은 비교적 안정된 직업적 지위를 쟁취하게 된다고 보았다(Bourdieu, 1995).

게 하는 데(존재) 있다(Hutchins, 1984: 12).

- 모든 사람이 교육받아야 한다는 것은 모든 사람이 똑같은 속도, 동일한 방법, 한도까지 교육받아야 함을 의미하는 것은 아니다. 모든 사람이 최대한 지성적으로 되는 데 도움을 주는 것이 목적이라면 다양한 방법이 허용되어야 한다(Hutchins, 1984: 45-46).
- 이제 앞으로 세계가 추구하는 교육은 모든 사람이 생각하는 것을 배우도록 도와주는 것이어야 한다(Hutchins, 1984: 118).

위와 같은 허친스의 사회변화와 교육적 대응에 대한 원론적 설명과 이에서 비롯된 학습사회 구현의 열망은 오늘날 우리의 평생학습도시 정책에서 어떻게 왜곡되어 투영되고 있는가? 다시금 곰곰이 생각해 볼 일이다.

3) 지식-기술-학습의 생태적 네트워킹: 사회적 자본

평생학습도시 정책의 추진 배경에 다음과 같은 설명이 포함되어 있다. 즉, 정보통신 기술의 급속한 발달과 세계화로 인하여 지식이 폭증하고 있으며, 국가단위의 응집성이 약화되고, 의료기술의 발달로 인간의 평균수명이 증가하고 있다. 이러한 총체적 사회변화에 따라 다양한 사회문제가 야기되고 있으며 이러한 사회문제를 극복하고 지식기반사회에 적극적으로 대응하기 위하여 국가적, 개인적 수준에서의 평생학습의 필요성이 증대되었다(한국교육개발원, 2005: 12). 이러한 지식-기술-학습의 네트워킹은 자연스럽게 평생교육제도로 자리 잡아 나갔다.

> "과학문명의 진화와 정보통신 기술의 발달은 인류의 지식을 폭증시킨다. 오늘날 사회는 사회적 생산에 있어 과거와 같이 노동집약의 상품보다는 고도의 지식 부가가치가 집약된 상품의 가치가 높아지고 있으므로 지식생산의 주요한 요소로 작용하고 있다"(한국교육개발원, 2005: 13).

과연 지식이란 무엇인가? 지식은 인간존재의 조건인가?[15] 기술은 무엇인가? 평생학습프로그램에서는 어떤 지식이 유용한가? 더블린(M. Dublin)은 『왜곡되는 미래』(*Futurehype*)에서 지식기반사회를 부추기는 교육제도가 은밀하게 개인을 억압하는 강제성이 있음을 다음과 같이 논의하고 있다.

> "교육제도는 오랫동안 우리 사회와 문화의 재생산과 혁신을 위한, 말하자면 인류학자들이 일반적으로 지적했듯이 지식과 관습과 가치의 변화를 위한 공식적인 중심역할을 해 왔다 …… 이 일은 수많은 다른 영역들, 예컨대 가정에서, 거리에서, 직장에서 그리고 인간적 관계들에서 이루어지는 것은 분명하지만 그것은 교육제도에서 가장 명확하게, 아무런 이의 없이 그리고 공식적으로 이루어진다 …… 이것이 한 개인의 일생 동안 무슨 일이 일어나든 그의 교육적 경험이 그의 운명을 형성해 가는 데 막대한 영향을 미칠 것이라고 흔히들 말하는 이유다. 교육제

---

15) 토플러(A.Toffler)는 지식의 일반적 속성에 대하여 다음과 같이 설명하고 있다. ① 지식은 원래 비경쟁적이다. ② 지식은 형태가 없다. ③ 지식은 직선적이지 않다. ④ 지식은 관계적이다. ⑤ 지식은 다른 지식과 어우러진다. ⑥ 지식은 어떤 상품보다 이동이 편리하다. ⑦ 지식은 상징이나 추상으로 압축할 수 있다. ⑧ 지식은 점점 더 작은 공간에 저장할 수 있다. ⑨ 지식은 명시적일 수도 암시적일 수도 있다. ⑩ 지식은 확산된다(Toffler, 2006: 155-156).

도는 보편적이고 강제적인 것이기 때문에 그것은 일상적인 일이다. 또한 그것은 사람들의 미래를 위한 발판이기 때문에 우리 사회를 새롭게 하며, 우리 개인의 운명을 상징하게 되었다"(Dublin, 1993: 161).

여기에서 우리는 더블린이 '교육제도'를 단순한 학교경험(schooling)을 뛰어넘어 학교 밖의 학습경험까지 망라하는 개념으로 사용하고 있음을 주목해야 한다. 교육의 공공성은 평생학습을 제도화하기 위한 지지 이데올로기가 되었다. 그 결과 모든 개인은 심리적으로 평생학습제도의 그물망에 포섭되었고, 그 공적 강제성을 스스로 인정하지 않을 수 없게 되었다.

이러한 평생교육제도의 강제성을 지원하는 물리적 기반이 바로 기술이다. 기술의 발달은 언제나 교육의 방법, 내용, 형식을 재구성하는 동인(動因)이 된다. 지식-기술-학습의 네트워킹은 언제나 공헌과 과오를 동시에 수반한다. 특히 과오 부분에 대하여 더블린은 다음과 같이 경고하고 있다.

"교육을 (특히 컴퓨터 기반의) 과학기술화하려는 시도로 인하여 엄청나게 많은 것을 상실했고 교과과정이 왜곡되었으며, 교실에서의 기술혁명은 타인을 지배하려고 하는 어떤 종류의 문화적 목적들에 봉사함으로써 혼란을 야기하게 될 것이다. 이로 인해 교육적 문제들이 발생하는데 이것들 중에 교양교육의 쇠퇴와 교육적 소외(탈락)의 증가가 주된 문제이다"(Dublin, 1993: 187에서 수정하여 인용함).

위의 글은 대중을 배움으로 아우르기 위한 과학기술 기반의 평생학습 제도가 오히려 대중을 소외시키는 원인이 될 수 있음을 암시하고 있다. 이는 다음의 글을 통해 보다 생생하게 파악할 수 있다.

> "교육의 기술이 너무나 복잡해져서 학습자가 그것으로부터 무엇을 배울 수 있다는 것이 놀라울 정도다. 읽기 교실을 가보면 읽는 방법을 지시하는 사항이 너무 많아 놀라지 않을 수 없다. 이처럼 복잡한 상황에서 어떻게 학습자들이 읽을 의욕을 가질 수 있는지 참으로 의심스럽다"(Rifkin, 1995: 201에서 수정하여 인용함).

평생학습도시에서 참여자들에게 제공하는 학습경험은 지나치게 기술 의존적이거나 반대로 지나치게 열악한 경우가 나타난다.[16] 여기에서 우리는 과학기술 기반의 지식공유에 대하여 살펴보지 않을 수 없다. '지식공유' 란 선행학습자가 이미 습득한 지식을 대중이나 특정집단에게 공개하는 것이다.[17] 평생학습 정책입안자들은 현저

16) 오르테가(E. G. Ortega)에 의하면 인간과 기술의 결합은 오로지 잘사는 것에 있어야 한다(Ortega, 1989). 슈펭글러(O. Spengler)에 의하면 기술이란 전체적 삶의 전략이며, 삶의 자연스러운 한 부분이다(Spengler, 1998: 14-15). 하이데거(M. Heidegger)는 인간과 기술에 대하여 많은 사유의 거리를 제공하고 있다. 그에 의하면 기술은 본래 인간적인 현상인데, 인간이 기술을 지배하려는 의지는 기술이 인간의 통제를 벗어날 가능성이 커질수록 더욱 절박할 것이다(Heidegger, 1993).

17) 지식공유의 붐은 무한경쟁 환경에 처한 기업체에서 이미 일어나고 있다. 이러한 기업체의 지식공유네트워크는 평생학습도시 정책입안에서 타산지석으로 삼을 만한 점이 있다. LG전자, (주)SK, POSCO에서는 사내지식공유 시스템을 운용하고 있다. 그 주요 골자는 다음과 같다. 지식공유의 주요 프레임은 '지식전문가, 지식도서관, 지식커뮤니티' 로 구성된다. 첫째, 팀별 · 업무 분야별로 전문가를 선정, 직원들이 사내 전산망을 통하여 그에게 질문을 하면 메신저로 이것이 자동 공지되고 전문가는 이에 대하여 답을 한다. 전문가에게는 일정 기간 후 답변회수에 따라 인센티브를 제공한다. 둘째, 전 직원이 업무에 유용하다고 생각하는 자료를 사내 전산망에 수시로 게시하면 클릭회수에 따라 게재한 사람에게 인센티브를 제공

한 과학기술의 발달(e-Learning과 방송학습 등)을 기반으로 지식공유 가능성이 크게 상승할 것으로 기대한다.

그러나 경쟁주의, 업적주의에 익숙하거나 길들여진 집단이나 문화풍토에서는 이러한 지식공유 시스템이 오히려 역기능을 발휘할 수도 있다. 우리는 신뢰를 기반으로 하는 건전한 사회분위기 형성이 평생학습사회 정책에 우선해야 함을 인식해야 한다. 지식-기술-학습의 생태적 네트워킹이란 바로 '신뢰, 건전성, 배려, 파트너십' 등의 가치를 기반으로 형성되는 인간, 생명, 환경, 자연지향의 유기체인 셈이다.

미래는 분명 지식의 세계다(박정호, 1999). 오직 '지식이 부(富)를 결정한다'는 극단적인 표어가 세계경쟁 시대의 개인, 기업, 국가에서 유일한 생존법칙이다(Thurow, 1999). 지식근로자, 지식기반조직, 지식혁신, 지식창조, 지력자본 등을 바탕으로 하는 지식사회(Knowledge Society)의 도래가 멀지 않다(Ruggles & Holtshouse, 2001). 이러한 지식사회론은 학습사회론의 이데아와 많은 부분에서 중첩된다.

그러나 미래에 가장 가치 있는 것은 지식, 상품, 재화, 기술이 아니라 바로 '*thrust*'다. 이에 대하여 토플러와 후쿠야마(F. Fukuyama)의 논의를 연결시켜 생각해 보자. 우선 토플러는 『부의 미래』에서 "부(富)를 대략적으로 정의하면 그 형태가 공유든 아니든 일종의 소

하며, 게재 자료의 유용성은 전문가가 판정한다. 셋째, 직원들이 자발적으로 학습조직(스터디그룹)을 구성하고 연구한 결과를 사내 전산망에 올려 게시하면 조회수에 따라 구성원 모두에게 포상한다.

유라고 볼 수 있다. 경제학자들은 이를 효용(utility)이라 부른다. 부는 우리에게 어떤 형태의 웰빙(well-being)을 제공하거나 다른 형태의 부로 교환하게 만든다. 어떤 경우든지 부는 욕망의 소산이다"(Toffler, 2006: 38)라고 하였다. 학습경험은 지금까지 부의 형태로 간주되었다. 그리하여 우리는 먹고 살기 위해서 그저 배워야만 했다.

그에 의하면 경제학자들은 근로자 교육의 질을 향상시키면 생산성도 향상시킬 수 있다고 말하지만 공교육은 오히려 역기능적이었다(Toffler, 2006: 288). 다시 말해서 학습경험은 오히려 국가의 빈곤과 개인의 타락만을 조장했다. 오히려 후쿠야마는 미래 사회의 도덕과 번영의 창조는 신뢰기반의 공동체적 경험이라고 말하고 있다. 그는 콜먼(J. Coleman)을 인용하여 다음과 같이 말했다.

> "콜먼은 기술과 지식 이외에도 인적 자본의 독특한 측면은 사람들이 서로 결속할 수 있는 능력과 관계가 있다고 주장한다. 이것은 경제생활뿐만 아니라 그 밖에 사회적 삶의 모든 국면에 대해서도 결정적인 중요성을 지닌다. 결속할 수 있는 능력은 역으로 공동체가 얼마나 규범과 가치를 공유하고 개인의 이익을 보다 큰 집단의 이익에 종속시킬 수 있는가에 달려 있다. 이러한 공유 가치로부터 신뢰가 탄생되며 신뢰는 중요한 경제적 가치를 지닌다"(Fukuyama, 1996: 29).

콜먼은 사람들이 공동의 목적달성을 위하여 단체나 조직 내에서 함께 일할 수 있는 능력을 '사회적 자본'이라고 명명했다(Fukuyama, 1996: 28에서 재인용). 다시 말해서 '사회적 자본'이란 정태적 차원의 '인적 자본' 개념에서 벗어나 기술-지식-사회교육이 유기적으로 네트워크된 상태를 의미하며 이는 반드시 공유가치를 기반으로 한다. 콜먼의 이러한 논의는 우리의 평생학습도시 정책에 적지 않은 시사점을 던져 주고 있다.

평생-학습-도시가 교육생태학적으로 연결되기 위해서는 무엇보다도 '공공정책과 시민의식, 시민과 시민, 프로그램과 경험, 일과 학습' 이 서로 유기적으로 관련된다는 믿음이 반드시 전제되어야 한다. 교육에서 정책을 위한 정책, 시민을 대중화하는 정책은 신뢰 형성과 지속가능한 가치 공유에 아무 소용이 없다. 작위성, 즉 인간은 만들 수 있는 모든 것을 만들어야 한다(이진우, 1998: 126)는 사고야말로 교육에서 가장 위험한 것이다. 이때의 학습경험은 개인 간 불신을 조장할 뿐만 아니라 소유를 위한 극한경쟁의 도구로 전락할 뿐이다.

4. 평생학습, 생존(소유)이냐 존재냐?

슈바이처에 의하면 누구나 인간과의 관계에서 "내가 내면적으로 경험하는 책임감에 따라 생명, 소유, 권리, 행복, 시간, 안정 등에서 무엇을 희생하며 또한 그로써 무엇을 얻을 수 있는가를 결정해야 해야 한다" (Schweitzer, 1982: 376). 우리는 소유를 버리는 것으로 사회에 봉사할 수 있다. 학교교육과 달리 평생학습경험은 소유를 최소화하는 것이어야 한다. 그런데 현대 사회에서 배움은 여전히 생존(소유)을 위한 것인가? 인간의 배움에 대한 오도된 투쟁적 성향은 『장자』(莊子)에 잘 드러나 있다.

> "인간의 지식이나 말은 참으로 다양하다. 포괄적인 인식, 분석적인 탐구, 간결한 표현, 번잡한 잔소리 등 사람과 경우에 따라 여러모로 다른 형태를 갖는다. 인

간이란 그 어느 경우에도 지식과 말에 의존해서 꿈속에서도 바깥 사물을 추구하고, 잠이 깨서는 온 정력을 다 기울여 투쟁에 몰두한다. 때로는 거칠게, 때로는 심각하게, 때로는 세심하게 불안에 떨고 절망에 몸부림치며 서로 맞서 싸우는 것이다"(『장자』. 齋物論).

이러한 투쟁적 배움에 대한 아이러니에 대하여 또 다시 장자(莊子)는 다음과 같이 설명한다.[18)]

"어떤 사람은 '투쟁이야말로 삶의 표시다' 라고 말하지만 이 얼마나 무의미한 설명인가? 살아가기 위하여 몸과 마음을 괴롭히며 바깥 사물과 싸우고 스스로 소멸해 간다는 이 거대한 모순은 아무런 해명도 얻지 못하고 있다"(『장자』. 齊物論).

소유는 언제나 남과의 비교를 위한 잣대가 되고, 경쟁의 목적이 되며, 빼앗길 것을 항상 두려워하는 긴장의 원인이 된다. 그러므로 소유를 위한 교육은 교육으로부터 인간을 소외시키고, 나아가 교육과 일, 경험과 교육, 자연과 인간을 분리시키는 이유가 된다. 오늘날 평생교육의 슬로건과 프로그램이 이러한 소유를 위한 교육(자격증 획득, 다른 집단과의 경쟁, 정보 및 매체 리터러시 등)을 지향하고 있는

18) 장자에 의하면 사람들은 누구나 마음(成心)을 지니고 태어난다. 이러한 성심은 슬기로움이나 무지(無知)로부터 자유롭다. 그러나 사람들이 제도교육을 받거나, 다른 사람들과 어울려 살면서 오히려 성심이 변질되어 나간다. 그리하여 성심은 바깥 사물과 대립하는 앎으로 변질되고, 자연, 사물, 사람과 나 자신이 갈등하는 마음으로 왜곡된다. 이러한 마음의 왜곡은 특히 소유로서의 교육경험을 통하여 더욱 심화된다. 그러므로 소유를 위한 교육경험과 제도 안으로 사람들을 몰아세울 것이 아니라 오히려 이로부터 해방시키는 것이 성심으로의 회복, 즉 존재로의 교육으로 되돌아가는 길일지 모른다.

것은 아닌지 진지하게 반성해야 한다.

이에 대하여 동서양의 현학(賢學)들은 다음과 같이 공통적으로 인식하고 있다. 샤르댕에 의하면 "오늘날의 사람들이 역사 이래 가장 불안해하고 있으며 그 까닭은 사회화에 있다. 겉으로는 웃고 있지만 깊은 불안이 마음 한 가운데 자리하고 있으며 대화의 끝에 또한 불안이 있다"(Chardin, 1997: 214).

여기에서 사회화란 일종의 강요된 학습(배움)을 의미한다. 그것은 본질적으로 '할 수 있기 위해 안다'가 아니라 '알기 위해 아는' 현상이다(Chardin, 1997: 233). 알기 위해 아는 것은 단순한 소유를 위한 학습일 뿐이며, 이러한 소유는 긴장과 불안 등 정신병리의 근원이 된다. 이것들은 생명과 자치기반의 삶을 허약하게 만드는 엔트로피의 증가만을 가져온다(김지하, 1995, 1996).

청장관은 이에 대하여 "최상의 사람은 가난을 편안히 여기고, 그 다음 사람은 가난을 잊어버리고, 가장 낮은 사람은 가난을 호소하고 가난에 짓눌리다가 가난에 사역되고, 그보다 더 못한 사람은 가난을 원수처럼 여기다 그 가난 속에서 죽어간다"(『청장관전서』. 권 49. 이목구심서(耳目口心書). 권 2)고 하였다. 결국 소유의 노예는 소유를 위해 죽어갈 뿐이다. 강요된 학습은 오로지 이러한 소유를 지향할 뿐이다. 가난은 학습의 최소화이며 탈(脫)학습의 경험이다.

사람은 누구나 행복한 삶을 원한다. 그러면서 대부분 소유를 행복의 잣대로 여긴다. 그렇다면 배움을 강요하는 분위기에 젖어 있는 평생학습도시에서 살아가는 사람들은 과연 학습(배움)의 기쁨으로 행복감에 젖어 살까? 행복의 상당한 부분은 교육을 통하여 얻어진다(신득렬, 2007: 401). 그러나 이것은 다음을 만족시킬 때만 가능하다.

"학습자의 장기적인 행복을 고려할 때 교육은 학습자에게 땀과 눈물을 동반하는 수고와 노력을 요구한다. 이것은 타자와의 치열한 경쟁 때문이 아니라 자기 안에 있는 탐욕, 권태, 나태 등을 극복하려는 시도에서 요구되는 것이다. 교육받은 사람은 명예와 이득을 비롯한 외적 선을 통한 행복의 추구보다는 배움의 즐거움 속에서 행복을 발견한다"(신득렬, 2007: 428).

이에 대하여 로스와 케슬러(Kübler-Ross & Kessler, 2006)는 『인생수업』에서 다음과 같이 진지하게 말하고 있다. 즉, "배움을 얻는다는 것은 다른 사람이 아닌 자기 자신의 인생을 사는 것을 의미한다. 갑자기 더 행복해지거나 부자가 되거나 강해지는 것이 아니라 세상을 더 깊이 이해하고 자기 자신과 더 평화롭게 지내는 것을 의미한다. 어느 누구도 당신이 배워야 할 것이 무엇인가를 가르쳐 줄 사람은 없다."

이제 평생학습도시 정책이 지향해야 할 이념적 좌표와 프로그램은 분명해졌다. 즐거움, 재미, 여유, 내적 가치, 신뢰 등을 기반으로 하는 평생학습도시 이념과 강요된 자발성과 경쟁력에 이끌리지 않는 대중 간에[19] 서로 원만한 교감이 이루어질 때 비로소 아무런 장애가 없는 '공동체적 학습의 기쁨'을 경험하고, 나아가 성심(成心)을

19) 여기에서 우리는 '대중, 민중, 시민'의 교육적 의미를 재고(再考)할 필요가 있다. 이것들은 공교육의 정당성을 용인받기 위한 가장 주요한 존재였다. 그리하여 대중교육, 민중교육, 민족교육, 시민교육, 공동체교육의 슬로건은 항상 교육적으로 정당화되었고 그 왜곡에 대하여 저항하는 것은 언제나 한계가 있었다. 김인회는 이에 대하여 이미 오래 전 정확한 예견을 하고 있었다. "학교교육을 통하여 훈련된 단세포적 반응양식과 획일적 의식 및 가치관은 학교 밖의 공간에서도 동일한 반응을 하도록 강화되어 왔다. 우리 사회에서 점점 보편화된 각 종의 대중(시민)에 대한 사회교육 현상들의 공통적인 특징이 있다면 바로 의식과 가치관의 획일화,

되찾은 사람으로 존재할 것이다.

평생학습도시의 이념과 실천은 바로 여기에서부터 출발해야 한다. 이에 대하여 허친스는 다음과 같이 설명하고 있다. "문명화되고자 학습하고, 인간이 되고자 학습하는 공동체야말로 교육 본연의 길을 걷는 셈이다" (Hutchins, 1984: 173-174).

앞으로 교육사회에서 학습사회로 이행됨에 따라 평생학습도시와 같은 다양한 전략개발에 몰두할 것은 자명하다. 그러나 여기에서 우리는 다음의 경고를 새겨들어야 할 것이다.

> "공부를 하는 것을 포함해서 우리가 무엇을 하든 간에 반드시 에너지가 필요하다. 다른 모든 일과 마찬가지로 지식을 수집하는 일에도 엔트로피 법칙이 작용한다. 우리가 무엇을 배우는 것은 우리가 살고 있는 세계의 질서와 가치를 증진시킨다고 흔히 믿고 있다. 오랫동안 교육학자들은 배우는 행위만은 엔트로피법칙에서 제외되어 더욱 더 큰 질서를 만들어 낼 수 있다고 확신했다. 그러나 이제는 더 이상 그렇지 않다" (Rifkin, 1995: 192).

감각적 자극에 대한 행동반응의 단순화, 자율적 사고의 결여와 감정의 집단화 등으로 요약할 수 있다 …… 민중(시민)은 자율적 의식을 상실하고 결국 기계적 반응의 노예가 될는지 모른다. 독특한 개별자의 집합이 민중이며 시민이다. 대중은 개별의 독특성을 무시한 전제적, 집단적 도그마를 정당화하는 데 주로 이용된다. 일단 공교육을 통하여 민중이나 시민이 대중화되면 그들을 교육하고 조종하는 방법은 언제나 동일하다. 설령 그 목적과 명분이 다를 경우라 할지라도 대중에 대한 사회교육 방법은 동일할 수밖에 없고 표방하는 선전문구가 아무리 고상한 것일지라도 대중을 주체적이고 자율적인 인격체로 보지 않는다. 민중(시민)이 가지고 있는 특수한 세계관을 존중하지 않는 교육적, 정치적 프로그램은 설령 그 의도가 선의적인 것이라 할지라도 민중에 대한 문화적 침략인 것이다" (김인회, 1983: 153-154). 그러므로 우리는 평생학습도시 정책이 이처럼 민중, 대중, 시민을 대중화하는 또 다른 공적(公的) 실험은 아닌지 진지하게 검토해 보아야 할 것이다.

중앙정부가 평생학습도시나 평생학습관련 정책을 계획하고 운용함에 있어 그리고 시민들이 그 프로그램에 참여하고 학습하는 데 많은 에너지가 필요하다. 이러한 강요된 배움의 경험에 엄청난 엔트로피 비용이 들어간다면 과연 평생학습경험의 진정한 수혜자는 누구인가?

참고문헌

『논어』, 『도덕경』, 『장자』, 『청장관전서』

강건일(1999). 신과학 바로알기. 서울: 가람기획.

강인애(2001). 왜 구성주의인가—정보화시대의 학습자중심의 교육환경. 서울: 문음사.

고요한(2007). 교육의 철학—소유에서 존재로. 일산: 서현사.

교육인적자원부(2007). "2007년 평생학습도시 사업방향 설명회" 자료.

권이종(1990). 사회교육개론. 파주: 교육과학사.

김란수 외(1982). 평생교육론. 서울: 문음사.

김수일(1987). 사회교육학개론. 서울: 문음사.

김수일(1998). 사회교육학상론. 파주: 교육과학사.

김신일, 박부권 편(2005). 학습사회의 교육학. 서울: 학지사.

김인회(1983). 교육과 민중문화. 파주: 한길사.

김재희(1995). 신과학 산책. 파주: 김영사.

김지하(1995). 김지하 이야기 모음—틈. 서울: 솔.

김지하(1996). 생명과 자치. 서울: 솔.

김충기(1984). 생애교육의 기초. 서울: 교학연구사.
박이문(1995). 과학철학이란 무엇인가. 서울: 민음사.
박정호(1999). 지식의 세계 I, II. 파주: 동녘.
석태종(1995). 현대사회와 교육. 서울: 동문사.
송병순, 이영호(2000). 평생교육의 이론과 실제. 서울: 원미사.
신득렬(2007). 행복의 철학. 서울: 학지사.
이규호(2000). 새 천년을 위한 교육의 성격—평생교육과 환경교육. 포천: 기독언어문화사.
이돈희(1998). 교육이 변해야 미래가 보인다. 서울: 현대문학.
이은정(1999). "교육생태학의 성립가능성 연구". 연세대학교 대학원 석사학위논문.
이진우(1998). 녹색사유와 에코토피아. 서울: 문예출판사.
장원섭(2006). 일의 교육학. 서울: 학지사.
장회익(1999). 삶과 온생명. 서울: 솔.
진원중, 이경화(1995). 현대사회와 교육. 서울: 상조사.
차갑부(1999). 사회교육방법의 탐구—성인교육방법의 새로운 지평. 파주: 양서원.
한국교육개발원(2005). "지역혁신의 성공적 실행을 위한 평생학습도시 매뉴얼". 서울: 한국교육개발원.
한준상(1999). 호모 에루디티오. 서울: 학지사.
한준상(2003). 이교육. 서울: 아침이슬.
한준상 편(1998). 앤드라고지: 현실과 가능성. 서울: 학지사.

Bourdieu, P. 저. 최종철 역(1995). 자본주의의 아비투스. 서울: 동문선.
Capra, F. 저. 홍동선 역(1989). 탁월한 지혜. 서울: 범양사출판부.
Chardin, P. T. 저. 양명수 역(1997). 인간현상. 파주: 한길사.
Collins, R. 저. 정우현 역(1989). 학력주의 사회. 서울: 배영사.
Dahrendorf, R. (1988). *The Modern Social Conflict*. Uc Berkeley Press.
Der Bundesminister für Forschung und Technologie(1992).

Zukunftskonzept Informationstechnik. Bonn: Brandenburgische Univeritätsdruckerei und Verlagsgesellschaft Potsdam mbH.

Dublin, M. 저. 황광수 공역(1993). 왜곡되는 미래. 서울: 의암출판.

Freire, P. 외 공저. 김쾌상 외 공역(1979). 민중교육론. 파주: 한길사.

Fromm, E. (1976). *To Have or To Be?*. New York: Harper & Row.

Fromm, E. 저. 이규호 역(1982). 건전한 사회. 서울: 삼성출판사.

Fukuyama, F. 저. 구승회 역(1996). 트러스트–사회도덕과 번영의 창조. 서울: 한국경제신문사.

Gessner, G. H. (1987). *Handbook on continuing higher education*. New York: Macmillan Publishing Co.

Harris, W. J. A. (1980). *Comparative Adult Education*. New York: Longman House.

Heidegger, M. 저. 이기상 역(1993). 기술과 전향. 파주: 서광사.

Houle, C. O. (1972). *The design of education*. San Francisco: Jossey–Bass, Inc., Pub.

Hutchins, R. M. 저. 최혁순 역(1984). 교육혁명. 서울: 범조사.

Jarvis, P. (1985). *The sociology of adult & continuing education*. London: Croom Helm.

Kübler–Ross, E. & Kessler, D. 공저. 류시화 역(2006). 인생수업. 파주: 이레.

Lovell, R. B. 저. 김영채 역(1988). 성인학습. 서울: 교육출판사.

Marquardt, M., & Reynolds, A. 공저. 송경근 역(1995). 글로벌 학습조직. 서울: 한언.

Olivier, G. 저. 권숙표 역(1978). 인류생태학. 서울: 삼성미술문화재단.

Ortega, E. G. 저. 정영도 역(1989). 인간과 기술: 잘 사는 것이란 무엇인가. 서울: 이문출판사.

Paterson, R. W. K. 저. 김수일 역(1989). 평생교육론. 파주: 양서원.

Pepper, D. 저. 이명우 외 공역(1991). 현대환경론. 파주: 한길사.

Popenoe, O., & Popenoe, C. 공저. 이천우 역(1993). 세계의 공동체마을. 서울: 정신세계사.

Rifkin, J. 저. 김명자 역(1995). 엔트로피. 서울: 동아출판사.
Ruggles, R., & Holtshouse, D. 공저. 매일경제신문사 역(2001). 지식사회의 미래. 서울: 매일경제신문사.
Schweitzer, A. 저. 안인길 역(1982). 문화와 윤리. 서울: 삼성출판사.
Schwermer, H. 저. 장혜경 역(2002). 소유와의 이별. 서울: 여성신문사.
Senge, P. 외 공저. 박광량 외 공역(1996). 학습조직의 5가지 수련. 서울: 21세기 북스.
Spengler, O. 저. 양우석 역(1998). 인간과 기술. 파주: 서광사.
Steiner, R. 저. 김성숙 역(2001). 교육이 치료다. 서울: 물병자리.
Thurow, L. C. 저. 한기찬 역(1999). 지식의 지배. 서울: 생각의 나무.
Toffler, A. 저. 김중웅 역(2006). 부의 미래. 서울: 청림출판.
UNESCO 한국위원회 한국평생교육기구(1983). 평생교육의 기초와 체제. 파주: 법문사.
Wilkinson, B. H. 저. 홍미경 역(2001). 배우는 이의 7가지 법칙. 서울: 디모데.

http://ksse.lll.or.kr
http://moe.or.kr

제8장

루소의 에밀 프로젝트: 청소년과 생명

1. 루소 그리고 에밀

교육사상사에서 루소(J. J. Rousseau)의 교육에 대한 이해와 주장들은 이상주의, 자연주의, 합리주의, 계몽주의, 낭만주의 등 다양한 이름으로 정의되고 있다. 그것은 루소의 사상적 스펙트럼이 대단히 폭넓었다는 것을 의미하기도 하지만 반면에 체계적이고 조직적인 교육이론이 없었음을 반증하는 것일 수도 있다.

그가 구제하(舊制下)의 사회적 불평등과 모순을 타파하기 위하여 평생 동안 온 몸으로 저항했던 지난(至難)한 자신의 삶을 반추하면서 동시에 실패한 자녀양육에 대한 회한과 소망에 대하여 소설형식을 빌려 쓴 것이 바로 『에밀 또는 교육에 관하여』(이하 『에밀』이라 함)이다.[1)]

그의 표현에 의하면 『에밀』은 '순서와 계통도 없이 자신이 반성한 일과 관찰한 일을 정리한 책' 이다. 따라서 『에밀』은 루소가 생각하기에 가장 이상적인 교육의 방법에 관한 책이며, 자녀들에게 교육시킬 내용을 비교적 소상하게 밝힌 글인 셈이다. 또한 『에밀』은 교양소설풍의 교육론이며 이야기 형식으로 쓴 인간론, 문명비평서이기도 하다(Rousseau, 1976: 4-6).

자신의 자녀이며 동시에 제자인 에밀(실제 아들인지 가공의 아들인지는 알 수 없음)을 자연의 섭리에 거스르지 않도록 교육시키기 위한 '에밀 프로젝트' 는 기존의 권위, 편견, 습속, 제도 속에 파묻혀 있던 '왜곡된 어린이' 를 어린이 그 자체로 발견하는 위대한 작업이었다. 그리하여 후대의 교육학자들은 루소를 어린이의 발견자라고도 한다(안인희 외, 1992: 9).

어린이를 어린이답게 교육시키고자 한 '에밀 프로젝트' 는 방법상 자연, 사물, 인간에 관한 교육을, 내용상 직업교육, 정념교육, 자연종교 교육을, 학제상 탈학교 교육 등을 다양하게 망라하고 있다. 에밀의 교육은 초지일관 가정에서 아버지나 가정교사(아버지 역할을 대신하는)에 의하여 자연의 질서에 따라 이루어진다.

유아기, 아동기를 거쳐 소년기에 접어든 에밀은 이제 정념의 교육을 받게 된다. 정념교육을 받게 될 에밀은 과연 어떤 아이인가? 이에 대하여 루소는 다음과 같이 묘사하고 있다. 즉, "그의 육체는 건

---

1) 본 글에서는 앨런 블룸(A. Bloom)이 1979년에 루소의 원저를 영역한 'Emile or on Education. New York: Basic Books, Inc., Pub.' 을 기본텍스트로 하고 오증자(1990)와 정병희(1976)가 각각 번역한 것을 참조하였다.

강하고 사지는 민첩하며 그의 정신은 공정해서 편견이 없으며 마음은 자유로워 정념에 사로잡히지 않는다. 모든 정념 가운데서 최초로 나타나는 가장 자연적인 정념인 자존심마저도 아직은 거의 나타나지 않는다. 어느 누구의 평화도 방해하지 않고 그는 자연이 허용하는 한 만족하며 행복하고 자유롭게 살아왔다"(Rousseau, 1990: 100). 그러나 이러한 에밀에게도 폭풍 같은 위기의 시기가 도래했다. 그것은 『에밀』의 도처에서 '제2의 탄생기, 정념기, 위기의 계절, 반항기' 등으로 다양하게 표현되고 있다.

2. 루소의 교육이데아: 마음의 습관

루소의 정념교육[2)]을 논의하기에 앞서 우리는 그의 교육에 대한 생각을 이론적으로 정리할 필요가 있다. 루소의 교육이데아는 이미 후대의 많은 교육학자들에 의하여 '감각주의, 경험주의, 자연주의, 낭만주의' 등의 다양한 이름으로 정형화된 지 오래다. 그러나 우리가 'ㅇㅇ주의'라는 패러다임으로 어떤 개인의 사유와 입장을 규정하게 될 경우 그의 사상적 독창성은 간과되거나 소홀하게 다루어질 개연성(蓋然性)이 높다.

특히 사상의 폭이 넓었던 루소의 경우에 더욱 그렇다. 따라서 저

2) 여기서 저자가 고찰하게 될 루소의 정념교육론이란 학교교육에서 활용 가능한 현시(顯示)적인 성교육이 아니라 성에 대한 철학적 성찰 혹은 청소년기 정념의 교육에 대한 이상적 견해 등의 차원에서 다루는 것이다.

자는 루소의 '에밀 프로젝트'에 담긴 청소년 정념교육에 대한 논의에 앞서 그가 추구했던 교육이데아에 대하여 탈(脫)패러다임의 관점에서 다루고자 한다.

루소는 자녀들에게 문제해결을 지도하는 원칙에 있어 전향적인 변화가 절실함을 주장했다. 그가 이르기를 "자녀들이 문제 상황에 부닥쳤을 때 어른들이 그 해결방법을 말하는 것이 아니라 자녀들 스스로 궁리하여 깨달아서 해결하도록 안내하라. 다시 말해 자녀들에게 기성(旣成)의 학문을 가르치는 데 주력하지 말고 자녀들이 그것을 스스로 발견하도록 하라. 만일 어른들이 자녀들의 머릿속에 권위만을 심어준다면 그들은 더 이상 자신의 이성을 다루지 못하게 되고 그들은 영영 남의 의견만 좇는 사람이 될 것이다"(Rousseau, 1990: 10).

이를 다시 말하면 모든 아이들에게 있어 학습이란 주체적 사유의 습관이며, 지식은 사물과의 경험을 통하여 부단히 구성되어 나갈 뿐이다. 그리하여 그는 "스스로 배워야 하는 자는 자신의 이지를 사용할 뿐 타인의 이지(理智)에 의지하지 않는다. 여론에 복종하지 않고 권위를 좇지 않아야 하는 이유는 바로 지적 오류의 대부분이 자신이 아니라 타인으로부터 비롯되기 때문"(Rousseau, 1990: 97)이라고 주장한다.

어른들은 갖가지 그림이나 도구들을 이용하여 자녀들에게 자연, 사물, 세계를 가르치려 한다. 그러나 그것들은 사물, 자연, 세계에 대한 단순한 대용품일 뿐이다. 따라서 루소는 감각적 경험을 통하여 사물을 체험하고 지각을 형성하며, 이를 바탕으로 또 다시 세계, 사물, 사회를 바라보는 이성을 도야하는 것이 교육의 자연스런 순서라고 주장한다. 그는 특히 자연, 사물, 세계를 인위적으로 가장하거나 허구적으로 묘사한 책의 무용(無用)에 대하여·다음의 표현과 같이 단호한 입장을 취했다.

> "나는 모든 사람들이 알아야 할 것이 책 속에만 있다고 여기지 않는다. 책! 또 책! 이 얼마나 광적인 집착인가! 사람들은 책이 없으면 아무 것도 할 수 없다고 생각한다 …… 그래서 나는 모든 책을 덮어 버렸다. 만인의 눈앞에 펼쳐진 책이란 단 하나 밖에 없다. 그것은 자연이라는 책이다. 나는 이 위대하고 숭고한 책에서 그 거룩한 저자를 받들고 숭배하는 것을 배울 따름이다. 누구나 이 책을 읽어야만 한다. 이 책은 누구나 이해할 수 있는 말로 만인에게 말하고 있기 때문이다" (Rousseau, 1990: 307–315).

그는 고백하기를 "나는 본래 책을 싫어한다. 왜냐하면 책은 우리들에게 알지도 못하는 것에 대하여 말하도록 가르치기 때문" 이라고 했다(Rousseau, 1990: 45). 루소는 책을 통한 교육의 폐해와 더불어 자녀교육에 있어 부모나 교사들이 갖고 있는 착각에 대하여 "세계 경험을 통하여 자신이 느끼는 감동에 사로잡혀 있는 어른들은 그것을 자녀나 학생들에게 전하고 싶어 한다. 즉, 어른들은 자신이 감동적으로 경험한 바를 아이들에게 감동적으로 전달할 수 있다고 여긴다" 고 주장한다.

그러나 그것은 대단히 어리석은 생각일 뿐(Rousseau, 1990: 11)이라고 지적하였다. 대개 어른들은 어린이들이 그 효용성을 전혀 모르는 많은 일들을 알고 있어야 한다. 그러나 어른들이 반드시 알아야 할 것들을 모든 아이들에게 가르쳐야 할 필요가 있는가?

어린이에게는 그 나이에 소용되는 것들만 배우면 그만이다. 어린이는 자신이 장차 어른이 되기 위해서 태어났다는 사실을 알고 있으며 어른의 상태에 대하여 그가 갖고 있는 관념은 자신의 지식을 확장하는 동기가 된다. 그러나 자신이 이해할 수 없는 범위 밖의 관념에 대하여는 그는 완전한 무지상태에 놓여 있지 않으면 안 된다 (Rousseau, 1990: 33).

이것이야말로 '에밀 프로젝트' 에서 시종일관 적용하게 될 교육원리인 셈이다. 지식과 경험의 객관주의, 보편주의, 절대주의 등에 터한 교육방식은 어른들로 하여금 아이들에게 쉽고 빠르게 많은 세상, 사물, 자연 등을 가르치도록 만든다. 루소는 아이들로 하여금 자신의 감각을 통하여 감동을 체험케 하는 것이야말로 가장 자연적인 교육이라고 주장함으로써 지식의 객관주의를 지극히 경계하고 있다.

루소의 주장에 의하면 무언가를 몰라야 할 시기에 그저 모르는 것이 가장 교육적이다. 이러한 무지(無知)의 자연성은 아리스토텔레스까지 거슬러 올라 갈 수 있다. 그러므로 루소는 다음과 같이 주장한다. "나의 교육이데아는 어린이들에게 많은 것을 가르치는 것이 아니라 되도록이면 정확하고 명석한 관념으로 그의 머리 속을 채우는 것이다. 어린이가 아무 것도 모르는 것은 아무런 문제가 되지 않는다. 오히려 그가 잘못 생각하는 것이 더 큰 문제다" (Rousseau, 1990: 17).

단지 아는 것이 아니라 바르게 아는 것은 단순하지만 중요한 교육의 원칙이다. 나아가 루소는 "바르게 판단하는 것을 배우는 최선의 방법은 경험을 최대한 단순화하고 경험 없이도 오류에 빠지지 않도록 하는 데 있다 …… 이렇게 형성된 관념이 항상 진실과 일치하게 만드는 것이 무엇보다 중요하다" (Rousseau, 1990: 93)고 하였

다.[3)]

어린이는 본래 무지하기 때문에 교육이 필요하다. 무지의 자연성에 따라 "나이에 적합한 교육을 받은 아이는 매사에 혼자다. 그는 성(性)의 구별도 모르며 인간이라는 종(種) 의식도 없다. 남자건 여자건 그에게는 똑같이 무관하다 …… 이것은 그에게 주어진 인위적인 과오가 아니라 자연에서 오는 무지(無知)인 것이다"(Rousseau, 1990: 118).

그러나 우리는 여기서 무지의 자연성을 방임 혹은 방치로 간주하는 오류를 경계해야 한다. 이에 대하여 루소는 "청소년이 무지 때문에 맹목적이 된다든지 혹은 정념 때문에 속아서 자신에게 해를 입히게 되는 일은 어른들이 막아 주어야 한다"(Rousseau, 1990: 187)고 말한다.

이러한 무지의 자연성에 바탕을 두어 "주의 깊게 교육받은 청소년이 느끼기 쉬운 최초의 확대된 감정은 사랑이 아니라 우정이다 …… 성(性)이라는 차이성보다는 종(種)이라는 동일성의 감정이 그를 먼저 움직인다. 그러므로 오랫동안 그를 무지의 상태로 두는 것은 이러한 이점이 있다. 즉, 막 눈뜨기 시작한 감수성을 이용하여 소년의 마음속에 인간애의 씨를 뿌릴 수 있는 것이다"(Rousseau, 1990: 121).

그러므로 자연의 이치나 진실을 거스르도록 아이들에게 마음의

3) 이는 마치 우리가 누군가에게 기독 신앙을 전도함에 있어 하나님과 예수를 전혀 모르는 몽매한 사람보다 기독교를 잘못 이해하거나 오도된 믿음을 가진 사람을 전도하는 것이 더욱 어려운 것과 같다. 신앙의 왜곡현상처럼 인간교육이 항상 바른 방향으로 흘러가는 것만은 아니다.

습관을 강요하는 것이야말로 교육의 가장 큰 해악이다. 다시 말하면 무지의 자연성을 위반하면서 행하는 교육은 반(反)교육적이며 교육이라는 이름으로 자행되는 반(反)인간적 경험이다. 그렇다면 무지의 자연성을 거스르지 않는 마음의 습관이란 무엇인가? 루소는 이를 '선량한 풍습, 정신적 경향' 이라고 표현하고 있다.

그의 주장에 의하면 "자연의 법칙을 탐구하는 경우에 항상 가장 평범하고 가장 명료한 현상에서부터 시작하며 어른들은 자녀들로 하여금 이들 현상을 이론이 아니라 사실로서 받아들이는 마음의 습관을 형성하도록 안내해야 한다"(Rousseau, 1990: 30). 또한 "자연의 교육은 서서히 점진적으로 이루어지는 데 비해 인간의 교육은 언제나 한 걸음 앞서 나간다. 전자의 경우에는 감각이 상상력을 일깨우는 데 반해 후자의 경우는 상상력이 감각을 일깨운다"(Rousseau, 1990: 110).

이러한 마음의 습관은 남의 말을 듣거나 남이 지은 책을 통하여 형성되지 않는다. 루소의 설명에 의하면 "말이 너무 많은 교육에서 우리는 오로지 말만 잘 지껄여대는 사람들을 만들 따름이다"(Rousseau, 1990: 37). 또한 "어린이들에게 학문을 가르치는 것이 문제가 아니라 학문을 사랑하는 취미를 길러 주고 그 취미가 한층 발전했을 때 학문을 공부하는 방법을 가르치는 것이 가장 중요하다"(Rousseau, 1990: 19). 이것이야말로 모든 '에밀 프로젝트' 의 종지(宗旨)가 되고도 남음이 있다.

다시 말해서 '에밀 프로젝트' 의 핵심은 기성세대의 권위나 인위성에 기반을 둔 교육으로부터의 탈출이다. 이에 대하여 루소는 "어린이들은 어른들이 가르쳐 준 품위라는 가면 뒤에 숨어 있는 악습

(惡習)에 물드는 속도가 굉장히 빠르다. 기성세대가 어린이들에게 감추거나 반대로 강요하는 모든 것들은 그들의 호기심을 자극할 뿐 아니라 그 자체가 이미 숨겨진 교육이다"(Rousseau, 1990: 111) 라고 하였다.

당대의 교육현실을 비판하며 루소는 위와 같은 현상이 모든 교육 중에서 가장 우선적으로 이루어지고 있다고 주장한다. 호기심은 누구나 지니고 있는 자연스런 마음의 습관이며 어린이들에 대한 교육은 바로 이러한 호기심으로부터 출발한다.

그런데 인위적인 교육은 호기심마저 조작한다. 교육을 하다 보면 어린이의 호기심의 대상을 일찍부터 설명해 주는 것이 좋은지 아니면 적당한 거짓말로 그들을 속이는 것이 나을지 문제가 된다(Rousseau, 1990: 113). 그러나 루소는 그 어느 것도 필요 없다고 본다. 왜냐하면 우리가 학생을 자연의 질서 속에 붙잡아 둘 수 있는 방법을 설명할 수 있다면 그것이 어째서 자연의 질서로부터 이탈할 수 있는지도 설명이 가능하기 때문이다(Rousseau, 1990: 120).

루소는 기존 교육의 잘못에 대하여 다음과 같이 지적하고 있다. 즉, "어른들은 어린이들에게 육체적인 왜곡과 무의미한 말의 형식만을 가르치면서 그들에게 세상 살아가는 기술을 가르치고 있다고 생각한다"(Rousseau, 1990: 186). 그러나 정녕 어린이들에게 필요한 것은 단순히 세상을 살아가는 기술이 아니라 학교에서 배우는 모든 지식을 실생활에 활용 내지 응용할 수 있도록 만드는 학문도 더불어 배우는 것이다.

3. 정념(情念)의 발생과 동요

아이들이 대략 15세가 넘으면 '제2의 탄생, 심리적 위기, 정념의 동요, 순응성의 부정' 등과 같은 신체적, 심리적 발달상의 제반 특징이 나타난다. 특히 신체적 변화가 두드러지는데 이것은 개인의 자아형성과 밀접한 관련이 있다. 즉, 심리학에서 성장기의 신체이미지(body image)는 개인의 성격을 형성하는 데 결정적인 영향을 미친다고 간주된다(노명래, 2002: 78).

루소가 말하는 제2의 탄생은 소년들로 하여금 새로운 신체이미지를 만들게 하며 그들의 의식과 행동에 강한 영향을 미친다. 그리하여 "그들의 외모에도 커다란 변화가 생기고 그에 따른 성격이 드러난다. 그러나 그들은 아직 어린이도 어른도 아니다. 그들에게는 여전히 순진성이 남아 있지만 강렬함도 생긴다"(Rousseau, 1990: 102–103). 이러한 몸과 마음의 이중성은 그들로 하여금 불안을 유발하는 커다란 원인이 된다.

루소의 표현처럼 그들은 근원을 알 수 없는 불안감을 느낀다. 그들의 감정적 복합성은 흥분, 분노, 격정, 슬픔, 산란, 공포 등의 형태를 띠며 수시로 변한다. 루소는 이러한 청소년기의 신체적, 심리적 특징을 정념과 관련지어 다음과 같이 표현하고 있다.

> "청춘기의 열정 속에는 생명의 정기가 혈액 속에 축적되고 증류되어 청년의 마음에 정열을 준다. 그것이 그의 눈 속에서 빛나고 그의 말 속에서 느껴지며 행동으로 나타난다. 그의 말에는 억양과 열정이 담겨져 있다. 그를 상승시키는 숭고한 감

정은 그에게 힘과 기품을 준다. 인류를 사랑하는 마음을 담은 그의 말에는 그의 영혼이 그대로 담지(擔持)되어 있다"(Rousseau, 1990: 192).

"16세가 되면 소년들은 스스로의 경험으로 인해 괴롭다는 것을 알게 되지만 다른 사람도 역시 괴로워한다는 사실을 모른다 …… 자신이 누군가를 사랑하고서야 다른 사람에게도 사랑의 마음이 있음을 안다"(Rousseau, 1990: 124-125).

"사람은 두 번 태어난다. 한 번은 생존하기 위해서 다른 한번은 생활하기 위하여 태어난다. 즉, 한 번은 인간으로 태어나고 한번은 남자나 여자로 태어난다 …… 사춘기가 되기 전까지 어린이는 외관상으로 성을 구별할 만한 두드러진 차이가 없다 …… 그러나 (남자)아이들이 언제까지나 아이들로 머물러 있지 않도록 창조되었다. (남자)아이들은 미리 정해진 시기에 소년기를 떠난다. 이러한 위기의 시기는 비교적 길지 않지만 성인이 된 후 오랫동안 영향을 미친다"(Rousseau, 1990: 102).

루소는 이러한 위기를 폭풍우에 비유하고 있으며, 그 징후는 정념의 동요에 의하여 드러난다고 말했다. 그것은 기질의 변화, 감정의 폭발 등을 동반하여 아이들을 힘들게 만든다. 루소의 표현처럼 위기의 아이들은 유순한 기질을 잃고 마치 열병을 앓는 사자처럼 변한다.[4] 이 시기에 무엇보다 중요한 것은 정념의 동요로서 그것은 자애심(amour de soi)에서 자존심(amour-propre)으로 이행(移行)된다.

---

4) 루소에 의하면 이러한 위기는 개인의 기질, 생활하는 기후환경, 민족성 등에 의하여 차이가 날 수 있다. 위기의 시기에 아이들의 마음속에는 그동안 순조로웠던 지도성-순응성의 관계가 뒤틀리거나 망가지고 권위에 대한 도전의식이 서서히 자리잡는다. 이를 통해 아동들은 존재론적 동물성에서 당위론적 인간성으로 스스로 교육되어 나간다.

루소에 의하면 자기애, 고통에 대한 공포, 죽음의 공포, 행복에의 욕구는 선천적인 감정들이다. 그러나 인간이 필연적으로 사회적 존재자라면 최소한 선천적인 감정들이 외연적으로 확대되는 과정을 통하여 인류와의 이중적인 관계를 맺지 않을 수 없다.

그런데 "에밀이 주위 사람들에게 갖는 최초의 감정은 그들을 자기 자신과 비교하는 것이다. 이 비교를 통하여 그의 마음에 나타나는 최초의 감정은 다른 사람들보다 우위에 서려는 욕심이다" (Rousseau, 1990: 154). 이때야말로 자애심에서 자존심으로 변하는 중대한 지점이다.

amour-propre란 자기중심적 세계관과 남보다 우월해야 한다는 욕구의 결합이다. amour-propre를 지닌 인간의 특성은 항상 다른 사람과의 비교를 통해 자기 자신이 누구인가를 판단한다. 이러한 자존심으로 인해 심각한 질투와 자만심이라고 하는 심리적 메커니즘에 사로잡히게 된다(안인희 외, 1992: 163).

이러한 질투와 자만 말고도 자존심에서 비롯된 모든 감정이 이때부터 봇물 터지듯 생긴다. 그러나 누구든 이 정념들 가운데 장차 자신의 성격을 지배할 것이 인간적이며 우호적인 것일지 아니면 잔인하고 악의에 찬 것일지, 친절과 동정의 정념일지 아니면 선망과 탐욕의 정념일지 결정하기 위해서 자신이 인간 속에 어떤 위치에 있는지 또한 자기가 얻으려는 지위에 다다르기 위해 어떤 장애를 극복해야 하는지 알아야 한다.

루소에 의하면 "자존심이 발달되면 곧 타인에 대한 '나'라는 것이 부단히 꿈틀거리게 된다. 청소년은 다른 사람을 관찰할 때 반드시 생각이 자기 자신에게로 되돌아오며 자기를 남과 비교하게 된다"(Rousseau, 1990: 172). 루소의 표현처럼 자존심은 유용하기는 하지만 위험한 도구다. 온갖 정념은 이러한 자존심에서 비롯된다.

루소는 이에 대하여 "어린이가 최초로 갖는 감정은 아마 자애심일 것이다. 이어서 나타나는 감정은 자애심에서 확장된 감정으로서 자기 자신에게 접근하는 사람에 대한 사랑이다. 자신을 돌보아 주는 사람들에 대한 호의적인 마음의 습관이 들게 된다"(Rousseau, 1990: 106)고 하였다.

그러나 이러한 마음의 습관은 관계의 확충과 더불어 의무, 기호, 취사선택 등의 감정이 발현됨으로 인해 변화하게 된다. 이때 거짓말, 폭력성, 질투심 등을 기반으로 하는 자존심이 생긴다. 자애심은 본질적으로 자신의 감정에 충실하다. 즉, 자신의 필요가 성취되면 만족한다. 그러나 자존심은 자기 자신을 다른 사람과 비교하는 것을 전제로 하기 때문에 결코 만족할 수 없다. 루소의 표현처럼 "이 감정은 타인보다 자기 자신을 더 좋아할 뿐만 아니라 타인도 그를 자기 자신보다 더 좋아하기 바라기 때문이다. 그러나 그것은 실제로 불가능하다"(Rousseau, 1990: 107).

사람에게 온화한 감정은 자애심에서 생겨나고 남을 미워하고 성질내는 감정은 자존심에서 비롯된다. 그러므로 인간이 선량하게 되려면 무엇보다 자신의 욕구를 최소화해야 하며, 가급적이면 자기 자신을 다른 사람들과 비교해서는 안 된다. 이를 반대로 말하면 욕심이 많고 다른 사람의 의견에 집착하게 될 때 사람들은 언제든지 사악해지거나 타락하게 되는 것이다. 루소는 이에 대하여 다음과 같이 말하고 있다.

"정념의 원천이며 동시에 또 다른 모든 정념들의 기원이 되는 인간본유의 정념은 바로 자애심이다. 이것은 근원적, 본원적, 기원적, 본능적이고 다른 모든 감정에 앞서 존재한다. 다른 모든 감정들은 자애심의 변형에 지나지 않는다. 그러므로 확장된 자애심은 자연적이라고 할 수 있다. 그러나 문제는 확장된(변형된) 정념이 내부가 아닌 외부로부터의 자극에서 비롯되며 그것들은 인간에게 유익하기는커녕 해로울 뿐이라는 것이다. 확장된 정념들은 처음의 목적을 변형시키고 그 근원에 역행하게 된다. 이제 인간은 자연으로부터 벗어나 자기 자신과 부단히 대립하게 된다" (Rousseau, 1990: 105).

루소에 의하면 자기 자신에 대한 사랑은 항상 선한 것이며 항상 질서에 기반을 두고 있다. 사람은 누구나 자기보존의 의무가 있으므로 자신에 대한 최고의 배려는 부단히 자기 자신을 지키는 것이며 그것은 또한 당연한 것이다. 그러므로 자기를 보존하기 위해서는 자기 자신을 사랑해야 한다. 다른 그 무엇보다도 자기 자신을 사랑해야 한다. 이로 말미암아 자기 자신을 보호해 주는 것을 사랑하게 된다(Rousseau, 1990: 105).

이와 같이 '나-나'의 관계에서 '나-타자'와의 관계로 확대, 발전하며 특히 타자가 이성인 경우에는 성애, 성욕 등의 정념을 자극한다. 루소는 이에 대하여 "남자(아이)에게 위험해지는 시기에 이성에 가까이 가면 가슴이 뛰고 눈이 붉어지며 이성의 손이 닿기라도 하면 마음은 걷잡을 수 없이 산란해지고 덜컥 겁이 난다" (Rousseau, 1990: 103)고 표현하였다.

정념의 동요, 그것은 청소년기의 가장 자연스런 현상이다. 루소는 주장하기를 "인간의 정념은 자기보존을 위한 주요한 수단이다. 그러므로 정념을 없애려는 것은 어리석으며 또한 그렇게 되지도 않는다. 그것은 자연을 억압하는 것이며 신의 질서를 파괴하는 것이다 …… 나는 정념의 발생을 방지하려는 사람은 그것을 없애려는 사람과 마찬가지로 어리석을 뿐이라고 생각한다"(Rousseau, 1990: 104)고 하였다.

사람이 오랜 마음의 습관에서 비롯된 고립성을 벗어나 자신의 짝을 원하게 된다면 그는 이미 관계적 존재가 되었다는 확실한 증거다. 관계적 존재감은 다른 사람을 사랑하도록 자극한다. 이때 최초의 정념은 마치 다른 정념들의 발효를 위한 누룩과 같다.

첫째, 타인의 정념에 대하여 우리를 자극하는 것은 바로 우리 자신의 정념이다.

둘째, 우리가 다른 사람과 마찬가지로 갖고 있는 정념은 우리를 유혹한다.

셋째, 우리의 이익에 어긋나는 정념은 우리에게 반감(反感)을 유발한다.

그렇다면 이러한 정념의 효용은 무엇인가? 루소는 정념의 효용에서 얻을 수 있는 인간의 지혜를 다음과 같이 설명하고 있다. 즉, "인간이라는 종족으로서 그리고 개인으로서의 인간의 참다운 관계를 의식하는 것과 이 관계에 따라 영혼의 모든 움직임을 조절하는 것이다"(Rousseau, 1990: 119).

루소에 의하면 우리가 이성에게 끌린다는 것은 아주 자연스런 현상이다. 선택, 편애, 개인적 기호는 우리 마음에 있는 지식, 편견, 습관의 소치다(Rousseau, 1990: 108). 우리가 누군가를 특별히 좋아하게 되면 상대방에게서도 같은 감정을 받기 원한다.

이처럼 사랑은 상대적인 것이다. 그리하여 루소는 우리가 누군가로부터 사랑을 받으려면 먼저 사랑을 받을 만한 인간이 되어야 한다고 역설한다(Rousseau, 1990: 109). 왜냐하면 사랑은 가치 있는 감정의 교환이기 때문이다. 러딕(Ruddick)의 표현처럼 완전한 성은 육체화되고 상호적으로 반응하는 욕망 가운데서 존재한다(Rachels, 1983: 50).

사랑은 마음의 습관 중에 있는 일종의 기호다. 즉, "사람은 판단을 내린 후 사랑을 하며 비교한 후에 기호가 가려진다. 이러한 판단은 무의식중에 이루어지는데 그렇다고 해서 진정성이 줄어드는 것은 아니다"(Rousseau, 1990: 108). 루소에 의하면 사랑은 언제나 자발적인 선택을 기초로 하고 상대에 대한 존중을 가정하고 있다. 다시 말해서 강요되거나 정략적으로 이용되는 사랑, 선택이나 진정성이 결여된 사랑은 이미 잘못된 사랑이다. 사랑에 있어 기호와 배타성은 동시에 일어난다.

이러한 동시성에 대하여 루소는 "아직 진선미(眞善美)의 가치관이 형성되지 않은 남자에게 모든 여자는 똑같이 좋게 보이거나 느껴진다. 그러나 누군가에게 사랑하는 대상이 선택되면 그에게 모든 이성은 배타적이어야 한다"(Rousseau, 1990: 109)고 설명한다. 그러나 인간은 이러한 배타성을 어기려는 습성을 지니고 있다. 배타성의 파괴로 인해 사람들은 반목, 증오, 경쟁, 대항, 질투의 감정으로 이끌린다. 루소는 여기서 몇 가지 의문을 제기하고 있다.

정념이 본래 자연스런 현상이라고 해서 우리가 자신 속에서 느끼는 모든 정념과 또한 타인들의 정념까지 모두 자연스러운 현상이라고 볼 수 있는가? 그는 이에 대하여 스스로 답하기를 "정념의 원천이 자연임은 분명하다. 그러나 그것은 마치 수많은 갈래의 물길이 모여 큰 강을 이루듯 본래의 정념과 밖으로부터 들어온 것들이 뒤섞여 버려 원천에서 온 정념을 찾기 어렵다"(Rousseau, 1990: 104)고 하였다.

그러므로 우리에게 자연의 정념은 제한적이다. 그러나 그것은 여전히 우리들로 하여금 자유를 누리게 하는 수단이며 또한 자기보존을 위한 도구다. 우리를 노예 같은 삶과 멸망에 이르게 하는 정념은 다른 데서 온다. 자연은 우리에게 그런 정념을 주지 않는다. 우리가 자연을 거역하여 그것을 우리 것으로 만들었을 뿐이다"(Rousseau, 1990: 104). 정념의 교육은 바로 이러한 반(反)자연적 상황과 습관을 예방하는 데서 출발한다.

4. 에밀 프로젝트: 정념을 교육시키는 방법

루소의 관찰에 따르면 교사들은 청소년들이 겪는 격정적 감정으로 인해 그들을 다루기 어려울 것으로 보였다. 비록 그 어려움이 교사의 탓은 아닐지라도 그들은 이미 학생들이 터득한 정념의 열기를 다스리도록 교육시켜야 한다.

이에 대하여 루소는 다음과 같이 주장한다. 즉, "청춘의 열기는 교육을 방해하기보다 오히려 그것으로 인하여 교육이 성취되고 완성된다. 청소년은 이제 교사와 같은 완력을 쓸 수 있을 만큼 성장했다. 이것이야말로 교사가 청소년들의 마음을 잡을 수 있도록 내미는 손잡이와 같은 것이다"(Rousseau, 1990: 148).

앞서 우리는 무지의 교육적 효용성에 대하여 살펴 본 바 있다. 다시 말해 "어떤 일에 있어서는 완전히 무지한 것이 아이들에게 도움이 될 수 있다. 그러나 그들에게 영원히 숨길 수 없는 것이라면 일찍 가르쳐 주는 것도 나쁠 리 없다"(Rousseau, 1990: 113). 어린이들의 임신, 출산, 성에 관한 질문들에 대하여 대부분의 부모는 잠자코 있으라는 명령으로 그 순간을 모면하려 든다.

그러나 아이들은 이러한 경멸적인 태도에 상처를 받아 그 충격에서 잠시도 벗어나지 못할 것이다. 그리하여 루소는 어른들이 자녀들에게 16세가 되기 전까지 성(性)의 차이성을 숨길 자신이 없거든 열 살이 되기 전에 가르치도록 노력하는 것이 더 낫다고 주장한다.

여기서 아주 심각한 교육문제가 발생할 수 있다. 감추어진 표현, 지나치게 섬세한 표현, 더럽혀진 상상력, 꾸민 말, 음탕한 관념, 추잡한 말 등은 오히려 소년들로 하여금 악덕에 물들게 하거나 수치심을 유발한다. 수치심이 자연스런 현상이기는 하지만 어린이가 생래적으로 타고난 것은 아니다.

수치심은 악(惡)에 대한 지식을 얻는 순간 생기는 것이다. 수치심에서 비롯된 행동은 온통 모순투성이다. 그리하여 누구에게나 미소, 눈짓, 몸짓 등에 의하여 몸과 마음의 불일치가 드러난다.

루소의 표현처럼 추잡한 말은 음탕한 생활의 준비가 된다. 교활한 어른은 아이를 탕자로 만들 뿐이다(Rousseau, 1990: 118). 청소년기는 육체적 성장과 더불어 심리적 성장도 동시에 이루어진다. 성교육은 바로 이러한 성장의 이중주(二重奏)를 고려해서 이루어져야 한다.

왜냐하면 성교육에 의하여 육체적 성장과 심리적 성장이 어긋날 수도 있기 때문이다. 대부분 이 시기에 기초적인 학교교육이 종결되지만 오히려 자연의 교육은 시작된다(Rousseau, 1990: 103). 적어도 정념의 측면에서 더욱 그렇다. 이때 자연이 조심스럽게 소년들을 개발시켜 줄 시기가 도래한다.

자연은 소년들로 하여금 자연이 가르쳐 준 교훈을 아무런 위험 없이 스스로 이용할 수 있도록 도와준다. 어른들의 소년들에 대한 배려는 오직 자연이 그 일들을 조정하도록 가만히 내버려 두는 것이다. 그리하여 루소는 "자연의 정신에 따르라. 자연은 우리에게 은밀한 쾌락과 불쾌한 욕구를 동일한 장소에 두었지만 어른은 절제에 의하여, 어린이는 청결에 의하여 주의를 기하도록 가르친다" (Rousseau, 1990: 114–115)고 주장한다.

루소는 기존 학교에서 이루어지는 정념교육의 문제를 다음과 같이 지적하고 있다. 즉, 사춘기와 성적(性的) 능력은 무지한 야만인종보다 교육이 발달한 문명인종의 경우 보다 빨리 나타난다(Rousseau, 1990: 110–111). 공립학교의 타락된 분위기 속에 놓여 있거나 그 속에서 성장한 사람들은 이러한 사실을 잘 알지 못한다.

루소는 "인간이 자신의 성(性)을 인식하는 나이가 자연의 작용과 마찬가지로 교육의 효과에 의하여 달라진다면 어린이를 교육하는 방법에 따라 이 시기를 촉진 혹은 지연하는 것이 가능하다는 결론을 내릴 수 있다" (Rousseau, 1990: 112)고 주장한다.

그러나 여기서 우리는 다음과 같은 점을 주의해야 한다. 즉, "소년기에 막 나타나기 시작한 정념에 어떤 질서와 법칙을 세우려면 그 정념이 발전하는 시간을 다소 지연시켜 스스로 정리할 시간을 주는 것이 좋다. 그러나 그 정념을 정리하는 것은 사람이 아니라 오로지 자연 그 자체이어야 한다”(Rousseau, 1990: 118–119). 이는 청소년의 감정과 지식의 발달에 보다 부합하는 순서를 자연스럽게 제공해 줄 필요가 있다는 것을 의미한다. 그렇다면 자연스런 순서를 위반하는 예는 구체적으로 어떤 경우인가?

루소는 나이에 거슬러 일찌감치 타락하여 방탕한 청소년들이 있으며 그들의 성격은 인정 없고 잔인함을 자주 목격하였다고 고백한다. 관찰 결과 그들의 과격한 기질은 그들로 하여금 참을성 없고, 반항적이며, 사납게 만든다. 그들의 상상력과 호기심은 오직 하나에 집중하며 나머지는 철저히 배제된다(Rousseau, 1990: 121).

이러한 소년들의 관심에 있어 선택적 집중은 엄청난 희생과 대가를 필요로 한다. 그들은 동정심도 자비심도 이미 상실했다. 자신의 사소한 쾌락을 위하여 자신은 물론 부모조차도 희생시킬 용의가 있다. 그러므로 청소년들로 하여금 복수와 난폭이 아니라 동정과 자비의 마음을 품도록 안내하는 것이야말로 정념교육의 출발점이 되어야 한다.

그렇다면 루소가 볼 때 동정과 자비를 담지(擔持)한 바람직한 청소년의 이미지는 과연 무엇인가? 그는 이에 대하여 “청소년기는 복수나 증오의 시기가 아니다. 그것은 동정과 자비와 관용의 시기다 …… 스무 살이 될 때까지 순결을 지켜 온 청소년이라면 모든 인간 중에서 가장 관대하고 선량하고 사랑할 줄 알며 또한 사랑스런 인간이 된다”(Rousseau, 1990: 122)고 설명한다.

그러므로 우리는 청소년들로 하여금 친절, 인간애, 동정심, 자비심 등 인간의 마음을 즐겁게 만드는 부드럽고도 매력 넘치는 모든 정념을 자극하되 선망, 탐욕, 증오, 복수와 같이 감수성을 무가치하게 만들거나 부정적으로 만드는 불쾌하고도 잔인한 정념이 싹트지 않도록 교육해야 한다(Rousseau, 1990: 127).

살아가면서 자아의 긴장과 확대는 누구에게나 일어날 수 있으며 이는 언제나 정념을 동반하고 있다. 그것이 인간적이고 자연적인 현상이 되도록 하기 위하여 루소는 우리에게 다음과 같은 세 가지 금언(maxim)들을 곰곰이 생각해 보라고 주장한다(Bloom 역, 1979: 223-226).

첫째, 인간의 마음은 자기보다 행복한 사람의 입장에서 자기를 보는 것이 아니라 자기보다 못한 사람의 입장에서 본다는 것이다.

둘째, 사람은 자기도 똑같이 불행을 겪게 된다는 생각을 하지 못하며 남의 불행을 동정하지 않는다.

셋째, 우리가 타인의 불행에 대하여 느끼는 동정은 그 불행의 크기에 비례하지 않고 그 불행한 사람에게 베푸는 감정에 비례한다.

위의 세 가지 금언들을 슬기롭게 극복하기 위한 방법으로 루소는 다음과 같이 제안하고 있다. 소년들로 하여금 모든 사람을 사랑하도록 가르쳐라. 심지어 인간을 경시하는 사람까지도 사랑하도록 가르쳐라. 경멸과 모욕의 태도가 아니라 애정과 연민으로 사람을 사랑하도록 가르쳐라(Rousseau, 1990: 133-134). 인위적, 가시적, 쾌락적인 행복에 바탕을 둔 정념은 인간을 타락과 파멸로 인도한다.[5]

---

5) 루소는 이를 설명하기 위하여 다음과 같은 예화를 우리에게 들려 준다. 초등교육을 마치고 세상으로 나오는 소년들은 두 가지 서로 다른 문으로 들어서게 되는데 그 하나가 쾌락에 물든 사교계의 문이다. 사교계의 문으로 들어선 소년에게는 아직 이

정념은 늘 행복과 관련되어 있다. 그러나 루소에 의하면 사람들은 너무나 표면적인 것으로 행복을 판단한다. 가식적이고 인위적인 오락과 떠들썩한 쾌락에서 오는 공허감은 행복이 아니라 권태감을 낳을 뿐이다. 사교계의 문을 들어선 인간은 누구나 가면을 쓰고 있다. 그들은 자기 자신을 자신의 눈으로 보는 것이 아니라 남의 눈으로 자신을 본다.

그리하여 자기 자신을 마치 타인처럼 대한다. 어쩌다 자기 자신으로 돌아올 때 그들의 마음은 편하지 않다. 그들의 얼굴에는 평정심, 소박함, 즐거움, 존경심, 신뢰감이 이미 사라진 지 오래다. 그들에게는 어떤 인간인가보다 어떤 인간으로 보이는가의 문제가 더 절박하다.

루소는 위기의 나이가 오면 청소년들에게 그들의 감정을 자극하는 광경을 보게 하지 말고 마음을 가라앉히는 것을 보도록 인도하라고 주장한다. 또한 그들의 관능을 불태우지 말고 오히려 이미 싹트

성에 대한 감정이 형성되지 않았음에도 불구하고 그의 외모, 매너, 재주 등의 매력으로 인해 주위의 여성들이 그를 따르게 되는데 이때 다음과 같은 문제가 발생한다. 즉, 그가 여자를 사랑하기 전에 오히려 여자가 그를 따르게 되면 그는 사랑을 느끼기보다는 오히려 미쳐버리거나 자신에게 다가 온 행운을 느끼지 못할 것이다. 그의 성적 욕망은 억압을 당하여 쾌락의 상황 속에 있음에도 불구하고 오로지 구속의 권태만을 느낄 것이다. 이런 상황 속에 처해 있음에도 불구하고 지속적으로 많은 여자들을 만나는 것은 오직 그의 허영심 때문이다. 결국 그가 어떤 여성에게 마음이 끌려 사랑을 느끼게 될 즈음이 되면 자신만이 매력 있는 청년이 아니며 따라서 자신의 애인도 나에게만 절대적으로 진실하지 않음을 깨닫게 된다. 이 때 그에게 필요한 교육의 방법과 내용은 무엇인가? "그들을 위해 우리가 지금까지 행해 온 것과 정반대의 길을 통해 그 청소년을 그 자신의 경험보다는 타인의 경험에 의하여 교육시키는 것이 무엇보다 중요하다" (Rousseau, 1990: 157).

기 시작한 정념의 상상력이 활동하지 못하게 하거나 이를 저지할 대상에 대하여 집중시키도록 안내하라고 주장한다.[6] 마지막으로 루소는 정념교육의 대원칙을 다음과 같이 간명하게 설명하고 있다.

> "사회의 소용돌이 속에 갇혀있을지라도 인간의 정념이나 편견에 휘말려 들지만 않는다면 그것으로도 충분하다. 소년들로 하여금 오직 자신의 눈으로 보고 자신의 마음으로 느끼며 자신의 이성 이외에는 어떤 권위에도 지배되지 않도록 하라"(Rousseau, 1990: 198).

루소가 기대하는 청소년기의 정념교육은 객관적, 보편적, 절대적인 실체를 대상으로 하는 것이 아니다. 다만 무지의 자연성, 자연의 이치에 따른 마음의 습관에 따라 아이들이 스스로 깨달을 때까지 기다릴 뿐이다. 학교교육을 통하여 정념을 인지적으로 조작하는 것과 사물, 자연, 인간이 아닌 문자적 텍스트를 통한 기호들을 암기시키는 것만으로는 자라나는 아이들에게 온전한 정념교육을 할 수 없다.

따라서 루소는 "가장 활동력이 왕성한 시기의 청소년들이 사변적인 지식공부에 매달려 아무런 경험 없이 세상에 던져진다면 그것은 자연에도 이성에도 위배되는 것"(Rousseau, 1990: 186)이라 주장한다. 이상에서 살펴 본 루소의 자연주의에 바탕을 둔 정념교육에 대한 담

---

6) 예를 들어 그는 도시가 아닌 시골의 순박성이 소년들로 하여금 정념의 발달을 더디게 한다고(Rousseau, 1990: 144) 여겼다. 왜냐하면 대도시 여성들이 하는 요란한 장식과 대담한 태도는 소년들로 하여금 자연의 교훈을 거스르거나 너무 앞질러 배우게 만들기 때문이다. 그러나 계몽주의자들에 의하면 계몽된 사람들이 모여 사는 도시가 오히려 시골보다는 성적으로 안전해야 한다(Vigarello, 2002: 101).

론은 그의 사후(死後)에 다양한 해석의 길을 열어 놓고 있다.

5. 생태적인 청소년 성교육의 가능성

1) 육체의 반(反)정치성

루소가 살았던 18C 유럽의 성 문화는 대단히 보수적이며 심지어 포르노그라피는 대부분 정치적 목적으로만 이용되고 있었다. 그러나 프랑스 혁명을 기점으로 억압된 성 문화나 포르노그라피는 자유주의 이데올로기의 물결을 타고 그 내밀(內密)함을 벗어나 대중의 관심사로 소통하는 계기가 되었다(김성호, 1999; Hunt, 1996 참조). 이러한 상황 속에서 루소의 자연사상에 터한 정념론은 방만한 성 문화나 정념의 자연적 해소를 주창하는 것으로 오해될 수 있었다.

루소가 자연주의적 입장에서 성문제를 다룬 것은 분명하다. 그는 계몽주의적 입장에서 본 성은 너무나 합리적이어서 온정이 없다고 보고 낭만적, 애수적, 정서적 측면을 포함시켰다(노명래, 2002: 45). 우리는 여기서 역사문화적 관점이 아니라 교육학적 관점에서 루소의 정념에 대한 이해와 교육론을 다루고자 하였다. 그 결과 루소의 자연에 터한 청소년에 대한 정념의 교육은 자연을 거스르지 않고 동시에 이성의 지배를 받는 이중성을 바탕으로 하고 있음이 확인되었다.

이는 루소 자신이 정념을 다스리는 방법에 대하여 "내가 지금처럼 사색과 명상의 상태를 유지하려는 것은 나의 취미가 쓸모없는 정념으로 변하여 내 자신의 의무를 수행하는 데 방해가 되지 않을까 두렵기 때문이다"(Rousseau, 1990: 324)고 설명함으로써 극명하게 드러나고 있다.

루소는 청소년기에 나타나는 정념이 불가피한 자연현상이며, 이는 '무지의 자연성'과 '자애심(amour de soi)에 바탕을 둔 인간애의 연습' 등을 통하여 지혜롭게 승화시키거나 생산적인 에너지로 전환시킬 수 있다고 본다. 이는 푸코(Foucault, 1993)가 말하는 '자기에의 배려'와 같은 맥락임을 알 수 있다.

루소는 정념을 유용한 정념과 더러운 정념으로 구분하고 있는 듯하다. 특히 자존심에 바탕으로 둔 더럽고 무용한 정념은 '인간애'라고 하는 보편적인 이데아를 통하여 극복가능하며 이는 정념교육이 반드시 필요한 이유기도 하다. 이에 대하여 기독교적 관점에서 살펴 보기로 하자.

기독교는 기본적으로 '홀로-인간'이 아니라 '함께-인간'을 인간의 본성으로 설정했다. 러셀(Russell, 1982)은 『인간됨』에서 몸의 반(反)정치성에 대하여 잘 설명하고 있다. 대개 우리는 성서적(聖書的)으로 여성을 남성의 부수적 존재로 이해하는 경향이 강하다. 그러나 남성과 여성은 똑같이 하나님의 형상대로 만들어진 존재다(창세기, 1: 26-30, 3: 22). 즉, 남성과 여성은 하나님의 형상, 동등한 생명의 가치를 공유한다. 그것은 '홀로-인간'이 아니라 한 쌍으로 창조되었기 때문이다. 차등적으로 상이한 인간이 아니라 동일한 인간의 성별을 창조한 것이다(창세기, 1: 21-24). 여기서 남성과 여성의 몸의 정치성은 배제된다.

남자는 여자와 더불어 육체적으로 하나가 되고자 하는 열망한다는 것을 인식함으로써 서로가 서로에게 속하는 상호성을 이해할 수 있다(창세기, 3: 24). 이에 대한 버드(P. A. Bird)의 표현에 의하면 상호성은 단지 생물학적 공동체의 성취가 아니라 사회적 동반의 성취다(Russell, 1985: 89에서 재인용). 여성과 남성으로 창조된 것은 정치적 질서에 의함이 아니라 공동체 안에서 인간의 전체성을 발견하기 위함이었다. 전체성은 곧 하나님 자신이 된다. 이에 따라 남자는 여자의 거울이 되고 그 반대도 성립되는 것이다.

남자와 여자는 단지 번식을 위해서가 아니라 인간의 공동체를 위하여 생(生)의 동반자로 창조되었다. 이것은 동식물과 인간과의 관계에도 확대 적용된다. 두 주체는 정치적인 관계가 아니라 '서로 돌봄' 의 관계다. 남자와 여자는, 인간과 자연은, 몸과 마음은 서로 연합하는 데서 기쁨을 발견하는 동반자다.

성별은 영혼과 육체의 총체적 존재로서의 우리가 다른 사람에 대하여 갖는 관계에서 어떤 존재인가에 대한 표현이다. 그것은 하나님에 대한 우리의 관계 그리고 우리에 대한 하나님의 관계를 나타내는 다양한 은유(隱喩)들을 제공한다. 즉 남성적 이미지와 여성적 이미지들은 모두 인간존재와 인간의 관심에 하나님이 관여하는 방식을 묘사하는 데 사용된다. 그리하여 남자와 여자는 '하나님을 가리키는 손가락' 으로 표현되기도 하며, 동반적 관계의 질서가 된다(Russell, 1985: 94).

인간은 공동체적 존재다. 동식물은 인간의 적당한 동반자가 되지 못한다. 동반이란 단순한 동행(同行)이 아니라 협력, 동역을 의미한다. 그리고 그것은 상호 독립적이다. 여기서 관계적 차원의 정치성은 철저히 부정된다. 몸의 정치성은 다만 하나님과 인간과의 관계에서만 기능할 뿐이다. 여성은 하나님에 종속적일 뿐 남성에 종속적이지 않다. 여성은 하나님을 돕는 존재일 뿐 남성을 돕는 존재가 아니다. 여성은 하나님과의 '동일성, 상호성, 동등성' 등을 나누는 존재의 의미를 갖는다.

때로는 오히려 남성보다 우월하다고 해석할 수도 있다. 성경에서 말하는 소마(soma)는 총체적 인간을 의미한다. 그것은 남성과 여성, 정신과 육체를 분리하지 않는 전일적(全一的) 인간을 말한다. 그리하여 여성과 남성은 오로지 '인간' 안에서 통합된다.

여자와 남자는 서로 동반적으로 돕는 자로서 창조되었다. 이 같은 창조는 공동체적 삶의 필요성을 성취시킨다. 창조는 늘 관계적이다. 구체적으로 권리와 책임이 그 관계성인 바, 남성과 여성은 각각 권리와 책임을 할당받는 것이 아니라 그것들을 공유한다. 왜냐하면 그렇게 함으로써 온전한 공동체가 달성될 수 있기 때문이다. 남성과 여성은 인간의 전체성을 위한 독립된 형식일 뿐 주종 관계의 실체가 아니라는 사실을 교육은 적극적으로 해명해야 한다.

이때 '격려, 도움, 협력, 동반, 돌봄' 등의 상황들이 의미 있는 교육현상으로 확인될 수 있다. 또한 교육인간학은 성의 정치성에 관심을 두어야 한다. 이제 남성과 여성의 관계에 대한 담론은 다만 결혼, 생식, 성적 타락의 관계 등에 국한되어 제한적으로 설정될 것이 아니라 그들 간 본질적인 관계의 다양한 영역들을 고려해야 한다.

2) 생명을 기반으로 하는 정념교육

루소가 말하는 자연에 의한 교육이란 인간이 자연적으로 타고난 육체적 기관들과 여러 능력의 자발적인 성숙을 의미한다. 인간에 의한 교육은 이러한 자연적으로 주어진 발달을 어떻게 유용하게 활용할 수 있는가를 가르칠 뿐이다(안인희 외, 1992: 177).

인간은 식물의 생육(生育)처럼 인위적으로 성장을 조절할 수 없다. 이것은 정념을 교육하는 상황에도 적용된다. 학교에서 객관적 지식을 바탕으로 이루어지는 정념교육은 오히려 청소년들이 왜곡된 성적(性的) 가치와 행태를 갖도록 자극할 가능성이 높다.

오늘날 학교에서의 성교육에 대한 일반적 목표는 대개 다음의 범위에서 크게 벗어나지 않는다. 첫째, 성에 대한 과학적 사실, 둘째, 성적(性的)인 현상이나 성과 관련된 문화에 대한 건전한 태도, 셋째, 남녀 상호 간의 합리적이고 도덕적인 적응방법 및 태도 등이다(한국부모교육학회, 1998: 19). 교육목표가 너무 현학적이고 인위적인 특색을 보여 주고 있다.

그렇다면 루소의 자연성에 바탕을 둔 정념교육론이 오늘날 청소년기 정념교육에 시사하는 바는 무엇인가? 그것은 기성세대가 성장세대로 하여금 정념에 대하여 유용한 마음의 습관을 길들이도록 안내하고 보호하는 것이 무엇보다 중요하다는 사실이다. 이를 위하여 기성세대가 먼저 유용한 정념의 습관과 문화를 정착해야 함은 지극히 당연한 사실이다.

참고문헌

김성호(1999). 포르노를 해부한다. 서울: 한림미디어.

노명래(2002). 인간과 성 심리(개정판). 서울: 학지사.

안인희 외(1992). 루소의 자연교육사상. 이화여자대학교출판부.

한국부모교육학회 편(1998). 성교육학. 파주: 교육과학사.

Bloom, A. 역(1979). *Emile or on Education*. New York: Basic Books, Inc., Pub.

Foucault, M. 저. 문경자, 신은영 공역(1995). 성의 역사: 쾌락의 활용. 파주: 나남출판.

Foucault, M. 저. 이규현 역(1992). 성의 역사: 앎의 의지. 파주: 나남출판.

Foucault, M. 저. 이혜숙, 이영목 공역(1993). 성의 역사: 자기에의 배려. 파주: 나남출판.

Holmsten, G. 저. 한미희 역(1997). 루소. 파주: 한길사.

Hunt, L. 저. 조한욱 역(1996). 포르노그라피의 발명. 서울: 책세상.

Rachels, J. 편. 황경식 외 공역(1983). 사회윤리의 제 문제. 파주: 서광사.

Rousseau, J. J. 저. 오증자 역(1990). 에밀. 서울: 박영사.

Rousseau, J. J. 저. 정병희 역(1976). 에밀. 서울: 동서문화사.

Russell, L. M. 저. 장상 역(1985). 인간화. 이화여자대학교출판부.

Vigarello, G. 저. 이상해 역(2002). 강간의 역사. 서울: 당대.

찾아보기

인 명

내 용

저자 소개

고요한(高耀翰)

연세대학교 교육학과(문학사), 연세대학교 대학원 교육학과(교육학석사/교육학박사(Ph.D.).

한국교원대 조교. 연세대, 배재대, 서원대, 대전대, 공주교대, 상명대 강사. 연세대학교 교육연구소 전문연구원 역임.

현재 연세대학교 인문예술대학 교양교직과 조교수로 재직 중.

주요 저(역)서로는 『교육의 수월성과 평등』(1989), 『교육이해의 구조적 탐구』(공저, 2001), 『교육이해의 다양성 탐구』(공저, 2003), 『교육의 역사와 사상』(2004), 『교육과학입문』(공역, 2004), 『비교교육철학』(2005), 『교육학연구의 논리』(공저, 2006), 『포스트모던 문화교양과 여가교육』(공저, 2007), 『교육의 철학–소유에서 존재로』(2007) 등이 있음. 주요 논문들(학진 등재지)로는 "여성 안드라고지(Andragogy)로서의 전통 부학(婦學)에 대한 교육인간학적 재구성", "노마드(Nomad) 사회의 새로운 교육문화–여가, 문화, 성인교육의 혼화", "청소년 교육론에 대한 비교교육학적 연구", "예(禮)담론의 전개 및 예학(禮學)의 교육인간학적 재구성", "기(氣)담론의 교육인간학적 고찰", "약학대학 학제개선의 교육학적 타당성"(공동), "평생학습도시정책에 대한 교육생태론적 재검토" 외 다수의 논문이 있음.

몸과 배움의 철학

2008년 2월 20일 1판 1쇄 인쇄
2008년 2월 25일 1판 1쇄 발행

지은이 · 고요한
펴낸이 · 김진환
펴낸곳 · 학지사
121-837 서울특별시 마포구 서교동 352-29 마인드월드빌딩 5층
대표전화 · 02)326-1500/팩스 02)324-2345
홈페이지 · http://www.hakjisa.co.kr
등 록 · 1992년 2월 19일 제2-1329호
ISBN 978-89-5891-637-6 93370

정가 12,000원